신학, 하느님과 이성

© Original Edition
"Einführung in die Systematische Theologie", 2018
wbg Academic (Wissenschaftliche Buchgesellschaft), Darmstadt, Germany.

신학, 하느님과 이성

2021년 10월 20일 교회 인가
2023년 4월 13일 초판 1쇄 펴냄
2024년 1월 3일 초판 2쇄 펴냄

지은이 · 미하엘 제발트
옮긴이 · 신정훈
펴낸이 · 정순택
펴낸곳 · 가톨릭출판사
편집 겸 인쇄인 · 김대영
편집 · 김소정, 정주화
디자인 · 이경숙
마케팅 · 임찬양

본사 · 서울특별시 중구 중림로 27
등록 · 1958. 1. 16. 제2-314호
전자우편 · edit@catholicbook.kr
전화 · 1544-1886(대표 번호)
지로번호 · 3000997

ISBN 978-89-321-1855-0 03230

값 28,000원

성경 · 교회 문헌 ⓒ 한국천주교중앙협의회, 2023.

이 책의 한국어 출판권은 (재)천주교서울대교구 가톨릭출판사에 있습니다.
저작권법에 의해 한국 내에서 보호를 받는 저작물이므로 무단 전재와 무단 복제를 금합니다.

가톨릭의 모든 도서와 성물을 '**가톨릭출판사 인터넷쇼핑몰**'에서 만나 보실 수 있습니다.
http://www.catholicbook.kr | (02)6365-1888(구입 문의)

신학,
하느님과 이성

Einführung in
die Systematische
Theologie

미하엘 제발트 지음
신정훈 옮김

가톨릭출판사

머리말

　신학 전공 과정의 재편성으로 인해 최근 몇 년 동안 수많은 신학부와 신학 연구소는 완전히 새로운 형태의 강의, 즉 신학의 각 과목에 대한 입문만이 아니라 전체적인 신학 분야의 입문을 마련하였다.

　성서 신학, 역사 신학, 조직 신학, 실천 신학 입문은 이 신학 분야의 각 과목이 수집한 상세한 지식을 과도하게 단순화할 위험을 내포한다. 그럼에도 불구하고 이러한 입문은 특히 조직 신학 분야에서 기회이기도 하다. 가톨릭 신학에서는 교의 신학, 기초 신학, 윤리 신학이 고도로 특성화되어 각각 개별적으로 활동하고, 문제가 교의 신학의 것인지, 기초 신학의 것인지, 윤리 신학의 것인지 분류되면서 다른 과목은 그 문제와 전혀 상관이 없는 것으로 여겨지는 경향을 보인다.

　반면, 개신교 신학은 이미 오래전부터 다른 구조 원칙을 지니고 있다. 개신교 신학에서는 교수좌의 이름에서까지 볼 수 있듯이 우선 교의 신학과 기초 신학과 윤리 신학의 문제를 연결하는 단일한 관점, 즉 조직의 관점에서 출발한다. 이 점 때문에 개신교 신학자들은 특화되어 있으면서도, 상세한 지식에서 가톨릭 동료 교수들에게 결코 뒤지지 않는, 자신들의 연구가 전체 신학에 어떻게 연관되는지 심도 있게 묻는 다방면의 전문가로 쉽게 남는다.

이 책이 제시하는 학습 형태는 가톨릭 신학으로 하여금 더 이상 단순히 교의 신학 문제, 기초 신학 문제, 윤리 신학 문제가 아니라 다시 조직 신학적 문제를 제기하도록 독려한다.

필자는 지난 몇 년 동안 조직 신학 입문에 대한 강의를 다양한 형태로 시도했다. 이 과정에서 질문과 반응을 통해 이 책에 결정적으로 영향을 준 뮌헨의 루트비히 막시밀리안 대학교, 본의 라인 프리드리히 빌헬름 대학교, 뮌스터의 베스트팔렌 빌헬름 대학교 학생들에게 감사를 전하고 싶다.

필자의 학문적 협력자인 요한네스 엘버스키르히 박사, 스벤 아이히홀트, 안나 린츠, 막시밀리안 마트너, 플로리안 티데 등 교수들의 조교들, 비서인 아녜스 비데마이어는 참고 문헌을 조달하고 조언을 했으며 원고를 교정하고 색인을 만들었다.

Wissenschaftliche Buchgesellschaft 출판사의 주잔네 피셔는 필자의 원고를 약속과 달리 더 오래 기다려야 했음에도 불구하고 인내와 보기 드문 세세한 관심을 가지고 이 작업에 동행했다. 이 책을 통해 입문자들에게 주제를 소개하지만, 여전히 입문자인 필자도 이 모든 이들의 도움에 깊은 감사를 전하고 싶다.

2018년 6월 뮌스터에서

미하엘 제발트

목 차

머리말 5

제1장 도입
    1. 다양한 신학, 신학자들의 한계 17
    2. 기관실 견학 19

제2장 신학 — 학문의 별종
    1. 개념의 역사 및 개념의 그리스도화 과정 25
    2. 신학의 제도적 장소, 대학 33
    3. 위기와 출발 사이에 있는 현재 39

제3장 신학이란 무엇인가?
    1. 정의에 대한 제안 47
    2. 학문적 반성 47
    3. 실증적 신학과 사변적 신학 54

    4. 확정적 신학과 비판적 신학 60

    5. 종교란 무엇인가? 64

    6. 전제, 형태, 결과 70

제4장 조직 신학이란 무엇인가?

    1. 학과의 세분화 과정 속에 있는 신학 75

    2. 학문에서의 '조직' — 근대의 산물 79

    3. 교의 신학 — 신앙의 확신의 교리적 형태 84

    4. 기초 신학 — 신앙의 확신의 전제 97

    5. 윤리 신학 — 신앙의 확신으로부터 도출되는 결과 106

    6. 그리스도인 일치 운동 신학 — 복합적인 주제 124

제5장 조직 신학의 방법론과 규범적 지침

    1. 고유한 신학 방법의 결핍 131

    2. 신앙의 토픽 134

3. 조직의 교정 요소인 역사적 제약성 142
  4. 분석을 통해 얻는 명료함이 신학 진술의 목적 144
  5. 진리 주장 ― 그 불가결성과 한계 147

제6장 이성과 하느님에 대한 질문

  1. 이성과 신앙 ― 그리스도교 신학이 지닌 하나의
     기본 주제에 대한 여러 변주 159
  2. 하느님은 지식의 대상인가? 171
  3. 존재론적 신 증명 174
  4. 우주론적 신 증명 181
  5. 목적론적 신 증명 186
  6. 최근의 신 존재 증명 시도 190
  7. 중간 결론 ― 가능한 하느님과 현실적인 하느님 199

제7장 교회 신앙의 계시자인 하느님

  1. 근본 전제 ― 당신을 알리시는 하느님 205
  2. 몸을 지닌 하느님의 인성인 예수 그리스도 213
  3. 하느님의 지속적인 현존인 성령 230
  4. 그리스도교 하느님 상의 해체와 재구성 241

제8장 계셔야 하는 한 분이신 하느님

1. 당혹스러운 이성과 하느님에 대한 희망   255
2. 신뢰할 만한 하느님?   266
3. 하느님과 고통   269
4. 답에 대한 고집   284

전망   293

미주   295
참고 문헌   307
인명 색인   310

제1장

도입

"교과서는 교과서다. 제대로 된 교과서나 그중 일부만이라도 집필하기를 시도해 본 사람은 이것이 결코 쉽지 않다는 사실을 안다. 라틴어나 현대어로 쓰인 일련의 적절한 교의 신학 교과서가 있다. 가톨릭 신앙 학문의 본질로부터, 또 교회의 가르침을 철저하게 처음 공부하려는 신학도들을 위한 가톨릭 신앙 학문의 의도로부터 이러한 가톨릭 교과서는, 어떤 값을 치르더라도 '독창적'이고자 하는 공명심을 가져서는 안 된다는 사실이 도출된다. 개별적인 예외는 물론 있겠지만 교과서가 어떤 면에서 '비독창적'이고 끔찍하다는 의견을 어떤 이가 가질 때, 이것이 방자한 판단이라고 할 수 있는가?"

카를 라너

'교과서'의 의미

20세기에 가장 큰 영향력을 발휘한 가톨릭 신학자인 카를 라너Karl Rahner(1904~1984년)[1]가 이 문장을 쓴 지 벌써 60년이 넘었다. 이 문장은 카를 라너가 한스 우르스 폰 발타사르Hans Urs von Balthasar(1905~1988년)와 함께 마련했으나 결코 이행되지 못한, 적어도 그 전체는 실행되지 못한 계획을 진술한다. 눈여겨 볼 것은 라너가 새로운 '교의 신학 개관'을 제시하는 그와 같이 복잡한 구상을 하면서 어떠한 이유에서 전문가가 아니라 앞으로 가야 할 길의 초입에 들어서는 대학생들을 우선적인 대상으로 교과서에 관해 설명하는가 하는 문제다. 교과서는 분명히 신학의 현황을 보여주는 지표이다. 왜냐하면 교과서는 독창성과 전통성 또는 혁신과 전통 사이의 연결이라는 신학 과목 전체에 제기된 도전에 마주하기 때문이다. 라너의 진술 중 일부는 시대에 뒤떨어진 것이 되었다. 진지하게 받아들일 만한, 라틴어로 쓰인 신학 교과서는 오늘날 더 이상 존재하지 않는다. 성직자가 되려는 신학도들에게 '가톨릭 교과서'가 '교회의 가르침'을 전달한다는 식의 그림이 더 이상 독일어권 대학교 신학부의 현실에 부합하지 않는다. 가톨릭 신학 안에서도 청중은 다양화되었다.

카를 라너는 20세기 신학의 주요한 자극원이었으며 오늘날까지도 신학에 큰 영향을 미치고 있다.

1. 다양한 신학, 신학자들의 한계

다원화와 위치 설정

그렇기 때문에 오늘날 입문서를 집필하는 것은 라너가 그 시대에 이미 확인해야 했던 것보다 더 쉬운 일이 되지는 않았다. 왜냐하면 조직 신학에서 그 분야의 대표자들이 과목의 유효한 토대로 공동으로 인정하는 논제와 방법론이 점점 적어지기 때문이다. 그 대신에 다양한 '신학의 스타일'[2]이 동일한 질문에 매우 상이한 방식으로 접근한다. 이것이 연관성뿐만 아니라 단절된 부분과 이음새도 숙고하는, 그야말로 **조직적**인 전망을 더욱 중요하게 만드는 상황이다. 먼지가 수북이 쌓인 것처럼 보이는 신학과 같은 과목마저도 덮친 점증하는 다원화가 생생한 논쟁이 벌어지는 정신과학인 신학 과목의 특징을 이룬다. 이를 통해서 신학을 흥미롭게 만드는 동시에 중립적인 신학 안내를 난해하게 만든다. 다시 말해, 이 과목에로의 어떠한 입문이든지 이미 신학적 근본 선택을 전제로 하며 그에 대한 찬반이 독자들을 신학 논쟁 한가운데로 이끌어 들이고 독자들에게 자립적인 사고를 하도록 도전하기에 신학적인 근본 선택이 명료하게 제시되어야 한다.

이 책의 전제

첫째, 이 입문서는 개신교 신학에 크게 공감하고, 셀프 증명에서 자유롭지 않은 학문적인 작업 안에서 진행되는 그리스도인 일치 운동을 불가결하게 여기지만, 결국 가톨릭 신학자로 남아 있는 필자의 저술이다. 이러한 확인은 교파적 경계 긋기의 차원에서 이루어지는 것이 아니라 특정 학문 분야의 과목 전문가가 처한 한계를 반영할 따름이다. 가톨릭 신학과 개신교 신학이 상호 연결되어 있지만 각기 다른 기관에서 연구되는, 또한 부분적으로는 서로 다른 전제를 지닌 두 가지 상이한 과목이다. 그렇기에 가톨릭 신학자의 접근 방식과 지평은 개신교 동료 신학자의 경우와 다르다. 이것이 명료해져야 한다. 그럼에도 불구하고 이 입문서는 당연히 철두철미하게 그리스도인 일치 운동을 지향하며 바로 그러한 이유에서 개신교 신학을 공부하는 학생들에게도 이 책이 크게 유용하기를 희망한다.

둘째, 이 입문서가 조직 신학 입문을 교의 신학, 기초 신학, 윤리 신학 등 개별 과목 입문의 나열로 만들지 않기를 바라지만, 그럼에도 불구하고 어느 관점에서 조직 신학에 입문하든지 별 차이가 없을 것이라고 생각하는 것은 망상일 것이다. 여기에서 교의 신학과 기초 신학의 교차 영역에 해당하는 근본적인 질문에 비중이 주어진다. 반면에 특수 윤리는 주변 문제가 될 것이다. 왜냐하면 특수 윤리는 의료 윤리, 경제 윤리, 미디어 윤리 등 그 대상 영역에서 치료 과정, 경제적 맥락, 매체 작용 기제 등과 같이 상세한 지식을 전제하기에 비전문가도 알 수 있는, 폭넓은 독자층을 겨냥하여 계획된 입문이 전달할 수 있는 영역을 불가피하게 벗어나기 때문이다.

셋째, 이 입문서는 모든 학문이 중시해야 할 엄밀성을 크게 요하는 개념 설명 없이는 불가능하며, 개념 설명은 많은 작업을 요하는 역사적 고찰 없이는 불가능하다는 사실을 전제로 한다. 하지만 신학의 역사적 시선은 과거 지향적이지 않다. 그와 반대로 그 시선은 즐겨 '유일한' 전통을 근거로 내세우는 오늘날의 확신이 지니는 피상적인 명료성의 배경을 끈질기게 묻는다. "신학자들은 일반적으로 철저한 자기 역사화의 과격성을 수용할 준비가 되어 있지 않다. 왜냐하면 역사화를 진지하게 받아들일 경우 역사화는 관찰자 시점이 지니는, 그 배경을 더 이상 물을 수 없는 상대성 문제를 관찰자에게 던지기 때문이다."[3] 한 사람이 바라보는 대상뿐만 아니라 그로부터 그 대상을 숙고하는 장소도 고려하는 것이 학문적 작업 및 좋은 신학의 결정적인 특징이다. 자신의 출발점에 대한 반성적 관계 없이는 좋은 신학이 이루어지지 않는다.

2. 기관실 견학

독창성과 전통 사이

라너의 말처럼 입문서는 한편으로 "어떤 값을 치르더라도 '독창적'이고자 하는 공명심"을 가져서는 안 된다. 그럴 경우 입문서는 더 이상 입문서가 아니다. 다른 한편 좋은 교과서는 완전히

'비독창적이어서는 안 되며' 항상 제공되던 것만을 단순히 재탕해서 내놓아서도 안 된다. 이 책과 같은 입문서는 분명하고 가능하면 독창적인 입장의 확정과 전통에 대한 의무를 조심스레 다하는 설명 사이의 균형을 유지해야 한다. 이는 여기에서 조직 신학 기관실에 대한 견해가 제공되면서 이루어져야 한다. 핵심은 독자들을 도발적인 논제로 강타하는 것이 아니라 조직 신학이 어떻게 구성되는지, 그것을 움직이는 것은 무엇인지, 조직 신학에 어떤 질문이 제기되는지를 정돈된 형태로 독자들에게 제시하는 것이다. 이 책에서 이 목적이 이루어진다면 초보자는 조직 신학 공부의 기틀을 잡기 위한 토대를 찾으리라 희망할 수 있다. 이로써 교과서는 자신의 목표에 도달하며, 라너의 의미에서 어떤 값을 치르더라도 독창적이고자 하지 않으면서도 완전히 비독창적이지는 않기를 희망하는 '제대로 된 교과서'일 것이다.

이 책의 구성

조직 신학이 신학 안에서 근본적이며 서로 연결된 문제를 담당하기에 신학이 지니는 역사적이며 제도적인 특성과(제2장) 신학을 어떻게 정의할 수 있는지를(제3장) 해명하는 것이 조직 신학의 과제에 속한다. 이어서 다양한 학과를 지니는 조직 신학의 구조를 먼저 묻고(제4장) 이어 신학 과목의 방법론과 규범적 기준이 소개된다(제5장). 그다음에 인간 이성이 하느님에 대해서 무엇을 납득할 수 있게 말하는지(제6장), 그리고 그리스도교 신앙의 가르침이 하느님에 대해 무엇을 주장하는지(제7장) 해명되어야 한다. 이 두 가지가 어떻게 조화를 이루는지, 다시 말해서 교회 신앙이 믿음으로 고백하는 하느님이 이성적 사고의 유의미한 가능성일 수 있는지가(제8장) 숙고된 후, 전망과 함께 이 입문서는 마무리된다.

물론 실제로 언급되고 숙고되는 것 이외의 다른 것은 늘 있다. 또한 교회, 개별 교의 주제, 윤리 신학이나 그밖에 흥미가 있는 내용 등 논구되고 숙고되어야 할 것이 더 많다. 조직 신학 입문의 매력은 그것이 개별 과목 입문의 단순한 합과 동일하지 않고, 물론 선별적이겠지만 개별 문제를 강조한다는 사실에 있다. 그러한 가운데 이 입문서가 신학에서 무엇이 중요한지를 전달하고 그 과정에서 더 깊은 탐구와 스스로의 숙고를 촉진하는 문제의식을 전달한다면 이 입문서는 목적을 달성한 것이다.

제2장

신학 — 학문의 별종

들어가며

독일어권에서는 특히 신학이 모든 것에 걸쳐 있다. 즉 신학은 대학 전공 과목인 동시에 종교와 연결된 과목이다. 신학은 학문이지만 신앙과 관계된다. 어떻게 이러한 다층적인 현상, 일부에게는 애매하기까지 한 현상이 일어날 수 있었는가? 어떤 제도적 틀 안에서 신학이 움직이며 어떠한 도전과 마주하는가? 역사적이며 지식 사회학적 위치에 민감한 신학은 이 문제에 답해야 한다.

1. 개념의 역사 및 개념의 그리스도화 과정

첫눈에 문제는 간단해 보인다. '신학Theologie'이라는 말은 그리스어 '테오스theos'(하느님)와 '로고스logos'(말, 이야기, 이성)의 합성어로 '신학'은 하느님에 대한 이성적인 이야기 내지 숙고를 말한다. 이러한 설명이 틀리지는 않지만 너무 간단하다.

고대의 '신학'

아우구스티누스의 바로Varro 해석

개념이 그리스에서 나왔기 때문에 이 개념이 이교적이었던, 즉 유다 그리스도교의 특징을 지니지 않았던 고대에 오늘날과 다른 의미를 지녔다는 사실이 가려진다. 퀸투스 무키우스 스캐

볼라Quintus Mucius Scaevola(기원전 140~82년경)와 마르쿠스 테렌티우스 바로Marcus Terentius Varro(기원전 116~27년)는 그리스도교 저술가들도 이용했던 '3부로 구성된 신학'을 알고 있었다. 바로의 신학 이해에 대한 뛰어난 비평가 중 하나였던 히포의 주교 아우구스티누스Augustinus of Hippo(354~430년)는 엄밀한 논쟁을 통해 유실된 바로의 작품에 대한 방대한 인식을 제공한다.

바로Varro가 세 종류의 신학, 즉 신들을 숙고하는 종류가 세 가지 있다고 말하며 그 첫째를 신화류로, 그 둘째를 자연류로, 그 셋째를 국가류로 부르는 사정은 무엇인가? 언어 관습이 허용한다면 우리는 첫 번째 언급된 종류를 '설화류genus fabulare'로 칭할 것이다. 아니, '설화적인 것fabulosum'이라고 하자. 왜냐하면 이 종류가 '설화들fabulae'을 따라 '신화적'으로 불리기 때문이다. 그리스어 '뮈토스(신화)'는 라틴어 '파블라(설화)'를 의미한다. 우리는 두 번째 종류를 '자연류genus naturale'로 칭하고자 한다. 이를 오늘날 언어 습관이 허용한다. 바로는 세 번째 종류를 이미 라틴어를 사용하여 '시민류genus civile'로 표현하였다. 그리고 계속해서 말한다. "주로 시인들에게서 나타나는 것을 신화류로, 철학자들에게서 나타나는 것을 자연류로, 공공의 생활에서 사용되는 것을 국가류로 사람들은 표시한다."[4]

아우구스티누스, 《신국론》

세 종류의 '신학'

아우구스티누스는 로마 철학자들이 그리스도 탄생 이전에 이미 신학 개념으로 이해한 바를 논평한다. 아우구스티누스의 바로 해석에 따르면 '신화' 신학은 설화 내지 호메로스의 《일리아스》나 《오디세이아》처럼 신에 관한 가르침이라고 전적으로 이해할 수 있었던 사고를 담고 있었던 다른 문학 작품들을 다룬다. 예를 들어 신화는 우주의 발생이나 제신諸神의 질서, 즉 신들 사이의 서열과 관계에 대한 정보를 제공하거나 인간 세계에서 이루어지는 신들의 행위를 진술했다.

엄격히 이성의 인도를 따르는 신들 내지 신에 대한 숙고를 다루었던 '자연' 신학 내지 '물리' 신학이 '신화' 신학과 긴장감 없이 대면하지 않는다. 그리스 철학자 아리스토텔레스Aristoteles(기원전 384~322년)가 '신학'을 말할 때 그는 자신이 순수 이성적으로 통찰하는 것으로 믿었던 바를 이용해서 고대의 신화를 비판적으로 검토했다.[5] '자연' 신학 내지 '신화' 신학이 언급될 때 이 맥락에서 '물리' 혹은 '자연'은 이성과 같은 인간의 본성적 소질로 인간이 통찰할 수 있는 것을 의미한다. 따라서 자연 신학이 신화적 소재(이 개념이 지녔던 고대의 첨예화된 의미를 이렇게 이해할 수 있다)에 제한되지도 후대의 그리스도교적 의미의 자연 신학이 말하는 초자연적 계시의 도움을 필요로 하지도 않는다.

바로가 말하는 세 번째 종류는 소위 '민간' 신학 혹은 '정치' 신학이다. 이는 인간 사회에 대한 신들의 관계에 대한 숙고를 의미한다. 신들과 국가 사이의 관계는 연약한 상호성의 특성을 지녔다. 정치가 올바른 신들이 올바르게 경배되도록 돌보는 한에서 이 신들은 국가의 안녕을 보장했다. 하지만 이들은 국가에 대한 그들의 호의를 거두어들일 수도 있었다. 따라서 신들이 노하지 않도록 주의하는 것이 중요했다. 물론 이러한 사고는 공동체를 일치시키기 위한 정치적인 단속의 효과도 지녔다.

신학 개념에 대한 그리스도교의 유보적 자세

그리스도인들이 이러한 신학 이해에 대해 적지 않은 이의를 제기했다는 것을 어렵지 않게 생각할 수 있다. 그들은 여러 신이 아니라 유일신을 믿었는데, 그들의 확신에 따르면 유일신은 전설에 걸맞지 않았고 이스라엘과 교회의 역사에서 활동했다(하지만 여기서도 그리스인들에게 못지않게 전설적인 일이 있어났다). 이러한 이유에서 고대의 신화는 그들에게 문제가 많은 것으로 비쳤다. 정치 신학의 이상 아래서 그리스도인들은 어려움을 겪어야 했다. 왜냐하면 그들은 그들의 이상에 따라 사회적 경배 예식에 참석하는 것을 거부했기 때문이다. 그 유구한 역사 때문에 존중되었던 유다교는 유다인들에게 일반적으로 이교적 희생 제사의 참석 의무가 면제될 정도로 로마인들의 경배 이해에 통합되었다. 하지만 교회가 유다인 회당과 구별되는, 그래서 로마인들이 보기에 새로운 공동체로 자리 잡았다는 사실이 점차 명백해지면서 이러한 특권은 그리스도인들에게 박탈되었다. 그래서 그리스도교는 첫 3백 년 동안 비록 시간적, 지역적으로 제한되기는 했지만 혹독했던 박해와 줄곧 투쟁해야 했다. 자연적인, 즉 이성적인 숙고를 바탕으로 한 신학의 사고만이 전체 아닌 일부 그리스도교 사상가들에게 공감을 얻었지만, 신학 개념은 대부분의 경우 지나치게 이교적이라고 연상되었다. 바로 그 때문에 신학 개념은 고대의 그리스도교 언어 관습에서 일부 예외를 제외하고는 그림자와 같은 존재로 명맥을 유지했다.

12세기 신학 개념의 그리스도교화

그리스어를 말하는 동로마 제국에서는 조금 다르게 발전했지만, 로마 가톨릭 교회와 종교 개혁에서 비롯된 모든 교회의 공동의 요람인 라틴 계열의 서방에서 '테올로지아theologia'라는 개념은 12세기부터 다시 많이 사용되었는데, 이는 우연이 아니다. 이 개념은 그리스도교 신앙을 숙고하는 새로운 과정을 설명하기 위해 의도적으로 사용되었다. 여기에서 페트루스 아벨라르두스 Petrus Abaelardus(1079~1142년)에게 결정적인 역할이 주어졌다. 그는 자신의 주저에 당시 사람들에게 평범하지 않게 들렸던 '신학 논고'라는 제목을 달았다. 동시대인이었던 클레르보의 베르나르두스 Bernardus of Clairvaux(1090~1153년)도 이 제목을 비웃었다.

나는 당시에 우리 그리스도교 신앙의 토대를 자연 이성의 영역으로부터 비롯된 유사성을 통해 설명하는 것을 다루었고 내 학생들을 위해 신학 논고를 작성하였다. 이들은 명료한 철학 증명을 갈망하였고 말씀이 아니라 이해할 수 있는 바를 듣고자 했다. 듣고도 도무지 생각할 수 없는 많은 말씀은 쓸모가 없다는 것이다. 사람들은 먼저 이해한 다음에야 무엇인가를 믿을 수 있다는 것이다. 선생과 학생이 이성적으로 파악할 수 없는 것을 다른 이들 앞에서 설교한다는 것은 우스운 일일 것이다.[6]

페트루스 아벨라르두스, 《불행의 역사》

아벨라르두스의 구상

《불행의 역사》라는 그의 자전적 저술에서 아벨라르두스는 어떤 동기에서 그가 신학 개념을 제목으로 선택했는가를 설명하고 이 동기를 부분적으로 자기 학생들로 하여금 말하게 한다. **첫째**로 그에게 중요한 것은 그리스도교 신앙의 토대에 대한 연구이다. **둘째**로 그는 이 토대를 이성에 따라 숙고하려 한다. 이를 위해 **셋째**로 그는 일반적으로 납득할 수 있는 증명을 위해 노력한다. 왜냐하면 사람이 사실 관계를 믿을 수 있기 전에 사실 관계를 먼저 이해해야 하기 때문이다. 이것이 **넷째**다. **다섯째**로 이러한 이해는 신앙을 대치하는 것이 아니라 신앙 선포의 전제를 이룬다는 것이다. 이와 같이 간결하게 들리는 진술로 아벨라르두스는 신학의 토대를 표현했고 이는 이어지는 수세기 동안 꾸준히 영향을 미치게 될 것이었다.

교회 증언에서 발견되는 신앙 교리는 아벨라르두스의 구상에서 신학을 다루어야 하고 그를 위해 애써야 하는 재료가 된다. 아벨라르두스는 정확하게 정해진 신앙의 특별한 영역이 이성 너머에 존재하지 않는다는 입장

연인인 엘로이즈와 함께 《교훈 성경 bible moralisée》에 그려진 아벨라르두스. 그는 자신들의 활동을 표현하기 위해 '신학'이라는 개념을 처음 사용한 그리스도교 저술가 중 한 명이다.

에서 출발한다. 다시 말하자면 신앙이 이성 덕분에 있는 것은 아니지만 신앙이 신뢰성을 갖추고자 한다면 논리적으로 이성의 판단에 예속해야 한다는 것이다. 아벨라르두스가 '신앙의 기초'를 '인간 이성의 영역으로부터 비롯된 유사성'을 통해 설명하고자 한다고 주장한다면 이는 그가 이성적 사고 및 결론의 법칙을, 논리가 그 법칙을 검증하듯, 예외 없이 신앙 교리에도 적용한다는 것을 의미한다. 이러한 활동의 목표는 경건하게 들리는 말씀에 이성적인 숙고를 필적시키는 것이다. 왜냐하면 아벨라르두스의 확신에 따르면 이미 이해된 것만이 믿어질 수 있기 때문이다. 아벨라르두스는 자신의 활동 동기가 철저히 신앙의 본성을 지닌다

는 사실을 명확히 한다. 신앙에 대한 이성적인 검증은 궁극적으로 신앙과 신앙의 선포에 유익하다. 비합리적인, 즉 비이성적이거나 반이성적인, 이성이 허용되지 않는, 이성 및 그 비판적 질문 없이 그저 독자적으로 믿을 수 있는 특별한 영역을 아벨라르두스는 인정하지 않는다. 타협 없는 이성의 요구 아래에 있는 신앙 문제에 대한 이러한 접근을 표시하기 위해 아벨라르두스는 이미 알려져 있었지만 그리스도교 안에서의 신앙 숙고에 대한 설명에 그때까지 쓰이지 않았던 개념인 신학을 이용한다. 비록 아벨라르두스가 당시에 상당한 반대에 부딪히고 심지어 여러 번 단죄를 받았음에도 불구하고 그의 입장은 오랜 시간에 걸쳐 관철될 수 있었다.

지속적으로 유효한 구상

그리스도인들이 12세기에서야 비로소 신앙에 대해 숙고했다는 주장은 물론 터무니없다. 그리스도인들은 처음부터 이를 실천했고 이미 성경이 이에 대해 뛰어난 증언을 보여 준다. 하지만 신앙에 대한 숙고가 다양한 형식을 취할 수 있다는 사실과 오늘날 우리가 '신학'이라고 칭하는 형식이 그 개념상, 또 내용상 12세기 덕분이라는 사실을 이해하는 것은 중요하다. 아벨라르두스와 같은 위인들에 의해 형성된 이 구상은 무수한 변화에도 불구하고(오늘날 아무도 더 이상 아벨라르두스가 그 당시에 행한 대로 신학을 다루려 하지 않는다) 그 근본 노선에서 오늘날까지 훌륭한 신학의 특징으로 유효한 다양한 특징을 지닌다. 이러한 의미의 신학은 신앙의 숙고를 통해 두각을 드러내는데 이 숙고는 아직 신앙으로 길들여지지 않은 이성의 기준과도 대면한다. 이는 신앙 교리와 그 제도적 담지자와 그를 수호하는 직무자에 대해 비판적인 간격을 수반한다. 신학자와 교계 제도적으로 구성된 교회 사이의 관계는 불가피하게 팽팽한 긴장감과 함께 갈등의 부담을 지닌다. 만일 그렇지 않다면 신학은 자신의 과제를 충실히 수행하고 있는지 자문해야 한다. 이로써 그리스도교 신학이 교회 비판에서도 교회가 신학에 부여한 사명을 수행한다는 사실이 이미 암시된다.

2. 신학의 제도적 장소, 대학

'신학'이라는 이름을 지니는 그리스도교 신앙 숙고의 형태가 형성되는 시기와 머지않은 때에 대학이라는 학문 전달을 위한 새로운 제도가 생겨났다. 대학은 신학과 똑같이 12세기의 산물이다.

대학의 이상

대학의 발생
"12세기 교육의 확장"[7]은 다양한 제도의 전성기를 가져왔다.

이 여러 제도에서 점차 '대학'이 발전했다. '우니베르시타스university-sitas'라는 개념은 여기서 학문 전체나 여러 과목이 함께 있다는 것이 아니라 특정 권한과 의무를 지닌 사람들의 공동체를 표시했다. 프랑스 파리나 이탈리아 볼로냐와 같이 가장 오래된 대학은 정식으로 설립된 것이 아니라 기존의 학교에서 발생했다. 파리 대학은 주교좌성당 학교에서 발전했고 볼로냐 대학은 법률학교에서 발전했다. 이 두 기관은 중세 대학의 상이한 구성 원칙을 대표했다. 볼로냐 대학이 소위 학생 대학이었던 반면(여기서 학생들은 대학 운영을 맡았던 교수들에 의해 선발되었다), 파리 대학은 그와 정반대의 제도적 모델인, 학생에 의해 운영된 교수 대학이었다. 국가와 종교의 현대적인 분리를 알지 못했던 사회에서 대학 이상의 실현을 위해 결정적인 역할이 교회에 부여되었다. 황제 내지 교황이 제공할 수 있었던 특권을 통해서 '우니베르시타스', 즉 학생 공동체와 교수 공동체는 일반적으로 성직자들에게 유보되어 있었던 고유한 재판권이나 학위 수여권과 같은 특별 권한을 지녔다. 여러 대학이 그 명성에서 차이가 있었을 수 있겠지만 한 대학에서 수여된 '마기스테르magister'와 같은 학위는 전체 그리스도교 지역에서 유효했다. 대학 이상의 초국가적인, 그 자체 권리에 따라 보편적인 유효성은 마찬가지로 보편적인 권한을 지닌 초국가적인 기관, 곧 교회를 통해서만 관철될 수 있었다. 교황의 특권을 통해서야 비로소, 예를 들어 어디서든 가르칠 수 있는 교수 권한이 실제로 구현될 수 있었다.[8] 대학의 이상을 교회가 보호한 반면, 반대로 교회는 대학에 강력한 영향력을 행사했다. 신앙 교리가 문제시될 때 교회는 때로는 모든 힘을 동원해서 거리낌 없이 강력히 관여했다.

중세 대학에서 이루어진 신학

중세 대학에서 신학은 두 가지 방식으로 이루어졌다. 주교좌 성당 학교에서 발전한 파리 대학 같은 일부 지역에서 신학은 교과목의 원천적 핵심을 이루었고 자립 과목으로 가르쳐졌다. 하지만 초기의 모든 대학에서 그랬던 것은 아니다. 예를 들어 볼로냐에서는 신학을 공부할 수 없었다. 대학 과목이 아니더라도 신학은 그리스도교 신앙이 지배적이었던 사회에서 모든 질문이 신학 질문이 될 가능성이 있었기 때문에 중요한 역할을 했다. 모두는 아니지만 많은 중세 작가들에게서 중세는 '신학으로의 환원reductio ad theologiam', 즉 질문을 그 신학적 의미로 환원시키는 경향을 지녔다. 이를 보나벤투라Bonaventura(1221~1274년)의 한 작품 제목이 보여 준다. 특히 대학을 통해 지식과 제도화된 학문의 차별적 형태가 생겨났다고 할지라도 철학자나 법률가, 그리고 의사도 이러한 질문을 다루거나 적어도 교회가 그들의 사고와 행동에 부과했던 제한에 유의하지 않을 수 없었다.

비록 많은 대학 구성원이 특권적 법률 신분을 지녔던 성직자였지만 그들 사이에서도 근대까지 대학 교육은 엘리트에게 국한된 드문 기회에 속했다. 13세기부터 소위 탁발 수도회, 특히 프란

치스코회와 도미니코회 수도자들이 점차 대학 구조에 빠르게 편입되고 수도자들은 계속 수도원에서 수업을 받았던 반면, 수도회가 아니라 주교와 그의 교구에 소속된 남성이었던 교구 사제들에게 견고한 신학 교육은 여전히 예외에 속했다. 귀족이 아니고 개인 공부나 대학 공부를 위한 수업료를 감당할 수 없었던 경우 이 사제들은 궁색한 신학 지식만을 갖춘 채로 실천을 통해 '배워 익혔다.' 이는 중세 후기의 폐해를 야기했는데, 이러한 폐해를 16세기 주로 수도원 출신의 종교 개혁자들이 신랄하게 비판했다.

신학교와 대학 사이의 신학

대학 교육 — 엘리트 교육

종교 개혁의 성직자들의 자기 이해에 따라서 그들은 절대적으로 좋은 신학 교육을 필요로 했다. 그들 활동의 중심이 설교 직무에 있었기 때문이었다(이미 아벨라르두스가 말했던 대로 무엇을 말해야 할지, 그리고 어떻게 말해야 할지를 아는, 즉 수사학적 지식과 신학적 지식을 갖춘 이만이 설교할 수 있었다). 반면에 대부분 가톨릭 성직자들의 교육 수준은 개신교 성직자들의 교육 수준에 비해 뒤떨어졌다. 신학 운동으로서 종교 개혁은 15세기 후기와 16세기 초기의 대학 개혁 운동과 깊이 연결되어 있었고 마르틴 루터Martin Luther(1483~1546년)가 비텐베르크 대학의 개혁가에서 교회 개혁가로, 또 그 반대 방향으로 변환하는 것은 매우 거침없이 이루어졌다.[9] 하지만 구교 인본주의자들, 이제는 교파적 의미를 지니는 가톨릭 인본주의자들에게 대학 개혁의 의미가 분명해졌음에도 대학 교육을 받아 본 적이 없는 대부분의 가톨릭 성직자들은 이 개혁을 수행할 수 없었다. 오랫동안 중단된 기간을 포함하여 1545년에서 1563년 사이에 개최되었던 트리엔트 **공의회**가 비로소 성직자 교육을 이른바 '신학교Seminare' 설립을 통해 새로이 규정하고자 시도했다. 신학교는 신학뿐만 아니라 사목 지식과 실천 지식을 전달해야 했다. 종교 개혁에 가담하지 않았던 대학의 가톨릭 신학부는 신학교와 병행하여 존속했지만 여전히 엘리트들을 위한 장소로 머물러 있었다.

> **공의회**
>
> 공의회나 시노드에서는 신앙과 교회 법규의 중요한 문제가 다루어진다. (역사적으로 꼭 그렇지는 않지만) 대부분의 경우 주교들이 참석한다. 여기서 이루어지는 결정은 강력한 구속력을 갖는다. 공의회의 최상의 단계는 전 세계 교회에 구속력을 지니는 보편 공의회이다. 가톨릭 교회는 니케아(325년)에서 시작해서 제2차 바티칸 공의회(1962~1965년)까지 모두 21차례의 보편 공의회를 개최해 왔다.

대학에서 이루어지는 성직자 교육

'교회 재산 몰수Säkularisation', 즉 고위 성직자의 세속 통치가 끝난 뒤 19세기 독일에서 비로소 교구 사제들을 집중적으로 대학에서 교육시켜야 할 절박성이 대두되었다. 많은 지역의 영주들은 시대에 맞는 사목의 보장을 자신의 의무로 여겼다. 이와 동시에 그들은 자신의 영토 내의 강론 단상에서 이루어지는 복음

설교의 직접적 통제를 보장하고자 했다. 반대로 많은 가톨릭 주교들은 대학들이 국가의 영향 아래 너무 개혁적인 과제를 수행한다고 우려하면서 트리엔트 공의회 이후 수백 년 간 많은 지역에서 소홀히 여겨졌던 과제, 즉 신학교의 설립과 육성을 뒤늦게 시도했다. 그래서 19세기는 대학과 신학교의 병렬 내지 대립의 특징을 보인다. 즉, 대학은 정치적 의도에 따라 점점 더 넓은 계층의 성직자들에게 개방되어야 했고 신학교는 교회적 의도에 따라 엄격한 정통 신앙을 위해 보호막을 친 생활 영역을 형성했다.[10] 20세기 후반에 이르러서야 비로소 이러한 이원성이 완화되었다. 즉, 신학교는 영성 문제의 전달 내지 실존적인 문제의 습득에 집중하는 반면 학문 교육은 대학에 양도되었다. 혹은 과거의 신학교가 직접 대학으로 발전하고 대학과 유사한 위상을 갖추었다. 이 시기에야 비로소 성직자 신분을 추구하지 않으면서도 학문적으로 신학에 몰두하고자 하는 많은 학생들이 나타났다. 이로써 수도자가 아닌 여성들에게도 가톨릭 신학이 개방되었다. 오늘날 여성들은 가톨릭 교회에서 이전과 마찬가지로 성사적 직무에 임명될 수 없음에도 불구하고 신학을 전공하는 학생들의 다수를 이룬다.

    독일어권의 양 교파 신학은 다른 나라에 비해 깊은 대학 관련성을 통해 유일회적인 유산을 관리한다. 특히 가톨릭이 우세한 여러 나라에서는 신학교와 대학의 이원성이 존재하지 않았으며 교회 내부에서는 신학교 개념이 분명히 우세했고 교회 밖의 영역에서는 신학에 대한 비판적 자세가 두드러졌다. 독일, 오스트리아, 스위스에서만큼 신학이 대학 학문으로 발전하고 신학의 자기 이해에 따라 대학 학과가 된 곳은 없다.

3. 위기와 출발 사이에 있는 현재

당면한 도전

그럼에도 불구하고 이러한 모델은 곤란한 상황에 처해 있다. 학생 수의 감소로 이미 바닥으로 내려가 있기에 더 이상 추락할 수 없는 가톨릭 교회의 젊은 성직자 수는 기존의 수많은 신학부와 연구소의 유지가 정당한지, 아니면 신학 연구 장소의 더욱 조밀한 집중이 중요한지 질문을 제기한다. 학문에 대한 현대적 이해가 마땅히 '방법론적 무신론'으로 표시되는 바를 지향하기 때문에 어떤 이들은 신앙 고백에 따라 종교 공동체에 결합되어 있는 신학과 같은 학과가 세속적인 대학에서 정당한 자리를 요구할 수 있는가 질문한다. 완전히 다른 편에서는 대학이 제공하는 자유 공간을 통해서 신학과 신앙 고백과의 연결이 너무 느슨해져 자신들이 바라는 바에 못 미치게 움직인다고 생각하는 교회 지도자들도 있다. 그러한 이유에서 어떤 이들은 신학을 이상적으로 잘 통제하기 위해 신학이 다시 신학교와 비슷한 교회 기관에서 행해지는 것이 나쁘지 않을 것으로 생각한다.

대학에서 이루어지는 신학 — 시대에 뒤떨어진 모델인가?

여기부터는 학문 이론이 함축하는 의미 및 이와 더불어 신학이 세속 대학에서 정당한 자리를 차지하는가 하는 질문이 계속 다루어진다. 여기서는 숫자적, 법률적, 정치적 관점 등 세 가지 측면만을 언급하고자 한다. 이미 감소해 왔고 전체적으로도 계속 감소하는 학생 수는 장기간에 걸쳐 신학의 제도적 모습이 적은 수요에 맞갖게 적응하는 것을 불가피하게 만든다. 이는 유감스러운 일이나 대학 학과로서 신학에 원칙적인 붕괴를 일으키지는 않는다. 즉, 신학은 대학에서 과거의 잔재로 용인될 뿐만 아니라 대학에서 정책상 원칙적으로 의도된다. 물론 이 사실이 수요에 적응하기 위한 인원 감축을 배제하지 않는다.

학문 자문단의 조언

독일 연방의 교육 구조를 자문하며 동행한, 연방과 연방주가 공동으로 운영한 위원회인 학문 자문단은 2010년《독일 대학에서 신학과 종교 관련 학문의 지속적 발전을 위한 권고》라는 상세한 보고서를 발표했다. 여기서 "사회 종교적 변화에 직면해서"[11] 연구의 필요성이 얼마나 절박한지가 강조된다. 보고서에 따르면 이렇게 요청되는 부분은 교파 중립적인 종교학을 통해서도 충족될 수 있을 뿐만 아니라 점점 더 중요해지는 신앙 공동체의 사회에 관련된 자기반성도 포함한다. "사회는 신앙 공동체를 대학의 담론에 제도적으로도 편입시키는 데에 큰 관심을 지닌다."[12] 수십 년 전

세속화 이론에서 예견된 종교의 소멸이 일어나지 않았고[13], 종교가 매우 다양한 이들에 의해 정치적으로 이용되며 종교 스스로 적에서 친구로 만들고 또 친구에서 적을 만드는 놀라운 역동성을 발산한다는 사실이 의식되는 시대에, 다음과 같은 원칙적인 질문이 제기된다. 신앙 공동체의 자기반성이 학문적 질의 보장이라는 기제로 높은 수준에서도 그 공간을 확보할 수 있는 대학과 같은 공적 공간에서 이루어져야 하는가? 아니면 이러한 자기반성이 성경학교나 이슬람 성원 학교 등, 세상의 비판적 질문이나 대학이 요구하는 학문적 기준과 전혀 무관하게, 신앙인들 사이에서 같은 생각을 지닌 부류의 사람들이 끼리끼리 순수한 자기 확인 속에서 곰곰이 생각할 수 있는 곳에서 이루어져야 하는가?

학문 자문단은 명백하게 첫 번째 질문에 '예'라고 답하고 두 번째 질문에 '아니오'라고 답한다. 학문 자문단은 "국립 대학이 학문적으로 숙고된 종교의 자기 해석에서 가장 중요한 장소"라는 사실에서 출발한다. "여기에서만 다양한 종교 관련 학문의 농축된 지성적인 교환이 가능하고, 여기에서만 여러 학문이 (정신 과학만이 아니라 사회 과학과 자연 과학과 기술 과목과 생의학 과목 등) 학문 문화의 다양성 안에 자리할 수 있다."[14] 이것이 교회 지도자들이 특별한 관심을 기울여 마땅한 종교 현상에 대한 포괄적 분석에 타당할 것이다.

교회의 의무 — 담론 속의 종교

다른 한편 이는 지성적으로 이루어지는 담론에 참여하고 공적으로 공감을 얻고, 성직자, 본당 신부, 사목 담당자, 종교 교사 등 신앙의 핵심 영역에서 활동하는 일꾼들을 대학에서 모집하는 기회를 신앙 공동체에 제공한다. 반대로, 교의적 확정을 비판하는 몇몇 이들에게 세속 대학에서 신앙 고백과 연결된 학과를 마주하는 것이 눈엣가시이듯이, 교의적 확정을 옹호하는 많은 이들에게는 세속적 기관에서 비판적 교육을 받아 신앙 기관이 권위적으로 제시하는 모든 것에 '예!'와 '아멘!'으로 대답하지 않는 이들을 교회 내부의 공간에서 만나는 것도 화가 나는 일이다. 이 문제는 무슬림 영역의 이맘(예배 인도자) 양성에서 제기되지만, 일부 결정권자들이 예를 들어 성직자 양성을 대학에서 멀리 떨어진, 엄격히 교회적인 기관으로 이동시키면서 '더 가톨릭적인', 즉 자신들이 생각하는 정통 신앙 관념에 더 적합한 성직자를 양성할 수 있다고 생각하는 그리스도교 영역에서도 나타난다. 이에 대해서 학문 자문단은 "원칙적으로 교회 성직자 교육은 앞으로도 주로 국립 대학 제도의 틀 안에서 이루어져야 한다는 견해를 피력한다. 그렇지 않을 경우 대학의 학문적 수준을 갖춘 의견 교환과 논의가 부족하므로 교수와 연구의 학문적 표준이 위협받기 쉬울 수 있다."[15]

핵심 정리

'신학' 개념은 고대에서 나왔고 당시 그리스도인들에게 의심스러운 것으로 여겨졌다. 일반적으로 그리스도인들은 자신들의 고유한 신앙에 대한 숙고를 설명하기 위해 이 개념을 사용하지 않았다. 이 개념은 12세기에서야 비로소 그리스도교 언어로 받아들여졌으며 타협 없이 이성을 지향하는, 필요한 경우 교회 비판적인, 그리스도교 신앙에 대한 숙고를 지칭했다. 신학 개념이 그리스도교화된 같은 시기에 초기 대학도 생겨났다. 전부는 아니지만 많은 대학에서 신학은 수백 년 동안 자명한 위치를 차지했다. 오늘날 이 위치에 이론의 여지가 있지만 그 위치가 쓸모없이 되지는 않았다. 그러므로 신학을 하는 이들은 자신의 학과가 세속 대학에 자리하는 이유를 해명할 의무가 있다.

제3장

신학이란 무엇인가?

들어가며

사람들이 책에서 찾거나 지명할 수 있는 신학의 정의는 없다. 정의는 어떤 대상이 나타내는 바를 다른 것과 구분하기 위해서 가능하면 정확히 규정하려는 시도다. 이 시도는 어떤 이들에게는 너무 좁게, 다른 이들에게는 너무 넓게 이해되는 것처럼 보일 수도 있다. 여기에서는 신학이라는 말로 이해될 수 있는 바에 대한 제안이 시도된다.

1. 정의에 대한 제안

다음과 같이 제안될 수 있다. 즉, 신학은 자신이 지니는 종교적 확신의 전제와 형태와 결과에 대한 공동체의 학문적인 자기반성이다. 이러한 간단한 정의는 많은 전제를 지니는 개별 부분 각각에서 더 자세히 논구되어야 할 것이다.

2. 학문적 반성

'반성'은 무슨 뜻인가?

자구적으로는 반사라는 의미를 지니는 '반성Reflexion' 개념은 광학에서 유래한다. 자기에게 비치는 광선을 반대로 바꿈으로써

> **학문**
> "학문은, 이것이 일반적으로 생활 세계의 경험 지식과 관계하는 상식 내지 생각과 달리 체계적인 논증에 관련된 지식, 엄밀한 검증 전제에 지배를 받는 지식에 관계되는 한에서 지식의 제도화된 형태이다."

빛나기 시작하는 물체는 반사한다. 17세기부터 반사 활동이 이제 더 이상 관찰 물체로부터가 아니라 관찰자에 의해 진술되는 변화와 더불어 반사 개념은 철학적 의미도 수용했다. 이러한 의미에서 어떤 이가 사실 관계를 그저 소여된 것으로 받아들이지 않고 사색적으로 노력하며, 지식을 은유하는 빛을 그에 비추면 그는 사실 관계를 숙고한다. 우리가 반성을 통해 배우는 모든 것이 학문적 지식의 형태를 취하지는 않는다. 예를 들어 "저녁에 술을 많이 마시는 사람은 아침에 숙취를 겪는다."라는 말과 같이, 분명 참된 인식을 담고 있고 그것을 고려하는 것이 유익하나, 그러한 고려를 "에탄올 분해의 중간 산물인 아세트알데히드는 두통을 유발할 수 있다."라는 문장과 달리 사람들이 학문적 인식으로 표시하지 않는 상식의 형태도 있다. 무엇이 **학문**적[16] 지식의 특징인가? 철학자이자 학문 이론가인 위르겐 미텔슈트라스Jürgen Mittelstraß(1936년~)는 숙고의 가치를 지닌 답을 내놓는다.

미텔슈트라스는 학문이 '지식의 제도화된 형태'를 보여 준다는 사실을 가리킨다. 즉, 일상 세계의 지식 전달에서와 달리 학문은 공동으로 질문을 던지고 각자가 지닌 지식을 상호적으로 공개하고 비판하는 '학문계scientific community'에 의해 유지된다.

학문과 진리

상식과 학문

그러므로 참된 진술과 학문적 인식의 구분이 중요하다. 모든 학문적 인식은 참된 진술 형태로 진술되어야 하지만 모든 참된 진술이 바로 학문적 인식은 아니다. 현실적인 맥락에서 다음과 같이 간단히 말할 수 있다. 그 안에서 주장되는 사실 관계가 그 안에서 진술되는 바와 참으로 동일할 때 진술은 참되다. 달리 표현하면 그 안에 **명제적**으로 표현된 사실 관계가 **실제로** 명제가 요구하는 바와 같을 때 진술은 참되다. "명제는 주장의 행위에서 주장되고 진술의 행위에서 진술되는 어떤 것이다. 혹은 다르게 표현하자면 주장은 명제 진리 인식의 (매우 특별한 양식)이다."[17] 진술의 내용은 무언가를 주장하는 이가 그에 대한 근거를 제시하지 않을 때도 참될 수 있다. "'비가 내린다'는 말은 '비가 내릴 때' 매우 참되다."[18] '비가 내린다'는 진술이 이를 주장하는 이에 의해 그저 추측되었다고 할지라도 실제로 비가 내린다면 이 진술은 참되다. 하지만 이 진술이 참되다고 해서 그것만으로 학문적인 인식이 되지는 못한다. 근거가 있을 경우에만, 이상적인 경우 진술에 진리의 확실성을 혹은 진술의 허위성을(허위에 대한 증명 역시 학문적 성과일 수 있다) 제공하는 근거가 있을 경우에만 그 진술은 학문적인 인식이 된다. 학문적 지식의 최고 형식은 **그것이** 참이고 사람들이 그것이 **왜** 참인지를 아는 반성적 확실성이 제공된 인식이다.

논거와 논증

> **논거**
> "논거는 의문의 여지가 있는 사실 관계에 신뢰성을 부여하는 이유ratio이다."

미텔슈트라스의 용어 정의에 따르면 '체계적인 논증'과 '엄밀한 검증 전제'를 통해 이 확실성에 이른다. '체계적'이라는 말은 여기서 다른 것과 연관되어 있음, 그리고 다른 사람에 의해 이해 가능함을 뜻한다. 진술의 논거를 댄다는 것은 제기된 주장이 **왜** 올바른가를 이성적으로 제시한다는 것을 의미한다. 이를 위해 **논거**가[19] 제시되어야 한다.

논거는 일반적으로 논증의 형태로 제시되는데 그것으로 "전제와 결론"[20], 가정과 귀결로 펼쳐지는 담론 안에서 전체 논거의 언어적 표현이 이해된다. 어떤 것이 참되다고 주장될 때 주장된 바가 학문적 담론에서 견디려면 주장된 바가 **왜** 실제로도 참된가가 논증의 형태로 제시되어야 한다. 그러므로 학자가 인식이 참되다는 사실만이 아니라 그것이 **왜** 참된가를 적어도 어느 정도까지는 안다는 사실을 통해서 학문 지식은 생활 세계의 지식과 구분된다. 학자는 자구적인 의미에서 사물의 밑바닥으로 가면서 학자가 된다. 신학과 관련해서 이는 신학자가 이 자신이 속한 공동체가 지닌 신앙의 확신을 당연한 것으로 단순히 받아들이지 않고 이것을 문제시하고 공동체가 정확히 **무엇을 왜** 믿는가를, 그리고 이 신앙을 위해 공동체가 제시하는 근거가 얼마나 튼튼한지를 반성한다는 것을 뜻한다.

검증 전제

미텔슈트라스에 따르면 학문이 제시해야 하는 '무엇'과 '왜'라는 정보는 '엄밀한 검증 전제'에 지배를 받는다. 이것은 무엇을 의미하는가?

나는 여기서 그것을 통해 내가 존재하는 바가 무엇인지를 아는 것을 이론적인 인식으로 설명하는 것으로 만족한다. 하지만 실천적인 인식은 그것을 통해 내가 그것이 무엇이어야 하는지를 아는 인식이다. 그에 따르면 이성의 이론적인 사용은 그것을 통해 어떤 것이라는 사실을 내가 선험적으로, 곧 불가결한 것으로 아는 것이다. 하지만 실천적인 사용은 그것을 통해 무엇이 이루어져야 하는가가 선험적으로 알려진다. 그런데 어떤 것이라든가 무엇이 이루어져야 하는가가 의심의 여지없이 확실하거나 조건적일 뿐일 수 있다. 그래서 어떤 특정 조건이 불가결하거나 그것이 임의로 우연적으로 전제될 수 있다. 첫 번째 경우에 조건은 (놓임을 통해서 per the sin) 전제되고, 두 번째 경우에 조건은 (밑에 놓임을 통해서 per hypothesin) 가정된다.[21]

이마누엘 칸트, 《순수 이성 비판》

전제와 가정

이마누엘 칸트Immanuel Kant(1724~1804년)는 이성을 사용하는 두 양식을 구분하고 그에 따라 앎의 두 가지 양식도 구분한다. 이론적인 이성은 참에 대해 묻고 '무엇이 존재하는지' 아는 것을 목표로 삼는다. 이와 달리 실천 이성은 선에 대해 묻고 '무엇이 존재해야 하는지'의 규명을 시도한다. 모든 경험 이전에 놓여 있는 참 내지 선에 대한 앎을 칸트는 '선험적'이라고 칭한다. 이성이 어떤 것이 '존재하는지' 내지 '존재해야 하는지'를 선험적으로 의심의 여지없이 알지만 이 참 내지 선을 조건 지워진 것으로만 안다면, 이성은 그 조건을 엄밀한 의미에서 알 수 없다고 할지라도 조건 지워진 사실 관계에 대한

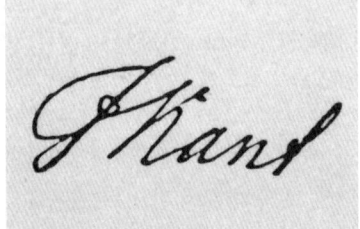

'비판적'인 사고, 즉 검증하는 구분을 지향하는 철학자 칸트의 사고는 현대에 이르기까지 학문적 논증 표준을 이룬다.

앎과 더불어 사실 관계의 조건도 숙고해야 한다. 여기서 이성이 임의적인 조건을 전제한다면 이성은 가정을 만드는 것이다. 하지만 이성이 특정 조건을 의심의 여지없이 인식된 사실 관계의 필연적인 조건으로 결정할 수 있을 경우 이성은 전제를 만드는 것이다.

학문과 검증 가능성

이로써 학문 이론적 의미에서 '검증 전제'가 무엇을 의미하는지 이해된다. 학문적 지식은 그 기저에 놓인 논증의 이해 가능성과 주장의 검증 가능성을 전제한다. 검산하고 사고의 오류를 찾고 반복을 통해 실험을 검증하는 수학, 형식 논리나 화학 과목에서 학문적 지식이 어쩌면 쉽게 만들어질 수 있다. 하지만 이 과목도 새로운 이론이 제시될 경우 때로는 검증의 결함을 겪는다. 가정은 엄밀한 의미에서 검증 가능한 것은 아니며 아무튼 특정 시점에 사용될 수 있는 수단은 아니지만 수긍되는 것으로 보이며 그와 함께 작업이 수행될 수 있다. 상황은 역설적이다. 검증될 수 없는 것이 주장되는 과목은 학문이 아니라 순수한 사변이다. 하지만 그 안에서 모든 것이 당장 검증될 수 있고 가정이 더 이상 존재하지 않는 과목은 그의 학문적 발전이 정지된 것처럼 보인다. 검증 가능성을 통해 획득되는 확실한 인식 근거와, 논쟁의 여지가 있지만 직접적인 검증 가능성에서 벗어나 있는 것이 검증 가능한 것과 타당하게 연결된다. 그리고 언젠가는 스스로 검증 가능하게 되어 참이나 거짓으로 판명되는 가운데 학문을 촉진하는 불확실한 사변 사이의 적절한 혼합이 중요한 것은 분명하다. 다시 말해 학문의 활력은 확정적인 특징과 사변적인 특징이 그 안에 모이는 가운데 드러난다. 확정적인 것은 '주어진 것 positum'인 소여성에 정향하기 때문에 명백히 검증되는 것이다. 반면 사변적인 것은 (아마도 아직은) 검증되지 않지만 언젠가 검증 가능하게 될 때 지식으로 증명되는 가정적인 인식을 가능하게 하는 것이다. 확정적인 측면이 없다면 그 과목은 학문이 아닐 것이며 사변적인 측면이 없다면 그 과목은 무기력할 것이다.

3. 실증적 신학과 사변적 신학

입장 표명에 대한 입장 표명

신학의 실증적 특성, 즉 주어진 것인 소여성에서 출발하는 특성을 살펴보자. 신학은 신앙의 진술과 혼동되어서는 안 된다. 특히 신학 스스로가 그와 자신을 혼동해서는 안 된다. 신학이 성경을 자기 말로 재현하는 것이나 교리 교육의 해석이나 단정적 설교조에 빠져 버리는 곳에서 신학은 더 이상 신학이 아니다. 철학과 공통적으로 학문으로서 신학은 "사실 관계에 대한 논급을 계속해서 논급하면서"[22] 그 특징을 드러낸다. 따라서 신학은 자신의 실증적인 특징으로 신앙의 사실 관계가 그러하다고 단순히 주장하지 않는다. "예수 그리스도는 하느님의 아들이다."라는 문장은 신앙의 확신을 표현하는 신앙 고백이다. 학문으로서 신학은 신앙의 사실 관계를 논급하는 양식과 연결하여 처음에 언급된 진술과 달리 "가톨릭 교회는 예수 그리스도가 하느님의 아들이라고 고백한다."라는 실증적이고 신학적인 문장을 제시한다. 왜냐하면 신학의 실증적인 관점에서 신학은 신앙의 확신에 대한 분석을 다루기 때문이다.

보편적인 검증 가능성

이러한 반성이 밝힌 결과는 신학 '학문계scientific community'에 의해, 또 다른 과목에 의해, 잠재적으로는 모든 사유하는 인간에 의해 검증 가능해야 한다. 무신론자도 스스로 그것을 믿던 아니던 "가톨릭 교회는 예수 그리스도가 하느님의 아들이라고 고백한다."라는 문장을 분명 참으로 여길 것이다. 그를 확신시키는 논증이 제시될 경우 가톨릭 교회가 예수 그리스도를 하느님의 아들로 믿는다는 사실을 그도 뒤흔들 수 없을 것이다. 신학이 어떤 사실 관계에 대한 논급을 논급하면서 실증적으로 앞에 주어진 것을 지향할 때 신학은 자신에게 주어진 검증 전제를 지키는 데에 아무런 문제가 없다.

신학의 사변적 특징

사실에 대한 참조

실증적인 특징 말고도 신학은 학문 이론적으로 분명히 더 불확실한 사변적인 차원도 알고 있다. 왜냐하면 신학은 그것을 신앙에 관련된 다른 연구가 행하는 것과 같이 종교적 확신에 대한 반성에만 몰두하지 않는다. 신학은 공동체의 종교적 확신에 대한 자기반성이다. 이 두 번째 것이 되기 위해서는 신학은 우선 첫 번째 것을 수행해야 한다. 자기반성으로서 신학에게, 그가 논급하는 사실 관계에 대한 입장 표명은 허용될 뿐만 아니라 권고된다. 신학이 "가톨릭 교회는 예수 그리스도가 하느님의 아들이라고 고백한다."라는 문장에서 출발할 때 신학은 사실 관계(=하느님의 아들인 예수 그리스도)가 논급되는 양식(=교회의 신앙 고백을 통하여)과 연결된다. 종교학이 그러한 확인에서 그치게 될 반면, 신학은 자신에 의해 실증적으로 확인되는 논급의 양식이 사변적으로 의미가 있고 합당한지 물을 수 있다. 구체적으로 신학자는 하느님이 도대체 존재하는지, '하느님의 아들'이라는 말이 최근의 성性감수성을 고려할 때 여전히 의미가 있는지, 또 이슬람 신학의 관점에서 이의를 제기할 수 있듯이, 하느님이 그에게 아들이 있다고 여겨질 정도로 관계적으로 사유될 수 있는지 물을 수 있다. 신학자가 예수를 '하느님의 아들'보다 '하느님의 자녀'라고 말하는 것이 더 낫다는 주장을 감행하거나 하느님이 완전하기 때문에 아들을 지니지 않는다는 논제를 제시한다면, 신학은 신앙의 진술에 접근하며 이로써 신앙의 진술이 그러한 것과 마찬가지로 스스로를 논박의 여지가 있는 것으로 만든다. 이를 통해 신학은 사변적인 과목이 된다. 이 과목은 그리스도교의 삼위일체 교리사를 돌아보면 짐작할 수 있듯이, 때로 매우 복잡할 수 있고 차이 인식의 과정에서 다른 학문을 위해서도 중요해질 수 있지만,[23] 그럼에도 불구하고 학문 이론적으로는 불확실한 위상을 지닌다. 왜냐하면 신학이 사변적이 되고 하느님 본성에 대한 해석

이론을 발전시킬 때 이 이론은 **아직 검증될 수 없을** 뿐만 아니라 지금 여기서 인간이 살아가는 조건 아래 **원칙적으로 검증 불가능**하다. 이 문제는 오래된 것이며 가장 영향력이 크다고 할 수 있는 중세의 신학자 토마스 아퀴나스Thomas Aquinas(1225~1274년)가 이미 그것을 언급했다.

거룩한 가르침은 학문scientia이다. 그런데 학문에는 두 가지 종류가 있다. 그 하나는 지성의 자연적 빛으로 알게 된 여러 원칙에 근거한다. 예컨대 산술, 기하 또는 여타의 경우이다. 두 번째 부류는 더 상위의 학문의 빛으로 알게 된 여러 원칙에 근거하는데, 광학은 기하에 의해 명백하게 된 여러 원칙에, 음악은 산술에 의해 알려진 여러 원칙에 근거한다. 거룩한 가르침은 이러한 두 번째 양식의 학문에 속한다. 왜냐하면 거룩한 가르침이 하느님과 복된 이들에 관한 더 높은 지식scientia의 빛으로 알게 된 여러 원칙에 근거하기 때문이다. 따라서 마치 음악이 산술에서 주어진 여러 원리를 신뢰하는 것과 같이 거룩한 학문은 하느님께로부터 계시된 여러 원리를 신뢰한다.[24]

토마스 아퀴나스, 《신학대전》

하위 학문

토마스 아퀴나스는 여기서 지식과 학문을 의미할 수 있는 라틴어 '시엔티아scientia'의 이중적 의미를 이용한다. 학문의 관점에서 토마스는 아리스토텔레스의 주제를 재수용하여 후대에 "종속모델Sublternationsmodell"[25]로 지칭되는 단초를 발전시켰는데, 그에 따르면 학문에는 상위 형태와 하위 형태가 있다. 일부 학문은 자신의 원칙을 자연 이성으로부터 직접 얻는다. 토마스가 가장 일반적인 수학이라고 여겼던, 결합 법칙, 호환 법칙, 분배 법칙과 같은 법칙을 지닌 산술은 정확한 사고의 원칙에만 종속되는데, 이 사고는 그러한 법칙으로부터의 이탈을 즉각적으로 오류로 드러낸다. 토마스는 음악이 간격을 통해 표시되는 소리의 관계와 관련되기 때문에 자유 7과 중 4과에 속하는 음악을 '조화'의 의미에서 마찬가지로 숫자와 관련된 일로 파악했다. 하지만 토마스는 음악이 화성학 안에서, 화성학이 자신이 필요로 하는 수의 법칙을 산술에서 습득하여 이용할 때만 반성될 수 있다고 여겼다. 이러한 개념에 따르면 화성 이론가는 산술 지식을 넘겨받는 가운데 자신의 관점에서 볼 때 더 높은 단계에 있는 학과를 수용한다. 하지만 그는 그 학과의 원칙을 자신의 고유한 원칙으로 운용할 수는 없다. 토마스에 따르면 신학에도 이와 유사한 일이 벌어진다. 신학자는, 그 안에서는 자기 스스로 최종적인 통찰을 얻을 수 없는, 그것을 검증할 수 없으며 하느님의 계시 행위로부터 그대로 받아들여야 하는, 신학자가 언젠가 복된 이들, 즉 하느님을 직접 보고 그분이 참으로 누구인지를 인식하는 이들에 속할 때야 비로소 자신에게도 명확하게 되는 그러한 원칙을 이용한다.

사변 — 폭이 좁은 길

토마스 아퀴나스 논제의 유효성에 대해 이미 중세에 그보다 약간 젊은 동시대인인 요한네스 둔스 스코투스Johannes Duns Scotus(1266~1308년)가 이론을 제기했다. 토마스의 논제는 현대 학문 이론의 관점에서 억지로 꾸며낸 듯한 인상을 주고 하느님이 자신을 계시한다는 사실과 복된 이들이 하느님의 면전에 있다는 것을 믿지 않는 이들에게는 허무맹랑한 인상을 준다. 이러한 불편한 감정은 상이한 두 가지를 분명하게 만든다. 신앙의 사실 관계가 어떻게 논급되는지를 철저히 분석하는 신학 연구의 실증적인 부분이 학문의 대열에 아무런 손색없이 어울리는 반면 신학 사고의 사변적 특성은 현대 학문 이론 앞에서 이방인처럼 보인다. 신학은 시대에 적합한 학문성을 위해 최선을 다하는 가운데 이 이질적인 덩어리를 완전히 밀쳐 낼 수는 없다. 그렇지 않으면 신학은 신학을 비로소 신학으로 만드는 자신의 고유한 신앙의 사명을 더 이상 수행할 수 없을 것이기 때문이다. 아무튼 이 사명은 신앙의 기관과 행위자를 확정하는 데에서뿐만 아니라 어쩌면 특히 그들을 비판하는 데에 존재한다. 예를 들어 교회가 신앙의 사실 관계를 논급하는 양식에 대한 비판은 신학자가 실증적인 시각이 아니라 당연히 사변적인 시각에서 똑같이 신앙의 사실 관계를 논급하는 것을 내포한다. 신학은 그 안에 제한되어서는 안 되고 그렇기 때문에 하느님과 신적인 것에 대한 사변에서 신중해야 한다. 토마스도 분명히 하듯이 사변 신학도 그 도움으로 자신의 주장이 검증되어야 하고 비판될 수 있는 원칙을 사용하기 때문이다. 다만 이 원칙 자체가 지금 여기에서 명백함이 결여되기 때문에 논란의 여지가 있고 그 때문에 다시금 신학적 논쟁의 대상이 된다.

4. 확정적 신학과 비판적 신학

신앙 공동체에 참여

이미 제2장에서 신학은 고유한 위치를 차지한다는 사실이 간략히 소개되었다. 신학은 자유로운 동시에 신앙 고백과 연결되어 있다. 사람들이 그 관계를 어떻게 파악하든지 간에 가톨릭 신학, 개신교 신학, 그리스도교 신학, 이슬람 신학 등 신학의 교파적인 결합은 신학을 다른 신앙과 관련된 연구로부터 구분하고 신앙 공동체의 비판적인 자기반성으로서 신학을 대학 정책상 흥미롭게, 사회적으로는 중요하게 만든다. 그러므로 신학은 종교 공동체와의 대화 없이는 이루어질 수 없다. 가톨릭 교회가 아니라면 무엇이 가톨릭적인가를 누가 판단해야 하겠는가? 그에 해당하는 개신교 교회가 아니라면 무엇이 개신교의 특성이어야 하는가를 누가 판단할 수 있겠는가? 국가의 세속성은 규범적으로 보았을 때 그 시민들의 종교 자유에 뿌리내리고 있다.[26] 종교 자유는 긍정적으로 보았을 때 종교를 향한 자유이고 부정적으로 보았을 때 종교로부터 자유로이 살 수 있는 권리이기도 하다. 두 권리는 국가 스스로가 종교적 행위자로 나서지 않을 때 시민들에 의해서만 행사될 수 있다. 그렇기 때문에 국가는 무엇이 가톨릭적이거나 개신교적인가를 결정해서는 안 되고, 따라서 무엇이 가톨릭 신학이고 개신교 신학이어야 하는가를 확정해서는 안 된다. 그럼에도 불구하고 이 과목이 국립 대학 안에 자리해야 한다면 국가와 종교 공동체 사이의 협력이 필요하다.

담론의 수용 능력?

하지만 이 협력은 공동체에게도 몇 가지를 요구한다. 신앙 공동체는 국립 대학에서 이루어지는 신학이 신앙 공동체의 직접적인 점유에서 벗어나 있다는 것을 인정해야 한다. 그러므로 대학에서 이루어지는 신학은 행위의 적극적인 차원에서 종교적 현상을 가감 없이 분석하고 맥락과의 연결을 통해 그것을 해석할 수 있다. 사변적인 차원에서 신학자들은 교회와 교회 지도자들의 진리 주장을 검증하고 경우에 따라서는 그러한 주장이 부당하다고 거부하면서 그들에 대해 비판적인 입장을 취할 수 있다. 이러한 비판은 심지어 신앙으로부터 고무된 사안으로도 이해될 수 있다. 신학자가 신앙적으로 자신과 동일시하는 공동체가 그에게 중요하기 때문에 신학자는 공동체를 본능적으로 비판한다. 한 종교 공동체의 담론 수용 능력은 그 공동체가 비판을 허용할 뿐만 아니라 어쩌면 의도적으로 비판을 바라는 정도에서 드러난다. 왜냐하면 비판은 그 실증적인 차원에서 자기 계몽을 촉진하고 그 사변적 차원에서 대안을 제시하기 때문이다.

신학의 확정적 특성과 문제화 특성

신학이 자신의 신앙 공동체를 긍정하는 확정적인 특성 없이 유지될 수도, 자신의 공동체에 거리를 두고 마주하는 특성 없이 유지될 수도 없다는 사실이 지금까지 언급된 바로부터 도출된다. 이 둘 중 하나가 결여된다면 더 이상 신학이라고 할 수 없다.

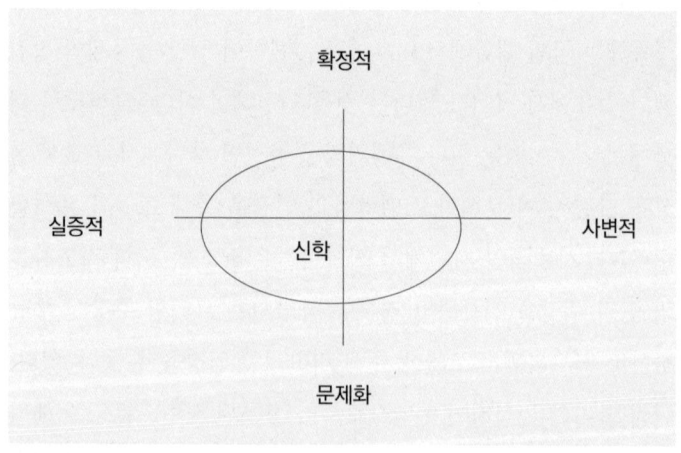

신학 작업의 구분도

이 두 특성을 이미 소개된 실증적이고 사변적인 작업이라는 양극과 연결할 경우 왼쪽의 구분도 내지 긴장 구조가 도출된다.

긴장 속의 신학

그림의 배경에는 어떤 신학도 자신의 공동체가 지니는 종교적 확신을 확정하는 긍정의 특징, 이러한 확신과 확신을 표명하는 제도에 문제를 제기하는 특징, '사실 관계의 논급에 대한 실증적인 논급'의 특징, 그리고 사실 관계에 대한 사변적인 논증의 특징 등 네 가지 특징 없이는 이루어질 수 없다는 가정이 있다. 어떠한 측면이 얼마나 중시되는지는 늘 새로이 논의되어야 하며 그것은 시대적이고 사회적인 상황, 한 신앙 공동체의 담론 및 다원성의 수용 능력, 신학자의 역할 이해 등에 달려 있다. 이 표는 무엇보다도 확정적인 특징과 사변적인 특징을 포기하지 않으면서도 특별히 실증적이며 문제를 제기하는 신학 작업을 수행하는 신학자를 보여 준다. 하지만 더욱 사변적이며 문제를 제기하며 신학 작업을 수행하는, 사변적이며 확정적인 신학 작업을 수행하는, 실증적이며 확정적인 신학 작업을 수행하는 신학자도 생각할 수 있다.

5. 종교란 무엇인가?

제안된 신학에 대한 정의로부터 지금까지 무엇이 정확하게 종교적 확신으로 이해되는가가 아직 설명되지 않았다. 현대에서 종교 개념만큼 논란의 여지가 큰 개념은 드물다.

규범적으로 윤색된 명칭

'렐리지오religio'라는 단어는 고대에서 유래되었지만 근대에 와서야 오늘날의 의미를 비로소 받아들였다. 로마의 정치가였던 키케로Cicero(기원전 106~43년)는 이 단어를 경배 예식을 신중히 다루는 것을 말하는 '렐레가레relegare'라는 라틴어에서 이끌어냈다. 이에 비해 그리스도교의 저술가 락탄티우스Lactantius(250~320년경)는 '렐리지오'라는 단어가 하느님에 대한 인간의 연결을 표시하는[27] '렐리가레religare'에서 온다고 주장했다. 이러한 두 가지 추론이 어원적으로 불확실함에도 불구하고, 이 두 추론은 후대 종교 개념이 지닌 몇 가지 특징과 문제점을 이미 암시하기 때문에 내용상 시사하는 바가 많다. 종교가 무엇인가라는 질문에 대한 대답은 답하는 이가 규범적인 의미에서 '좋은' 종교로 이해하는 바를 지향할 위험을 지닌다. 즉, 키케로에게 중요했던 것은 아무런 경배가 아니라 성실히 수행된 올바른 경배였고, 락탄티우스에게 중요했던 것은 어떤 신들과의 연결이 아니라 유일하고 참된 하느님 안에 생활을 고정시키는 것이었다.

다양한 교파의 교회가 초기 근대에서 형성되는 가운데 '종교'는 중간 정도의 보편성을 위한 전문 용어로 도입되었다. 이 전문 용어는 가톨릭 신자들, 루터교 신자들, 개혁 교회 사람들을 상이한 '종교 분파'로 포괄하기에 충분한 외연을 지녔었다. 하지만 불교나 물활론적 활동과 같은 현상은 물론 유다교나 이슬람에도 이 용어는 사용되지 않았다.

정의 가능성의 문제

종교 개념 비판

매우 특별하고 역사적인 서유럽의 상황에서 비로소 오늘날 그에 귀속되는 의미를 취한 로마의 단어가, 단어의 발생 시기와 자신의 역사적 위치 설정을 벗어나는 모든 현상을 적절히 묘사할 수는 없다는 통찰은 20세기가 지나가는 가운데 점점 종교 개념의 보편적인 적용 가능성에 대한 의구심을 키웠다. "유럽 경계를 넘어 이루어진 종교 개념 지평의 확장은 이 확장이 특정한 분류와 (윤리적 양식과 같은 것의) 내포에 따라 고유한 문화 내에서 종교로 드러나는 것을 종교와 동일시하기 때문에 유럽 중심적인 사고 범주에 의해 각인된 채로 남는다. 유럽 밖의 많은 문화에서 보편적인 종교 개념에 동치되는 것은 없다. …… 지금까지 서구 학자들에 의해 요구된 정의의 주도권은 그것이 현상의 상이성을 범주화를 통해 적어도 은밀하게 자신의 맥락이 지니는 각각의 특징에 의해 정향되고, 그를 통해 지배되는 의심스러운 비교 가능성으로 바꾸는 가운데 현상의 상이성을 평준화할 위험을 내포한다."[28] 이는 무엇보다도 소위 학문 비판의 후식민지 시대적 단초에 주의를 환기시키는 상황이다.

확장과 긴밀한 연결

종교와 관련 연구는 이러한 이의 제기에 다양하게 반응했다. 어떤 이들은 예컨대 '하느님'과 같은 개념을 더 보편적인 용어인 '초월'로 교체하는 것과 같이 종교 개념의 본질적인 정의 가능성이 다른 여러 현상의 통합을 통해 보장되도록 종교 개념의 확장을 시도한다. 다른 이들은 종교 정의를 완전히 포기할 것을 제안한다. 하지만 이것은 종교와 연결된 연구에 "그 대상의 상실"[29], 적어도 엄밀히 묘사될 수 있는 대상의 상실을 동반할 것이다.

또 다른 이들은 전화위복을 하며 원칙적으로 옮길 수 없는 종교 개념의 독자성을, 유럽 중심적 관점에서 이 개념을 해방시키려 시도하지 않으면서 가공한다. 그러한 까닭에 철학자인 에른스트 투겐트하트Ernst Tugendhat(1930년~)가 제시하는 것과 같이, 최근 논의에서 여전히 (혹은 또다시) 매우 전통적인 느낌을 주는 종교 개념의 정의가 발견된다. "원할 경우 불교, 도교, 스토아와 같은 운동을 종교라고 지칭할 수 있다. 하지만 나는 그렇게 하지 않는다. 왜냐하면 우리의 맥락에서 중요한 것은 초자연적 인격적 존재에 대한 믿음이 내포된 자세를 그렇지 않는 자세로부터 구분하는 것이기 때문이다. 그렇기 때문에 나는 '종교'라는 단어를 그러한 누구에 대한 신앙을 내포하는 이해 내지 자세에만 사용한다."[30]

종교와 기능

과도하게 본질적인 종교 개념과 추상적인 종교 개념 사이의 중도는 핵심 질문을 이용해서 종교의 기능성에서 출발하는 것일 수 있다. 종교적 확신이라는 모습을 갖춘 종교는 과연 무엇을 수행하는가? 이 질문에 대해 자주 주어지며 폭넓게 인정되는 답은, 종교는 **우연성**의 문제를 다루는, 더 정확하게 말하자면 우연이 문제가 되는 의식을 다루는 시도를 나타낸다.

우연성의 극복 가능성인 종교

종교는 우연성을 다루기 위한 **유일한**, 정말 단 하나의 가능성만을 나타낸다. 사회학자인 데틀레프 폴라크Detlef Pollack(1955년~)에 따르면 종교는 그 형태에서 두 가지 특징을 통해 "즉 이용 가능하게 주어진 인간의 생활 세계의 돌파를 통해, 하지만 동

> **우연성**
>
> 사실 관계가 그러함에도 불구하고 또한 다를 수도 있을 때, 즉 사실 관계가 가능할 때, 그래서 사실 관계가 불가능하지 않을 때, 하지만 그럼에도 불구하고 사실 관계가 불가피하지 않을 때, 사실 관계는 우연적이라고 일컬어진다. 그러므로 우연성 의식은 세상이 존재하고, 세상이 다를 수도 있음에도 불구하고 세상이 어떠하다는, 혹은 거꾸로 세상이 그럴 수도 있겠지만 그렇지 않다는 사실 관계에 대한 통찰이다.

시에 바로 이 생활 세계에 대한 논급을 통해서"³¹ 우연성 극복의 다른 양식과 구분된다. 일상에서 이용 가능한, 우연성의 특징을 지니는 인간의 생활 세계가 인간의 통제를 받지 않는 것으로 여겨지는, 그러한 이유에서 인간의 통제를 벗어날 수도 없는 질서를 향해 돌파되는 곳에서 종교가 드러난다. 이를 통해 내재적인 초월이 또다시 **의미**를³² 부여할 수 있다.

> **의미**
>
> 의미는 "현실과 가능성의 차이의 조화이다." 사실 관계의 의미를 이해하는 이는 사실 관계가 그와 다를 수 있음에도 불구하고 왜 그러한지, 어떻게 그러한지를 통찰하고 수많은 다른 가능성과 마주해 있는 그 사실 관계를 현실로 긍정하는 어떤 의미를 이 현실로부터 얻을 수 있다.

종교와 의미 구현

의미 개념은 종교가 이용 가능하게 주어진 생활 세계의 초월에 존재한다. 그뿐만 아니라 이 돌파가 우연적인 동시에 의미 있는 것으로 받아들여지는 세계에서 다시 구체화되어 내재와 초월의 구분이 반복된다는 사실을 보여 준다. 즉, 돌파 행위를 통해 내재는 자신에게 고유한 우연성과 함께 초월로 옮겨지고 어느 정도 초월에 고정되고, 재再구체화의 행위를 통해 초월도 내재로 옮겨진다. 니클라스 루만Niklas Luhmann(1927~1998년)은 이것을 "구분을 통해 구분된 것 안으로 구분의 '재再진입'"이라고 표현한다. 이를 통해 "양편에 언제나 양편이"³³, 즉 초월에 내재가 있을 뿐만 아니라 내재에도 초월이³⁴ 존재한다. 이러한 초월의 현존은 예식과 경배 행위, 윤리 규범, 신앙 교리 등 상이한 모습을 취할 수 있다.

종교적 확신

명제적 태도

종교적 확신은 "명제적 태도propositional attitudes"[35]의 특별한 형태이다. 이미 철학자 존 서얼John Searle(1932년~)에 의존해서 정의된 바와 같이 명제는 주장의 행위에서 주장되는 바로서, 자신이 그러하다고 진술하는 바가 참이라고 스스로 주장하는 사실 관계를 표시한다. 개인이나 집단이 지속적으로 참되다는 자기주장을 내세우고 그들이 주관적으로 고도의 확실성을 가지고 이러한 자기주장이 정당하다고, 즉 그 주장 안에 참이라고 진술된 사실 관계가 실제로도 참되다는 사실에서 출발할 때, 이 개인 내지 집단은 특정한 확신을 지닌다고 말할 수 있다.

종교적 확신은 위에 제안된 개념 규정에 따라 종교적이라고 평가될 수 있는 '명제적 태도'이다. 종교적 확신은 이용 가능하게 주어진 생활 세계의 돌파와 관련된 진술, 특히 종교 공동체가 그 신앙 구성원들에게 신의 뜻에 맞는 생활 규정이나 교리의 형태로 그것을 전달하듯이 초월의 내재 안으로의 재구체화를 목표로 삼는 진술을 논급한다.

6. 전제, 형태, 결과

제3장의 시작 부분에 제안된 신학 정의의 마지막 부분, 즉 종교적 확신의 전제와 형태와 결과에 대한 언사가 마지막으로 해명되어야 할 것이다. 종교적 확신은 다양한 형태를 취할 수 있다. 교의 내지 구속력 있는 신앙 조목 등과 같은 교리적 형태가 흔히 그러한 형태에 속한다. 하지만 전례에서의 예와 같이 그것은 거행 형태를 취할 수도 있다. 종교적 확신의 전제에 관한 언사 역시 그보다 덜 복잡하지 않다. 이러한 전제는 예를 들어 논리적, 역사적, 심리적 특성을 지닐 수 있다. 결과와 관련해서도 마찬가지이다. 논리에 따라서만 특정 전제로부터 도출되는 가정이 있다. 바로 그대로 특별한 행위가 종교적 확신의 결과일 수도 있다.

많은 과목 속에 있는 한 과목의 단일성과 다양성

신학은 종교적 확신의 현상을 그 전제와 형태와 결과에 따라 가능한 한 포괄적으로 조사해야 한다. 이 과제를 이행할 수 있기 위해 신학 자체는 다시금 고도로 차별화된 과목이다. 이 과목의 학문성은 이 책에서 신학 과목의 단일성 안에서 주제화되었지만, 그 다양성 안에서 상이하게 설명된다. 성경 주석가의 작업은 특정 문헌학 표준을 따르는 가운데 신학자가 아닌 이들도 납득할 수 있는 결과에 도달하는 한에서 학문적이다. 거꾸로 성경 주석가는 자신의 결과를 전체로서 신학에 조직적으로(이는 확정적이고 사변적인 것만이 아니라 문제를 제기하는 것과 실증적인 것도 뜻한다) 다시 연결할 때만 자신을 신학자로 입증한다. 동일한 것이 조직 신학 과목에도 유효하다. 조직 신학 과목도 연결된 것을 다룰 수 있지만 언제나 연결된 것만을 다루는 것이 아니라 마찬가지로 그 다양성 안에서 세부 문제를 조사한다. 이러한 가운데 조직 신학 내에서 연구의 분화가 통용되었다. 이러한 분화는 그 구분이 절대화되지 않는 한에서 도움이 된다. 신학에 대한 정의의 요소를 이용해서 말하자면 교의 신학은 교리적 형태를, 기초 신학은 이성적인 전제를, 윤리 신학은 종교적 확신의 윤리적 결과를 해명한다.

핵심 정리

신학은 자신의 종교적 확신이 지니는 전제, 형태, 결과에 대한 공동체의 학문적인 자기반성이다. 이는 유일하게 가능한 신학 정의는 아니지만 설득력 있는 정의이다. 신학 내에서 특히 많은 전제를 지니며 설명을 요하는 것은 '학문'과 '종교' 개념이다.

제4장

조직 신학이란 무엇인가?

들어가며

신학이 일반적으로 무엇인가가 해명되었기에 조직 신학이 특별히 무엇을 특징으로 하는지에 대한 문제가 다루어져야 한다. 이를 위해서 조직 신학을 신학과의 다양성 안에서 과목 집단으로 제시하고 교의 신학과 기초 신학과 윤리 신학이 각각 무엇을 다루는지 간략히 소개할 것이다. 그리고 그리스도인 일치 운동 신학의 위치에 대한 조망으로 마무리할 것이다.

1. 학과의 세분화 과정 속에 있는 신학

"학문의 역사는 지속적인 세분화와 개체화의 역사이다."[36] 만연되어 있는 이 논제는 다소 개괄적이다. 역사의 흐름에서 과목은 언제나 더 세세하게 분류되었을 뿐만 아니라 때로는 '생화학'이나 '지구 물리학'과 같은 조합이 보여 주듯이 이전에 분리된 연구의 다발이 바로 상승된 복합성 때문에 서로에게 더욱 근접해 있다. 하지만 학문의 발전과 더불어 지식의 확장은 이 지식을 다루고 심화하는 과목의 점증적인 세분화를 가져온다는 진술은 경향상 올바르다. 근대, 특히 18세기 계몽주의 이후와 19세기 변혁 이후에 점점 더 기존의 학과로부터 새로운 연구 분야의 설립과 학과 내의 과목 구분이 이루어졌다.

학과 분류의 세련화

칸트의 동력 이론

이와 같은 사실은 예를 들어 칸트의 삶에서 일어난 현상에서 드러난다. 오늘날 칸트는 주로 '철학자'로 지칭된다. 철학자들에게 형이상학, 인식론, 윤리 철학 등 무엇이 그들의 전공인지가 질문된다. 하지만 칸트 자신은 오늘날 사람들이 결코 더 이상 철학이라는 대학 학과에 편입시키지 않을, 현대의 진지한 철학자라면 누구도 그에 대한 자신의 의견을 밝히지 않을 다른 것을 상당히 많이 다루었다. 《활력에 대한 올바른 평가에 대한 숙고》라는 칸트의 초기 작품은 어떤 형식을 통해서 운동 에너지가 계산되는지를 다룬다. 르네 데카르트René Descartes(1596~1659년)는 운동 에너지 양을 물체의 질량과 속도의 결과를 통해 계산할 수 있다고 믿었고, 고트프리트 라이프니츠Gottfried Leibniz(1646~1716년)는 이 결과에서 속도를 제곱으로 계산해야 한다고 생각했다. 칸트는 외부에서 움직이는 본성인 "사력死力"과 "매우 효과적인 기계적 힘"에 해당할 때는 데카르트가 옳다고 인정했고, "스스로 움직이는 모든 존재의 활력"과 "삶의 과정의 자기 역동성"을[37] 언급할 때는 라이프니츠에 동의하면서, 두 가지 종류의 운동 에너지(그는 이를 힘Kräfte으로 표시했다)를 구분하여 중재를 시도했다.

새로운 분야의 설립과 학과 내의 구분

이 과정에서 칸트는 자신보다 삼 년 전에 이미, 계몽주의적 경향을 지닌 대규모 '백과사전'의 초기 공동 편집자인 프랑스의 장 르 롱 달랑베르Jean-Baptiste Le Rond d'Alembert(1717~1783년)가 자신은 물론이고 데카르트와 라이프니츠 모두 잘못 생각한다는 것을 이미 보여 주었다는 사실을 미처 알지 못했다. 왜냐하면 모든 운동 에너지와 관련해서 오직 하나의 식式이 있으며 이 에너지는 한 대상이 지닌 질량의 반값과 속도의 제곱으로 계산되기 때문이다. 하지만 데카르트, 라이프니츠, 칸트 등 이 모든 철학자들이 자신의 해당 영역을 벗어났기 때문에 자신들의 이론으로 실패한 것이 크게 놀랍지 않다고 말하는 사람은 학문 분야의 세분화된 상을 그러한 세분화가 아직 낯설던 시대로 가져간다. 점점 더 복잡한 지식을 다루고 이를 심화하기 위해 똑같이 점점 더 복합적이고 제도화된 세분화가 필요하게 되었다는 사실을 인식했을 때, 비로소 새로운 분야의 설립과 내부의 더 세세한 구분이라는 이중의 과정이 시작되었다.

퇴각하는 교회와 신학

이러한 발전은 신학에서도 나타난다. 신학은 학문 구조 안에서 지녔던 자신의 중심적 위치가 점증적으로 의문시된다는 것을 지켜봐야 했다.

자연 과학과 교회 신앙 사이의 갈등

교회는 뼈아프게 배워야 했다. 또한 교회의 신앙 확신만으로 자신의 구조 안에서 세계를 이해하는 데 충분하지 못했다. 이에 교회는 다른 학문 분야에 자신의 권한을 양도해야 했고, 이는 교회의 퇴각 없이 이루어지지 않았다는 교훈이 지금까지도 교회에 낯설다. 예를 들어 찰스 다윈Charles Robert Darwin(1809~1882년)의 진화론에 대해 신학계의 인사들은 존 헨리 뉴먼John Henry Newman(1801~1890년)과 같은 드문 예외를 제외하면 대부분 거부하는 자세를 취했지만, 후에는 진화론을 사람에게 적용하는 것만을 비난했다. 다시 비오 12세 교황(1876~1958년)은 진화론도 "기존의 유기물로부터 인간 육신의 기원을 찾는다."(DH 3896) 하는 것을 인정했다. 하지만 그렇지 않고서는 원죄론을 견지하는 것이 불가능하다는 이유에서 소위 '단원설(單元說, Monogenismus)', 즉 모든 인간은 유일한 시조인 아담과 하와에게서 기원한다는 생각을 고수했다(DH 3897 참조).

찰스 다윈은 자신의 진화론과 함께 교회 가르침에 큰 도전을 제기했다. 창조설을 지지하는 이들은 여전히 다윈의 이론을 거부한다.

오늘날에는 아마도 교황도 인류의 기원과 같은 생물학적 사실이 교의적으로 주어진 바를 따라야 하며 그렇기 때문에 그리스도교 교의가 정하는 바와 조금도 달라서는 안 된다는 논제를 더 이상 가까이하지 않을 것이다. 하지만 미국의 복음주의적 단체를 볼 때 여전히 이를 다르게 보는 그리스도교 집단이 있다는 사실이 드러난다. 소위 창조설 지지자들은 생물학, 지리학, 천문학, 간단히 말해서 모든 학문에 대한 성서적, 교의적 사고의 우위를 전투적으로 견지하기 위해 대안 유사 학문이라는 사치스러운 방법을 동원한다.[38]

신학 내부에서의 세분화

밖으로는 일부 세분화에 대해 오랫동안 적의를 품고 대치했던 대학의 신학도 내부적으로는 현대 학문 발전에 특징인 세분화 과정을 스스로 수행했다. 다양하면서도 서로 연관된 신학 과목을 표시하기 위한 상위 개념인 조직 신학은 이러한 과정의 결과이다.

2. 학문에서의 '조직' — 근대의 산물

헤겔에서 루만까지 또한 정치학에서 가족 치료까지 모든 사람들이 조직이라는 말을 입에 올린다는 사실은 "'조직'이라는 개념이 특히 신학을 통해 학문 언어와 학문 실천에 수용되었다는 사실을 가린다. 중세에 그리스도교 가르침에 대한 정돈된 설명은 토마스 아퀴나스의 경우처럼 신학 '대전'이나 페트루스 롬바르두스Petrus Lombardus(1096년경~1160년)의 경우처럼 풍부한 주석 문헌을 야기했던 '명제집'의 전개를 통해서 이루어졌다. 그 반면에, 종교 개혁을 통해 야기된 근대의 새로운 학문 질서에서 학문 영역의 정돈된 설명은 우선 바르톨로메우스 케커만Bartholomäus Keckermann(1572~1608년경)에게서 조직이라는 이름으로 표시되었다."[39] 칼빈주의 신학자인 케커만에게 '조직 신학'이라는 개념이 나타나는데, 아마도 이것이 최초였을 것이다.

다양한 것의 정돈된 단일성인 조직

케커만은 그리스도교 신앙 가르침이 훼손됨 없이 잘 정돈된 몸인 '온전체(穩全體, corpus integrum)'의 모습으로 드러날 수 있다는 종교 개혁가인 필립 멜란히톤Philipp Melanchthon(1497~1560년)의 생각에 정향했다. 이 온전체는 정교하게 분류 분화되어 있지만 그 개별 부분은 서로 연결되어 있으며 유일한 전체를 이룬다. 일정 규칙에 따라 서로 구분되는 동시에 서로 연관된 신학 교의 전체와 연관성을 케커만은 '시스테마systema'라고 칭했다.[40] 이러한 신학적 사고 형태는 계속되는 지식의 확장을 학문의 단일성에 대한 변함없는 요구와 연결시키는 매력을 다른 학문에게도 발휘했다.

그러한 이유에서 조직 개념은 이후에 신학 이외의 분야에서도 적극적으로 수용되었다. 칸트는 다시 한 번 이와 관련해서 결정적인 사고를 표현한다.

나는 구조를 조직의 예술이라고 이해한다. 조직적 통일성이 일반적인 인식을 비로소 학문으로, 다시 말해 인식의 단순한 합으로부터 조직을 만들기 때문에, 구조는 우리의 인식 일반에서 학문적인 것에 대한 가르침이며 필연적으로 방법론에 속한다. 이성의 제어 아래 우리의 여러 인식은 자유분방한 랩소디가 아니라, 오직 자신의 본질적인 목적을 뒷받침하고 후원할 수 있는 조직을 만들어야 한다. 나는 조직을 한 관념을 배경으로 한 다양한 인식의 통일성으로 이해한다. 이 관념은 어떤 전체의 형태에 대한 이성 개념이다. 이 이성 개념을 통해서 다양한 것의 범위와 여러 부분의 상호적 위치가 선험적으로 규정된다.[41]

이마누엘 칸트, 《순수 이성 비판》

조직과 학문

칸트의 조직 이해

칸트가 자신의 《순수 이성 비판》의 '초월적 방법론'에서 '순수 이성의 구조'의 관점 아래 조직 개념을 설명하는 것은 우연이 아니다. 칸트는 이성이 개념의 다양성을 관념의 단일성 안에 결합시키는 기능을 가진다고 생각한다. 자신의 과제를 노련하게 수행하기 위해 집짓기 기술을 배워야 하는 건축사와 같이 이성도 구조를 필요로 하는 까닭을 밝히기 위해 쾨니히스베르크의 철학자인 칸트는 이러한 과정을 집짓기에 비교한다. 칸트에 따르면 건축사에게 구조가 의미하는 바는 순수 이성에게 '조직의 예술'이다. 칸트에게서 조직 개념은 다양한 개별 인식을 결속시키고 질서 지우는 관념 아래 있는, 그 다양한 개별 인식의 단일성을 표시한다. 칸트에 따르면 개별 인식이 조직으로 결합하는 곳에서, 많은 개념이 관념의 단일성으로 결합되는 곳에서 비로소 학문을 말할 수 있다.

조직이 형성되지 않는다면 개별 지식은 단순히 랩소디에 그치고 중재되지 않고 그저 단순한 합으로서 나란히 늘어서 있을 뿐이다. 하지만 조직이 형성되면 개별 지식은 단순히 중지되거나 부정되는 것이 아니라 그 권리를 유지하면서도 관념의 구조 형성력을 통해 학문 전체 안에서 그 특별한 지위를 유지한다. 다시 말해서 조직은 다양성과 단일성 사이의 중재를 시도하는 가운데 과격한 단편화의 극단과 무차별적인 획일화 사이의 평형을 얻고자 힘쓴다. 조직은 다양성을 단일성 안에 연결하고 오직 다양성 안에서만 단일성을 생각할 수 있다.

신학에서 조직

단일성과 다양성

칸트의 숙고는 '조직 신학'이 수행해야 할 바에도 의미 있는 빛을 던진다. 조직 신학에서 중요한 것은 개별 지식을 더 높은 차원의 전체로 용해시키지 않으면서 신학 연구의 다양성을 핵심적인 문제 제기의 형태로 묶는 것이다. 그러므로 단일성의 특성과 다양성의 측면이 조직 신학에 깃들여 있다. 그 단일성 안에서 조직 신학은 하느님의 존재, 계시 문제, 신앙과 이성의 관계, 상대적 구조를 지닌 교회 제도(조직 신학은 이 구조 안에 있다), 선과 올바른 행위 등과 같은 신학적 원칙 문제를 다룬다. 이 여러 문제가 매우 복잡하고 어느 학자도 기초적으로라도 조직 신학의 광대한 영역을 개괄할 수 없으므로 조직 신학은 바로 자신의 단일성의 측면 때문에 다양성, 즉 고유한 방법론과 특성화된 논의 방식을 지닌 많은 과목에로의 차별화를 필요로 한다.

조직 신학의 분류

통상적인 도식에 따르면 조직 신학은 다음의 학과로 분류된다. 교의 신학은 교회 신앙 확신의 교리적 형태를 연구한다. 기초 신학은 이러한 확신의 전제를 관찰하며 윤리 신학은 그로부터 인간 행위에 주어지는 결과를 숙고한다. 이들 과목 각각이 그 자체로 상당히 특성화되어 있으므로 조직 신학 입문이라는 틀에서 이들 과목 모두를 동등하게 올바로 평가하는 것이 불가능하게 보인다. 그러므로 단일성의 측면을 수용하고 이 과목들에 공통된 조직적 근본 문제를 언급하기 위해 이 과목들을 먼저 조직 신학의 다양성 측면에 따라 간략히 소개하는 것이 필요하다.

3. 교의 신학 — 신앙의 확신의 교리적 형태

교의 신학은 '도그마'를 대상으로 하는 신학 과목이다. 도그마 개념은 고대 그리스 어법에서 비롯되었지만 근대를 지나면서 비로소 오늘날 그 개념에 귀속되는 의미를 받아들였다. 그 의미 위에 신학 과목으로서 교의 신학이 서 있다.[42]

'교의'란 무엇인가?

세속적 의미
'도그마Dogma'라는 명사는 그리스어 동사인 '도케오dokeo'에서 유래한다. 이 동사는 특정한 의도가 없는 한에서 '~처럼 보인다', '나는 ~라고 생각한다'를 의미하거나 규범적인 의미에서는 '내가 보기에 옳다', '나는 무엇을 결정한다'를 의미한다. '도그마'는 철학에서 스승의 '가르침' 내지 '의견'을 말하고 정치 법률에서 '결정'이나 '명령'을 의미한다. 신약 성경에서 이 단어는 다섯 번 사용된다. 의심의 여지없이 성탄 이야기가 가장 잘 알려진 예를 제공한다. 루카 복음사가는 나자렛 출신이기에 십중팔구 나자렛에서 태어났을 예수가 어떻게 다윗 고을인 베들레헴에서 태어났는가를 설명한다. 루카는 '도그마', 즉 아우구스투스 황제의 칙령(루카 2,1 참조)을 꾸며 낸다. 그에 따라 온 세상 사람들이 납세를 위한 호적등록을 해야 했고 그 때문에 마리아와 함께 요셉은 다윗 고을로 가야 했다. 그리스도교 공동체 내부에서 비유다인들의 입장을 다룬 이른바 예루살렘 사도 회의의 결정이 '도그마타'(사도 16,4 참조)로 표시된다는 점은 일단 이 개념의 현대 의미에 더 가까이 있는 것처럼 보인다. 여기에서도 '결정'이라는 도그마 개념의 세속적 의미는 충분하다. 하지만 결정에 참여했던 이들이 후에 상이하게 해석하고 그 배경을 다시 묻는 '결정'을 통해서 과연 무엇이 이루어졌는가의 문제가 해결되어야 했다.

개념의 그리스도교화

도그마 개념은 5세기에 비로소 레렝의 빈켄티우스Vincentius(†450년경)의 작품을 통해서 이단들의 가르침과 구별하여 그리스도교 정통 신앙을 칭하는 데에 사용되었다.[43] 빈켄티우스는 '신적인 도그마', '천상적 도그마', '교회 도그마', '가톨릭 도그마'를 언급했으나 이어지는 중세 천 년 동안 잊혔다. 그러한 이유에서 이 시기의 도그마 개념도 별 의미가 없었다. 이 사정은 사람들이 가톨릭 신자들과 개신교 신자들 사이의 대립 신학 논쟁에서 "학설과 같은 등급에 불과할 수 있는 모든 것에 대해 일일이 논쟁을 벌이는 것은 의미가 없기 때문에 이제 사람들은 논쟁을 양측의 공식적인 가르침, 즉 도그마 내지 신앙 고백으로 여겨졌던 것에 제한하고자 한다."[44]는 사실을 알아차린 16세기와 17세기에 비로소 달라진다.

도그마 개념을 개인의 신학적 의견 내지 학설과 구분하여 구속력 있는 신앙 교리를 표시하는 데 사용했던 첫 근대 신학자 가운데 하나는 프랑스 예수회원인 프랑수아 베롱François Véron(1578~1649년)이다. 그는 모든 가톨릭 신자들이 신뢰할 수 있어야 하고 그에 대한 의무를 지니는, 또 그에 대해 의문을 제기할 때 제재를 받는 '더 확실한 도그마'를 언급했다. 베롱 직후 시기에 개신교계에서 처음으로 '도그마 신학'이라는 개념이 나타났다. 이 개념은 아마도 루터주의자인 게오르크 칼릭스트Georg Calixt(1586~1656년)에 의해 각인되었을 것이다.[45] 이로써 새로운 신학 과목이 탄생했다. 그 과목의 과제는 자신이 속하는 공동체 안에서 구속력을 지닌 신앙 자산 내지 핵심적인 신앙의 확신을 숙고하고 정리된 전체의 모습으로 제시하는 것이다.

교의 신학의 대상

주제 영역

이 사명에 부합하기 위해 교의 신학은 다양한 주제 영역으로 나뉘는데, 이는 흔히 라틴어 '트락타레tractare'(논하다, 다루다)에서 유래한 **주제 영역**(트락타테Traktate)으로 표시된다.

교의 주제 영역의 수, 순서, 구성은 어디에서도 구속력 있는 문서로 규정되지 않았으며 신학적 입장에 따라 바뀐다. 신론, 그리스도론, 성령론이 중요한 의미를 지닌다. 왜냐하면 이들이 한 분이신 하느님에 대해 교회가 고백하는 바를 정확히 표현하기 때문이다. 교회는 신앙에서 이 하느님을 아버지로 칭하고, 이 아버지는 당신의 아들인 인간 예수 그리스도 안에서 자신을 계시했고 성령 안에서 현존한다. 이러한 신앙의 빛 안에서 교회는 세계와 그 생성 및 인간을 해석하는데, 전자는 창조론 주제 영역에서 숙고해야 하고, 후자의 본질은 신학적 인간학에서 다루어진다. 그러한 가운데 교회는 신앙 확신의 담지자일 뿐만 아니라 자체로 자기 신앙의 대상이기도 하다. 이 상황은 교회론에서 숙고된다. 그리스도교 신앙에서 하느님은 인간에게 선을 원하고 선을 행하는 인격적인 상대방으로 생각된다. 이러한 구원하는 행위는 은총론과 구원론의 주제이다. 교회는 하느님의 구원 활동을 성사 안에서 상징적으로 거행한다. 성사의 신학적 내용은 교회 성사론에서 연구되고 성사의 거행 형태는 전례학의 대상이다. 마리아는 특히 가톨릭 교회와 동방 교회에서 구원 사건이 구체화된 인물로 여겨진다. 그렇기 때문에 일부는 마리아를 별도의 주제 영역인

> **주제 영역**
>
> 트락타트Traktat는 논술 내지 그로부터 유래된 어떤 주제 영역이다. 교의 신학을 분류하는 여러 주요 주제가 주제 영역(트락타테)으로 표시된다.

마리아론에서 다루고, 다른 이들은 그와 달리 그리스도론이나 은총론이나 인간학 등 내용적으로 합당하다고 여기는 곳에서 다룬다. 종말론은 개개인의 삶과 전체 세계의 다가올 완성에 대한 희망을 다룬다.

교의 신학의 연구 방식

교회의 기대

제2차 바티칸 공의회는 사제 양성 교령 〈온 교회의 열망〉에서 교회가 교의 신학에 어떠한 기대를 하고 있는지, 공의회의 시각에서 교의 신학이 어떻게 연구를 해야 하는지를 설명한다.

교의 신학은 먼저 성경의 주제들을 제시하고, 동서 교회의 교부들이 계시의 개별 진리들을 충실하게 밝혀 준 내용과 그 이후 교의사를 일반 교회사와 연결시켜 신학생들에게 가르쳐 주도록 편성되어야 한다. 그다음에, 구원의 신비를 되도록 온전히 밝히고자 신학생들은 토마스 성인을 스승으로 삼아 사변의 도움으로 그 신비를 더욱 깊이 깨닫고, 그 신비들 사이의 연관성을 통찰하도록 배워야 한다. 또한 구원의 신비가 교회의 모든 생활과 전례 행위 안에 현존하며 작용하고 있음을 깨닫도록 배워야 한다. 계시의 빛으로 인간 문제의 해답을 찾고, 영원한 계시 진리를 변천하는 인간 조건에

적응시키며, 그 진리를 동시대인들에게 알맞은 방법으로 전해 주도록 배워야 한다.[46]

제2차 바티칸 공의회, 사제 양성 교령 〈온 교회의 열망〉

제2차 바티칸 공의회에 따른 교의 신학의 이상적인 구조

성경에서 출발

공의회 교부들에 따르면 교의 신학이 교회가 믿는 바를 알기 원한다면 먼저 성경을 이용해야 한다. 그에 따르면 성경은 '우선적으로 정해진 규범norma normata primaria'이지만 자체로 그리스도교 신앙의 '최고의 규범noma suprema', '정해진 규범이 아니라 정하는 규범norma normans non normata'인 하느님의 말씀은 아니다.[47] 성경이 신앙인들의 견지에서 거룩한 경전임에도 불구하고 그리스도교적 의미에서 하느님의 말씀이 아니라는 정보는 매우 중요하다. '하느님의 말씀' 내지 '계시'는 하느님이 역사 안에서 자신을 인지되도록 하고 은유적인 의미에서 사람들에게 말을 건넨다는 것을 의미한다. 이 사건은 교회 신앙에서 온전한 인간이자 온전한 하느님으로 고백되는 나자렛 예수의 생애에서 정점에 달했다. 그에 따르면 예수 그리스도는 하느님의 살아 있는 말씀이다. 다시 말해서 교회의 신앙에 의하면 하느님은 책이 아니라 사람이 되었기 때문에 성경과 같이 존귀한 책이라 할지라도 책은 엄밀한 의미에서 하느님의 말씀으로 표시될 수 없다. 어휘상 여러 책의 묶음을 표시하기 위한 복수 형태인 '비블리아(성경)'는 교회의 신앙에 따라 하느님이 이스라엘 역사와 예수의 생애 안에서 자신을 인지할 수 있도록 했던 방식만을 증언한다. 이 성경의 증언을 교회는 자신에게 구속력 있는 것으로 여기며, 그러한 이유에서 그리스도교 신앙의 교리적 형태에 대한 분석인 교의 신학은 당연히 우선적인 규범인 성경에서 출발해야 한다.

전승

그다음에 공의회는 **성전(전승)**으로 넘어갈 것을 권한다. 그러므로 제2차 바티칸 공의회 계시 헌장 21항에 따르면 성경은 성전과 함께 '최고의 신앙 규범suprema regula fidei'을 이룬다.

교부

이른바 '교부들'은 성전 안에서 탁월한 지위를 차지한다. 매우 좁은 의미의 교부 개념은 그리스 동방의 탁월한 네 신학자(아타나시우스, 대 바실리우스, 요한 크리소스토무스, 나지안주스의 그레고리우스)와 라틴 서방의 중요한 네 대표자(암브로시우스, 그레고리우스 대교황, 아우구스티누스, 히에로니무스)에 제한된다. 반대로 넓은 의미의 '교부'는 고대 교회에서 정통 신앙을 지닌 자로 인정받은 모든 신학자들이다. 이 시기는 그리스도교 역사 해석에서 중요한 지위를 차지한다. 이 시기에 신론과 교회 구조의 영역에서 후대의 발전을 미리 결정짓는 근본적인 여러 조처가 이행되었다. 이 교회 구조와 오늘날 교회가 많은 편차를 보임에도 불구하고 교회는 이 구조와 연결되어 있다는 사실을 알고 있다. 그러므로 교부들은 "계시의 개별 진리들을 충실하게 밝혀 주었다."라고 공의회는 서술한다. 그리스도교 밖에 이미 있었던, "어떤 것의 나이가 그가 지닌 진릿값"을[48] 보장한다는 '조상들의 논거'는 권위를 부여하는 논거로 중요하다. 스스로 교부 신학의 많은 자극을 수용한 제2차 바티칸 공의회를 통해서 이 권위가 지닌 유효성이 다시 한 번 강조되었다.

> **전승**
>
> 간단히 말해서 교회가 과거에 당시 신앙에 중요한 것으로 여긴 것이 성전 내지 전승으로 표시된다. 전승은 교회의 관습도 포함하여, 관습을 나타내는 일반적 의미의 전통이 아니라 이상적인 관념에 따라 스스로 전해 받은 것을 전달하는 것(1코린 11,3 참조)을 의미한다. 이는 거꾸로 현재의 교회가 과거로부터 규범으로 전해 받은 것을 구속력을 지닌 것으로 여긴다는 것을 뜻한다. 왜냐하면 그것이 교회를 그 고유한 원천인 예수 그리스도 및 사도들과 결속시키기 때문이다.

교의사

교의 신학은 또한 역사적으로 다루어져야 하며 교부들 다음으로 "그 이후 교의사를 일반 교회사와 연결시켜" 고려해야 한다는 안내와 더불어 공의회는 아마도 이 사실을 알지 않은 상황에서 본래 개신교 계몽주의에서 생겨난 개념을 수용한다.[49] 아마도 요한 프리드리히 빌헬름 예루살렘Johann Friedrich Wilhelm Jerusalem(1709~1789년)이 1747년 최초로 '교의사historia dogmatum'를 정리하는 계획을 언급했다. 개신교 신학에서 18세기 이후 발생한 교의사의 특성은 자기 교파의 어떤 교리가 성경이나 고대 교회에 없음에도 불구하고 왜 정당성을 지녀야 하는가를 조직적 연대별 방식으로 더 이상 설명하지 않는다는 사실이다. 오히려 교의사는, 공의회가 요구하는 대로, 특히 교회사와 연결하여 연구될 때 현대 교도직무의 교의와 일치하기 어렵지만[50] 재미있는 일부 과거의 실천을 발굴할 때 교의 발전에서 발생한 비연속성과 단절을 꾸밈없이 파헤친다. 공의회는 교의, 교의사, 교회사가 서로 훨씬 더 조화롭게 어울릴 것이라는 생각을 지니고 있었을 것으로 짐작되며, 추측컨대 '균질한', 즉 단절이나 도약 없이 진행되는, 언제나 이성적으로 납득할 수 있는 가톨릭 신앙 교리의 발전에서 출발한다.

토마스 아퀴나스를 스승으로 삼아

토마스 아퀴나스는 중세의 가장 중요한 신학자 중 하나였다. 후대 사상가들이 그를 자신들의 주장이 정당하다는 근거로 삼고 신학과 철학을 그의 모범에 따라, 또 그의 이해에 따라 연구하기 시도했다는 의미에서 토마스는 학파를 형성했다. 19세기에 소위 신스콜라 철학은 교회 안에서 주도권을 획득했다. 신스콜라 철학은 본래 부정적인 뉘앙스를 지닌 개념이었다. 하지만 후에 중세의 신학 형태에 의존하는 학파가 스스로를 그렇게 칭했다. 신스콜라 철학의 특별한 형태로서 토마스에 충실하면서도 19세기의 조건 아래서 당시의 문제를 가지고 신학을 연구하려던 신토마스주의는 정식으로 레오 13세 교황(1810~1903년)에 의해 가톨릭 교회에 바람직한, 가톨릭 교회의 공식적인 신학으로 받들어졌다. "가톨릭 신앙을 보호하고 장식하기 위해, 사회의 안녕을 위해, 모든 학문의 발전을 위해 거룩한 토마스의 지혜를 다시 정립하고 가능한 한 널리 전파하는 것"(DH 3141)이 전 세계의 신학자들에게 권고되었다. 여기에서 토마스는, 레오 13세 교황이 카예타누스Cajetanus(1469~1534년)의 말을 빌려 표현했듯이, "옛 박사들을 지극히 존경하였고 그를 통해 어느 정도 이들의 지혜를 얻을 수 있었기" 때문에(DH 3139) 다양한 전승을 연결시켰던 사상가로 여겨진다.

스페인 식민지풍에 따라 '거룩한 토마스'로 그려진 보기 드문 토마스 아퀴나스. 그의 가르침은 이단의 해악을 제어할 광선의 능력을 보유한다. 이 그림은 토마스의 신학이 얼마나 이상화되고 결국은 도구화되었는지를 보여 준다.

제2차 바티칸 공의회는 신스콜라 철학적 전승의 해결책 및 그가 지닌 협소함을 확장하려 시도했다. 공의회는 문헌에서 토마스 아퀴나스의 렌즈뿐만 아니라 다른 렌즈를 통해서 바라보는 교부들의 본문을 이용한다. 사제 양성 교령 〈온 교회의 열망〉의 교의 신학 구조에 대한 기대는 신스콜라 철학적 신학 연구 방법에 대한 유일한 대당 명제이다. 그럼에도 불구하고 공의회는 (바람직하게도) 계속 경의를 표하고 그에 대한 연구를 계속 권고하는 토마스 자신과 공의회가 거리를 두는 19세기와 20세기 신토마스주의 사이를 구분한다.

'구원의 신비'의 전달

제2차 바티칸 공의회에 의하면 모든 신학은 공의회가 '미스테리아 살루티스mysteria salutis'로 표시하는 바를 숙고하고 전달할 사명을 지닌다. 이 개념은 불충분하나마 '구원의 신비'로 번역될 수 있을 것이다. '살루스salus'(구원)는 인간이 죄로부터 자유로운, 그래서 죽음을 비롯하여 그를 압박하는 모든 것으로부터 자유로운 상태에 대한 일반 개념이다. 교회에 의해 하느님은 세상의 창조주요 구원자로, 즉 세상을 존재하도록 부르고 세상에 선을 원하기 때문에 세상 안에서 구원을 드러내며 활동하는 주체로 알려진다. 그리스도교의 관념에 따르면 하느님의 구원 행위는 하느님 아드님의 육화와 삶, 죽음과 부활에서 정점에 도달했다. 교회는 자신을 예수 그리스도에 의해 사명을 받은 공동체로 이해한다. 그 공동체의 목적은 이 구원을 '미스테리아mysteria'를 통해 전달하는 것이다. 비록 이 그리스 개념이 오늘날 독일어에서 '미스테리외스mysteriös', 즉 '의심쩍은'이라는 의미를 얻고는 있지만, 본래는 라틴어로부터 유래한 '사크라멘트Sacrament'(성사)로 표시되는 바에 해당한다. 성사는 고유한 구조를 보인다. 즉, 성사는 외적인 표징으로 구성되어 있으면서도 내적인 은총을 전달한다.

이는 전례적, 예배적 의미에서 쉽게 납득할 수 있다. 성찬례나 성만찬에서 외적인 표징인 빵과 포도주가 봉헌된다. 이들은 내적인 은총인 그리스도의 몸과 피여야 하기 때문에 교회 신앙 안에서 구원의 부가 가치를 지닌다. 이러한 의미에서 전례만이 성사적 구조를 지니는 것이 아니라 모든 종의 교회 활동이 그러하다. 아픈 이를 돌보는 것과 같은 약자에 대한 배려를 통해서 그리스도교적 시각에서 내적인 부가 가치(이웃 사랑)를 지니는 외적인 것이 수행된다. 공의회가 교의 신학에 "사변의 도움으로 구원의 신비를 더욱 깊이 깨닫고, 그 신비들 사이의 연관성을 통찰하는" 과제를 부여한다면, 이는 대단히 넓게 파악된 과제이다. 그에 따르면 신학자들은 하느님이 인간의 구원을 위해 무엇을 행하는지 뿐만 아니라 교회가 이 구원을 "교회의 모든 생활과 전례 행위"(〈온 교회의 열망〉 16항) 등 다양한 활동에서 어떻게 전달하는가를 숙고해야 한다.

계시의 빛으로

공의회의 확신에 따르면 하느님이 인간에게 당신 자신에 대해 알린 것을 나타내는 상위 개념인 계시는 인간 문제 해결에 도움을 줄 수 있다. 신학자들은 정확히 어디에 이러한 도움이 놓여 있을 수 있는지 살펴야 할 것이다. 교회에 관한 사목 헌장 〈기쁨과 희망〉에 따르면 교회는 이를 위해서 "시대의 징표를 탐구하고 이를 복음의 빛으로 해석해야"(4항) 한다. 이는 그리스도교 신앙이 오늘날에도 여전히 중요한 무언가를 말해야 한다는 것과 더불어 함축적으로는 그리스도교 신앙이 상이한 시기에 상이한 빛으로 드러난다는 확신도 내포한다. 예를 들어 비록 둘 다 같은 본문을 다룬다고 할지라도 중세 수도원에서 성경을 읽는 수사는 자신이 읽은 바로부터 21세기 여성 신학을 따르는 성경 주석가와는 다른, 자신의 신앙을 위한 결론을 내릴 것이다. '신앙 교리' 및 교회 안에서 자주 부정적으로 여겨지는 개념인 '시대 정신' 사이의 관계는 교회가 자신에 관해 세상을 깨우쳐 주는 데에 있을 뿐만 아니라, 때로는 시대가 교회의 교리 입장의 발전으로 이끌 수 있는 정당한 질문을 교회에 제기한다는 사실에 있다.

비판의 목소리

〈온 교회의 열망〉이 교의 신학의 과제와 구조에 대해 언급하는 바를 앞서 제시한 신학적 사고의 '확정적인', '문제화하는', '실증적인', '사변적인' 구분도에 넣어 본다면, 대학에서 이루어지는 신학 공부에 대한 교회의 기대에서 확정적인 특성이 현저하게 전면에 나서고 있음이 분명해진다. 신학이 자신이 관계하는 종교 공동체의 동의가 전혀 없이는 결코 잘 지내지 못하기 때문에 신학은 이러한 사고를 긍정적으로 받아들여야 하고 이를 고려해야 할 것이다. 하지만 신학은 이러한 사고를 단순히 그렇게 내버려 두어서는 안 된다. 그렇지 않을 경우 신학은 문제화하는 자신의 기능에 더 이상 부합하지 않을 것이다. 예컨대 이러한 문제화의 맥락에서 핵심 견해의 배경이 질문되어야 할 것이다. 성경과 성전과 교부와 토마스 신학 사이의 관계는 〈온 교회의 열망〉이 주장하듯이 그렇게 조화롭지 않고 이미 각각의 문제를 다루면서 드러났듯이 긴장과 대립, 심지어 단절로 각인되어 있다. 신학은 제2차 바티칸 공의회를 높이 평가하면서도 이에 대해 주의를 환기해야 할 것이다. 여기에서도 아래의 사실이 유효하다. 즉, 교의 신학이 교회의 교의를 실증적으로 연구하고 사변적으로 숙고하는 동시에 비판적으로 논의하는 자신의 과제를 완수하는 가운데, 신학은 전적으로 교회적인 직무에서 비롯하는 그 비판을 통해 때로 교회 내부적으로 달갑지 않은 존재로 보인다.

4. 기초 신학 — 신앙의 확신의 전제

교의 신학과 기초 신학

개념에 따라서 그리고 고유한 과목으로서 기초 신학은 19세기와 20세기의 산물로 여겨진다. 하지만 모든 신학 과목에서처럼 기초 신학이 답을 찾는 질문이 근본적으로 새로운 것은 아니다. 그 질문은 제도적으로 새로이 파악될 정도로 중요하고 복잡한 것으로 여겨졌을 뿐이다. 여기서 교의 신학과 기초 신학 사이의 경계를 엄밀히 설정하는 것은 어렵다. 대학 학문의 일상에서 교의 신학자는 기초 신학의 문제를, 기초 신학자는 교의적인 문제를 다룬다. 교의 신학이 주로 신앙되는 것의 분석을 통해 신앙 확신의 교리적 형태를 추구하는 것에 비해 기초 신학은 신앙 확신의 전제를 더 많이 숙고한다고, 즉 어떤 이유에서 신앙되는가를 묻는다고 보조적으로 설명할 수 있을 것이다. 하지만 두 과목은 긴밀히 연결되어 있다. 즉, 교의 신학자는 공증인처럼 그가 어떤 구속력의 등급을 지닌 어떤 신앙의 확신이 있다고 확인한다고 기록하는 것에 만족하지 않고 그가 이 확신을 이해하고 분류할 수 있기 위해 이 확신의 전제도 질문해야 한다. 반대로 그 객관적인 내용을 전혀 모르는 사물의 전제를 묻는 것은 기초 신학자에게 무의미한 일일 것이다. 간단히 말해서 교의 신학은 신학 과목의 세분화에도 불구하고 자신에게 주어지는 영역에서 기초 신학적 질문에 대한 고려 없이 작업할 수 없고, 교의 신학적 숙고를 고려하지 않는 것은 반대로 기초 신학에 불가능할 것이다.

이전의 역사

호교론자들의 유산

그리스도교 신학의 **호교론** 개념은[51] 법정의 변론이라는 이방인들의 문학 장르에서 유래한다.

2세기의 주요 호교론자들로 콰드라투스Quadratus(†126년경)와 순교자 유스티누스Justinus(100~165년경)가 있다. 그리고 이보다 조금 후대, 즉 3세기로의 전환기에 신앙 교리와 전문 용어의 계속적인 발전에 매우 중요한 역할을 한 인물인 테르툴리아누스Tertullianus(160~220년경)와 오리게네스Oregenes(185~254년경)가 있다. 소송 제도의 맥락 안에서 사용된 법정 변론의 두 부분에 따라 그리스도교 작가들은 자신들의 연설, 편지, 통치자들에게 보낸 탄원서와 청원서에서 두 가지 방면으로 노력했다. 즉, 그리스도교를 거슬러 이방 주변 세계나 유다교 측에서 제기한 비판을 방어하고자, 또 유다인들이든 이방인들이든 독자들에게 그리스도교가 이성적인 신앙의 대안을 제공한다는 사실을 적극적으로 알리고자 노력했다. "이에 대한 증명은 두 가지 방식으로 이루어졌다. 한편으로 호교론자들의 비판은 적대자들의 확신이 지닌 오류와 부족함을 파헤쳤다. 다른 한편으로 그리스도교 신앙은 유다인들과 이방인들의 가장 심

> **호교론자**
>
> 교의사적 어의에서 호교론자들은 주로 2세기와 3세기의 그리스도교 작가들이다. 이들은 "이방 세계와 소수 그리스도교 공동체 사이의 대비를 숙고하는 것을 이해했고 서로 낯선 것으로 보이는 두 세계 사이의 갈등 속에서 의도적으로 중재를 시도했다. 문학적 철학적 소양을 갖췄던 이 그리스도인들은 자신들이 처했던 구체적인 사건에 대한 변론을 뛰어넘어 더 큰 독자층을 대상으로 그들의 지성적인 요구에 부합하는 글을 저술했다. 호교론자들은 무엇보다도 의도적으로 선택한 문학적 형식을 통해 이방인들 가운데 정신적인 엘리트들을 설득하고 그들을 신앙으로 끌어들이는 것을 자신의 과제로 여겼다. 신앙을 지니지 않았던 대중 사회로 나가면서 초기 그리스도교 문학사의 새 장이 시작되었다."

오한 신앙과 철학의 희망이 여기서 충족될 수 있었으며, 그리스도교가 '참된 종교이자 철학'으로 이해될 수 있게 되었다고 설명되었다."[52] 그러므로 호교론자들은 내부를 향하여 교리 교육적, 즉 확정적으로 가르치는 신앙의 전달뿐만 아니라 외부를 향해 그리스도교 신앙을 납득할 수 있게 제시하고자 노력했다. 그들은 그리스도인들이 아닌 다른 이들의 마음을 움직일 수 있는 논증을 발전시켜야 했을 뿐만 아니라, 그리스도교를 거부했던 이들이 설득력 있다고 여길 수 있는 근거를 제시해야 했다.

호교론적 관심사의 변천

호교론자들의 시대가 좁은 의미에서 3세기와 더불어 끝났다고 할지라도 그리스도교 신앙을 납득할 만하며 심지어 '합리적인' 것으로 제시하는 그들의 바람은 이어지는 시대의 그리스도교 사상가들에게 큰 영향을 끼쳤다. 그러한 가운데 호교론의 목적과 맥락은 변천했다. 초기 호교론자들에게 누구보다도 유다인들과 이방인들이 독자로서 전면에 서 있었다면, 로마 제국에서 점증적으로 진행된 그리스도교화와 더불어 호교론은 비그리스도교 신자를 향한 것으로부터 점차 멀어지면서 점차 이단적인, 즉 오류에 빠진 이탈에 대항해서 그리스도교의 '올바른' 형태를 옹호하는 노력이 되었다.

이러한 경향은 16세기 종교 개혁 이후 그 정점에 도달했다. 왜냐하면 이제 모든 교파가 참된 교회라는 각자의 주장이 왜 합당한지를 보여 주어야 하는 난감한 상황에 처했기 때문이다. 이러한 사정은 다시금 호교론의 초점이 교회론에 모이게 했다. 교회는 '논쟁적인' 신학 형태에서 주로 경계를 긋는 태도를 취했다. 여기서 논쟁적이라는 개념은 오늘날과 달리 부정적인 뉘앙스를 아직 지니지 않았다. 17세기 이후 성경이 전하고 교회가 가르치는 기적 행위와 계시 관념에 대해 점차 강한 비판이 일어났는데, 이는 또한 소위 이신론理神論적 관념에 마주해서 신적인 계시에 대한 믿음의 합리성을 옹호하는 것을 불가피하게 만들었다. 오래전부터 있었지만 18세기부터 점점 공공연하게 제기된 '하느님이 도대체 존재하는가'라는 질문에 납득할 만한 답을 제시해야 했다. 하느님, 계시, 교회라는 이 세 문제가 후에 발생한 기초 신학의 근본 주제를 이룬다.

기초에 대한 탐구

기초 철학

기초라는 개념은 근대 초기 이래 어떤 과목의 토대가 되는 전제 내지 그 주요 진술에 대한 은유로 사용되었다. 1651년에 스페인의 후안 카라무엘 이 로브코비츠Juan Caramuel y Lobkowitz(1606~1682년)가 '기초 윤리 신학'을 이미 언급했고 1700년에 피에르 아나트Pierre Annat(1638~1715년)에게서 '기초 신학'이라는 개념이 발견되는데 이것이 최초일 것이다.[53] 하지만 독립적인 과목으로서 기초 신학은 오로지 우회로를 거쳐 탄생했다. 19세기 신학 외부의 영역에서 '기초 철학', 즉 각 철학의 주요 진술을 그 토대로 환원함으로써 철학을 학문으로 근거 지우려 시도하는 움직임이 일어났다. 이러한 방향의 선구자 중 하나가 칸트의 쾨니히스베르크 대학 철학 교수좌를 물려받았던 빌헬름 트라우고트 크루크Wilhelm Traugott Krug(1770~1842년)였다.

철학의 첫 부분으로서 기초 철학은 철학 자체의 가능성에 대한 학문이다. 그러므로 기초 철학은 철학적 인식의 원칙 자체를 연구하며 나머지 모든 철학 학문에 유효하고 이 학문들이 의존하는 원칙들을 세운다. 바로 그렇기 때문에 기초 철학은 원칙론 내지 '아르홀로기Archologie'로 불린다. 등급에 따라 기초 철학은 전적으로 '첫째 철학philophia prima'으로 불릴 수도 있다. 따라서 기초 철학은 철학의 나머지 모든 부분을 위한 '오르가논Organon', 즉 방법론적 원칙이다. 왜냐하면 나머지 철학은 기초 철학의 명제의 결론으로 여겨지는 철학 인식만을 내용으로 삼기 때문이다.[54]

빌헬름 트라우고트 크루크, 《기초 철학 내지 원학문적 원리론》

19세기 철학에서 자주 마주치는 이 전체적 구상은 신학에, 하지만 일단은 가톨릭 신학에만 영향을 끼쳤다. 제1차 바티칸 공

의회(1870년)는 신앙과 이성의 관계를 다음과 같이 표현한다. "신앙과 이성은 결코 서로 대립될 수 없을 뿐 아니라, 서로에게 도움을 줄 수 있다. 실상 올바른 이성으로 '신앙의 기초fundamenta fidei'가 입증되며, 신앙의 빛으로 비추어진 이성은 신적인 것들에 대한 지식을 자라게 한다."(DH 3019) 따라서 크루크가 철학에 관해 서술하는 바와 똑같이 신학적 인식의 원칙을 지명하고, 호교론적 의도를 가지고 신앙 교리를 이 원칙으로부터 비롯된 적합한 결론임을 증명하면서 신학의 가능성을 주제로 삼는 일종의 신학이 추구되었다. 개신교 신학은 기초 신학의 계획에 대해 오랫동안 비판적인 입장을 취했다. 가톨릭 영역에서 실천된, 신앙을 위해 외적이고 자연적인 증명의 근거를 추구했던 '외재주의(外在主義, Extrinsezismus)'는 개신교에게 회의적이었다. 개신교에 따르면 신앙은 인간의 저항에도 불구하고 그에게 전달되는 은총의 선물로서 외적인 근거에 의존할 수 없었다.

기초 신학의 제도화

새 과목

가톨릭 신학부 첫 번째 기초 신학 교수좌는 1856년 프라하에 개설되었고 같은 해에 요한 네포묵 에를리히Johann Nepomuk Ehrlich (1810~1864년)가 그 교수좌의 주임 교수로서 이 새로운 과목의 선구자가 되었다. 기초 **철학**과 연결되어 있음에도 불구하고 에를리히는 결정적인 점에서 철학과의 유사성으로부터 벗어났다. 즉, 기초 철학이 다른 개별 철학의 근거를 마련할 뿐만 아니라 이들을 규정함으로써 비판해야 하는 것에 비해서, 에를리히의 기초 **신학** 기획에서 다른 신학 과목에 대한 그러한 역할은 매우 제한적으로 드러난다. 기초 신학이 이성적이라고 증명해야 했고 논거가 뒷받침된 형태로 교의 신학으로 되돌려 보내야 하는 기준을 제시했던 교의 신학이 신학의 여왕으로 남았다. 19세기 이래 특별히 독일 대학에서 가르쳐진 바와 같이 기초 신학은 교의 신학에 위험을 가할 수 있던 세 가지 비판적인 기준에 정향했다. 기초 신학은 세 가지 '입증demonstrationes' 과정에서 '하느님의 존재demonstratio religiosa', '그리스도교 계시의 신빙성demonstratio christiana', '가톨릭 교회가 주장하는 바의 정당성demonstratio catholica'을 증명해야 했다. 이와 반대로 로마의 교수 체계 안에서 하느님에 관한 질문은 철학 안에 남았고 기초 신학은 원칙적으로 신학적 인식 문제를 다루었다. 하지만 이 문제는 독일어권에서 교의 신학의 과제로 남았다.[55] 오늘날 적어도 독일어권 대학에서 이 두 모델은 하나로 종합되어 세 가지 입증뿐만 아니라 '신학적 인식론' 역시 기초 신학의 과제 영역으로 여겨진다.

교회의 기대

교의 신학에서와 마찬가지로 기초 신학에서도 이 과목에 대한 교회의 기대를 비판적으로 바라보는 것이 마땅할 것이다. 여기서 놀라운 것은 제2차 바티칸 공의회가 〈온 교회의 열망〉에서 교의 신학을 자립적인 과목으로 평가했던 것과 달리 기초 신학을 그렇게 평가하지 않는다는 점이다. "신앙의 책임 과목에 명확한 지침을 내렸던 제1차 바티칸 공의회의 문헌과 달리 기초 신학이 어떻게 계속 연구되어야 하는가는 이제 정말 규정되지 않은 상태로 남았다. 공의회의 이러한 개방성은 기초 신학의 다양한 단초들이 홍수처럼 넘치게 하였다. 하지만 이 단초들은 체계적인 공통분모로 더 이상 모아지지 않는다."[56] 이는 명확한 지침을 바라는 몇몇 이들을 당황시켰지만 다른 이들에게는 자신들의 과목을 새로이 구상하기 위한 자유 공간을 제공했다. 왜냐하면 공의회는 이러한 새로운 구상을 위한 소재가 결핍되지 않도록 했기 때문이다. 즉 앞으로 특별히 살펴보아야 할 계시 개념에 대한 변화된 이해와 같은 것은 오늘날까지 기초 신학이 감당해야 하는 문제를 숙제로 부과했다. 그럼에도 불구하고 공의회 이후 교회는 《사제 성소의 선물》에서 기초 신학에 대한 교회의 기본적인 기대를 표현한다.

신학의 원천과 기초 신학에 관한 교리는 신학 교육의 시작 때부터 적절한 방식으로 가르쳐야 한다. 이 교리에는 신앙의 합리적 실존적 기초와 함께 신앙 입문에 관련된 모든 내용이 교회 일치의 정신과 오늘날 상황에 가장 적절한 방식으로 포함되어야 한다. 그리스도인

생활에 특별한 영향을 미치는 역사적 사회학적 요소들도 고려하여야 한다.[57]

교황청 성직자성, 《사제 성소의 선물》

여기서 이야기되는 바는 매우 일반적이어서 어떠한 제한도 없이 명백하다. 기초 신학은 논쟁적이며 경계 짓는 정신이 아니라 교회 일치의 정신에서 수행되어야 하며 오늘날 상황에 적절한 방식으로 연구되어야 한다. 이것이 정확히 무엇을 의미하는지, 그리고 이것이 정확히 어떻게 이루어져야 하는지는 개별 신학자에게 일임된다. 신학적 사고의 역사적이며 사회학적(이 표현은 매우 흥미롭다) 차원의 의미가 기초 신학에 엄중히 권고된다. 따라서 기초 신학은 이미 언제나 주어졌다고 주장되는 명백함을 상세한 역사적 연구를 통해서 의심한다. 그뿐만 아니라, 교회 안에서 하느님이 원하신 것이라고 주장되는 일부 사실이 실제로는 어느 정도까지 인간의 작품에 불과한지를 물을 수도 있다.

5. 윤리 신학 — 신앙의 확신으로부터 도출되는 결과

윤리 신학은 신앙 확신으로부터 도출되는, 행위를 위한 결과를 다룬다. 하지만 마치 윤리 신학이 교의 신학적 원칙을 행위로

옮기는 것에 불과한 문제라는 듯이 단순한 응용 학문의 형태로 이를 다루지 않는다. 오히려 윤리 신학은 그리스도교적 신앙의 확신으로 조명된 "인간 사이의 실천에 대한 숙고"[58]를 수행한다. 많은 과목에서 신학의 분화가 보여 주듯이 이러한 확신이 복합적인 구조를 지니고 있을 뿐만 아니라, 인간의 실천이 상당히 다층적인 형태를 보이기 때문에 윤리 신학은 그 자체로 매우 특별한 과목이다. 이로서 조직 신학 내에서 어느 정도 단독적인 위치를 점하며 교의 신학과 기초 신학 상호 간의 거리보다 이 두 과목으로부터 명백히 더 멀리 떨어져 있다.

윤리 신학 개론과 특수 윤리 신학

도덕과 윤리

'모랄Moral' 개념은 라틴어 '모스mos'로부터 비롯하는데, 이는 그리스어 '에토스ethos'에 해당하고 독일어에서는 '관습, 도덕, 관례'를 의미한다. 그러므로 윤리 신학은 그리스도교 신앙의 확신에서 비롯되는 도덕을 다루는 과목이다. 윤리 신학이 자립적인 과목이어야 한다는 생각은 교의 신학 개념과 마찬가지로 루터교 신학자인 게오르크 칼릭스트에게로 소급된다. 그는 근대 초기 분화 움직임의 맥락에서 신학 내에서 교의 문제와 윤리 문제를 서로 다르게 다루는 영역에 분류했다.[59]

실천에 대한 숙고로서 윤리 신학은 무엇이 가치이고 규범인

가와 같이 인간 행위에 관한 모든 숙고에서 제기되는 근본적인 질문을 논하는 소위 윤리 신학 개론, 의학 윤리나 경제 윤리와 같이 행위의 개별 영역을 다루는 특수 윤리 신학 등 둘로 나뉜다. 여기서 특수 윤리 신학이 다시 자체 내에서 얼마나 세분되는지가 드러난다. 의료 분야나 경제 분야 등에서 책임 있는 판단을 내리기 위해서는 이 분야의 깊이 있는 전문 지식이 필요하다. 그래서 윤리 신학자들의 일상적인 연구가 신학 논거의 지속적인 전문화뿐만 아니라 그들이 다루는 대상 영역에서 계속 복합화되는 과정에 적응하는 것이어야 한다.

복잡한 행위 영역에 있는 신학

이로부터 약간의 불균형이 도출된다. 윤리 신학자들, 또한 똑같은 문제를 안고 있는 윤리 철학자들은 전문적 분야의 선한 행위의 질문을 다루지만, 대부분의 경우 그러한 행위가 매우 복잡한 맥락 안에서 이루어지는 바로 그 분야의 전문가는 아니다. 그러므로 그들은 전문 지식의 이해 가능하고 신뢰 가능한 중재에 의존한다. 반대로 의사나 경제 분야의 책임자들과 같이 전문적인 교육을 받고 자신의 분야에서 활동하는 이들은 윤리 철학자들이 아니다. 그들은 특정 직업 윤리 안에서 움직이지만, 그들 행위에 대한 사회적 수용은 상당 부분 비전문가로 구성된 대중 앞에서 그들의 행위를 해명하고 그 정당성을 일관되게 입증하는 것에 의존한다. 바로 이러한 사실 때문에 윤리 신학자들 및 윤리 철학자들과 각 분야의 전문가들의 대화는 매력적일 수 있다. 하지만 불균형은 남는다. 즉, 윤리 신학자가 분야의 대표자들과 그들의 행위를 숙고하며 대화할 때만 자신의 사명을 충실히 이행할 수 있는 반면, 의사의 예와 같이 그들은 윤리 신학자들과 의견 교환을 하지 않아도 좋은 의사일 수 있다.

'신학적 윤리'인가, '윤리 신학'인가?
제2차 바티칸 공의회 이후에 개신교 신학 내에서 이미 이전에 사용되었던 '신학적 윤리'라는 표현이 가톨릭 신학 안으로도 수용되었다. '윤리 신학' 개념이 오직 "전체 신학 안에서 특정 분야 내지 신학의 특정한 특성을 표현하며, '모랄'이 신학이라는 총칭의 세분화에" 사용되는 것에 비해 '신학적 윤리'라는 표현은 "우선적으로 중요한 것이 윤리Ethik, 즉 사회 내 윤리적 숙고의 일반적인 관심사이면서도, 바로 여기서 그리스도교 신앙을 토대로 하는 신학적 전망으로부터 이 사회에 기여가 이루어진다"는 것을 명료하게 한다는 점에서 '윤리 신학' 개념을 비판하는 이들이 '신학적 윤리'라는 표현을 선호한다.[60]

윤리

윤리 개념[61]에서도 마찬가지로 윤리가 무엇인지, 또 그 과제가 무엇인지에 대한 명료하고 올바른 정의는 없으며, 오직 어느 정도 납득할 만하고 인정된 다양한 규정이 있을 따름이다. 그렇기에 빌헬름 포센쿨Wilhelm Vossenkuhl(1945년~)에 의존해서 다음과 같은 정의를 제안하고자 한다.

선(좋음)과 가치

'좋다'는 개념은 여러 가지 의미를 취한다. 예를 들어 자동차가 '좋다'고 할 때, 이는 어떤 윤리적 평가가 아니라 기능적 평가와 연결된다. 즉, 자동차가 그 목적을 만족할 만하게 수행한다는 것이다. 반대로 '정직함'이 '선'(고대 용어가 이미 그러했다) 내지 '가치'(경제적인 맥락에서 유래한 최근 개념이 그러하다)라고 표시될 때, 이는 '정직한' 행위가 윤리적 의미에서 '좋은' 행위로 표시되기 때문에 노력할 만한 가치가 있다는 것을 의미한다. 그러므로 윤리가 '선과 악의 학문'이라면 윤리는 그 서술의 차원에서 우선 한 사회 안에서 무엇이 노력할 만한 가치가 있는 것으로, 그래서 좋고 가치가 있는 것으로 여겨지는지, 또 무엇이 피해야 할 것으로, 그래서 악한 것으로

> **윤리**
>
> "검증 가능하고 분명한 근거에 대한 탐구가 학문 실제의 일반적인 특징이라고 할 수 있다면, 윤리는 고유한 양식을 지닌 학문이다. 다른 학문에서와 마찬가지로 윤리에서도 주장, 명령, 금지에 대한 논증에 있어서 진리를 다룬다. 우리는 윤리를 '선과 악의 학문' 내지 '실천 학문'이라고도 부를 수 있다. 왜냐하면 윤리는 선한 행위가 무엇을 의미하는가를 다루고 행위가 선하거나 악하다고 판단되는 것이 어떤 조건 아래에서 참인가의 문제를 다루기 때문이다. 실천 학문으로서 윤리는 인간의 행하는 바가 왜 선하거나 악한가의 근거를 찾는다. 윤리에서 근거는 학문이 통찰과 판단을 위해 추구하는 다른 여타 근거와 마찬가지로 **명료**하고, **검증 가능**하고, **참**되고, 그 **분야**에서 **적절**한 것이어야 하며 새로운 인식의 조명을 받을 때 **교정 가능**해야 한다."

여겨지는지를 탐구해야 한다.

규범

선善 개념 내지 가치관은 다양한 언어 형태로 표현될 수 있는 규범의 형태로 드러난다.[62] 따라서 정직함의 선은 긍정적이거나 부정적이거나 반론의 여지가 없는 당위 주장의 형태로 드러날 수 있거나('너는 진실을 말해야 한다', '너는 거짓말을 해서는 안 된다'), 확인의 형태를 취하거나('거짓말을 하는 것은 옳지 않다'), 관례로 표현되거나('거짓말은 하는 것이 아니야'), 경구警句로 표현된다('정직함이 가장 오래 간다'). 그러한 규범은 개개인의 짐을 덜어 준다. 왜냐하면 그가 매 상황에서 무엇을 해야 하는지 물을 필요 없이 자신에게 '좋은' 것으로 보이는 구조물에 의존할 수 있기 때문이다. 하지만 규범은 사회 역시 안정화한다. 왜냐하면 사회가, 행위자들이 서로에게서 기대해야 하는 바와 반대로 이러한 기대에 반하는 위반이 그 경중에 따라 제재될 수 있다는 사실을 그들에게 전달하기 때문이다. 한 사회 전체 안에서 혹은 사회의 한 집단 안에서 유효한 선 개념과 규범 전체가 윤리, 도덕, 관습으로 표시된다. 모든 이가 지켜야 하는 규범을 규정할 때 윤리는 보편적일 수 있고, 한 국가의 국민이 그 영토 안에 머무는 외국인들보다 국가에 대해 더 많은 권리와 의무를 지닐 때 윤리는 중간 정도의 보편성을 지닐 수 있고, 히포크라테스 선서의 형태를 지닌 의사 윤리와 같은 특정 직업군의 윤리를 다룰 때와 같이, 윤리는 또한 매우 개별적일 수 있다.

윤리가 왜 필요한가?

서술하는 윤리

윤리는 여러 가지 과제를 지닌다. 그 서술의 형태에서 윤리는 실제로 주도적인 윤리를 묘사해야 하고 그 윤리를 복합적인 맥락 안에서 서로가 상반되는 경우에도 분석해야 한다. 이는 정지된 지도의 제작과 같이 단번에 완결될 수 있는 과제가 아니다. 왜냐하면 가치와 선뿐만 아니라 규범 역시 변화에 예속되어 있기 때문이다. 한 사회의 윤리는 한편으로 그것이 매번의 결정에서 새로이 타협될 필요가 없는 한에서 안정적이다. 다른 한편으로 일정 기간 관찰할 때 인간의 자유와 변화된 상황을 통해서 윤리의 변화가 일어날 수 있는 한에서 역동적이다.

가치와 규범의 변천

이러한 변천은 다양한 형태를 취할 수 있다. 예를 들어 선과 가치는 항구히 유지되지만 그에 관련된 규범이 변화하는 것이 가능하다. 혼인과 동반자 관계partnership가 여전히 보호할 가치가 있는 선으로서 유효한 반면, 이 선에 부응하고자 시도되는 규범적인 형태는 최근에 적어도 서구 사회에서 변화했다. 남녀 사이의 동반자 관계가 더 이상 무조건적으로 혼인 안에서만 이루어지지 않고 더 이상 한 남자와 한 여자의 평생 결합만이 아니라 동성 간의 결합도 '혼인'으로 이해된다.

규범뿐만 아니라 선과 가치 역시 변천한다는 사실을 보여 주는 예가 바덴 뷔르템베르크Baden-Württemberg주 헌법에 드러난다. 그 헌법은 다음과 같다. "젊은이들은 하느님 앞에서의 경외심과 그리스도교 이웃 사랑의 정신에서 인류애와 평화 애호를 향해, 민족과 고향에 대한 사랑에서 윤리적, 정치적 책임감을 배양하고 직업 생활과 사회생활에 적합하도록, 그리고 자유 민주적 정신에로 교육되어야 한다."(제12조 1항) 여기에 문서화된, 평화 애호와 책임감과 같이 교육적으로 추구할 만한 가치는 오늘날에도 여전히 이론의 여지가 없을 것이다. 하지만 젊은이들이 '하느님 앞에서의 경외심에서' 교육되어야 한다는, 신앙의 자유(이로써 신앙**에로의** 자유뿐만 아니라 신앙**으로부터의** 자유)를 보장하는 헌법의 진술은 무신론자 같은 이들에게 문제가 된다. 존재하지 않는 것에 대한 경외심으로 어린이가 훈육되어야 하는 이유는 도대체 무엇인가? 이를 통해 어린이가 손해를 입거나 기만당하는 것이 아닌가? 이와 같은 질문은 세속화된 국가에서 정당하다. 오늘날 헌법이 개정되어야 한다고 할 때, 그런 표현이 다시 받아들여질 여지는 매우 작다. 왜냐하면 신앙 교육에 개방적인 자세를 취하는 온건한 사람들의 다수도 이것은 개인적으로 내릴 가치 판단이지, 헌법에 명시되어 구속력을 지닐 가치 판단은 아니라고 생각할 것이기 때문이다. 설명된 바와 같이 가치 변천이 제기하는 도전은 헌법 본문이 한 사회 공동체의 정체성과 안정성의 총체이기 때문에 특정 원칙이 헌법 입법자의 재량에 맡겨지지 않거나(독일 기본법 79조 3항, 소위 '불변의 법 조항') 헌법 개정이 일반적인 법률 개정보다 분명히 더 높은 입법적 제한을 받아야 함을 통해 지속적인 개정을 면한다는 사실에 있다. 한 집단이 헌법을 변화된 가치관에 적응시키려 한다면 이는 자체로 갈등을 일으킨다.

규범적인 윤리와 갈등

여기서 윤리는 서술적, 즉 윤리를 묘사하는 활동 안에서뿐만 아니라 규범적인, 즉 선한 행위와 그 근거에 대한 질문을 제기하는 차원에서도 질문된다. 여기서 규범적인 윤리가 정말로 곤란함에서 탄생했다는 사실이 드러난다. 규범적인 윤리는 "판단에서 불안정성"이 드러나는 곳에서[63], 어떤 가치에 대해 이견이 분분하고 규범이 적용될 수 없는 듯 보이거나 선이 갈등에 떨어져 신중한 검토를 요청하므로 어떻게 다루어져야 할지가 명확하지 않는 곳에서 시작된다.

그리스도교 윤리의 특성

신학적 윤리가 일단 윤리라면, 다른 종류의 윤리에게 적용되는 것과 같은 기준이 신학적 윤리에도 적용된다. 앞서 말한 대로 윤리는 "명료하고, 검증 가능하고, 참되고, 그 분야에 적절하게,

새로운 인식의 조명을 받을 때 교정 가능하게" 논증해야 한다. 하지만 '신학적' 윤리의 특성은 도대체 어디에 있는가? 서술하는 관점에서 이 질문은 쉽게 대답될 수 있을 것이다. 신학적 윤리는 계명과 규율에서 표현되는 교의적 당위 입장에 따라서뿐만 아니라 이 공동체에 속하는 사람들의 행위에서 드러나는 실제적 사실 입장에 따라서도 신앙 공동체의 윤리를 분석해야 한다.

그리스도교 윤리가 지니는 부가 가치?

하지만 규범적 문제를 바라볼 때 신학적 윤리의 고유성에 대한 질문은 훨씬 더 논쟁의 여지가 많다. 제2차 바티칸 공의회 이후 오늘날까지 주도적인 신스콜라 철학적 윤리 신학은 불확실해졌다. 논리적인 추론을 통해서 규범이 제시되어야 하는 오인된 계시 교리의 근거가 질문된 것과 마찬가지로, 사물의 존재로부터 규범이 도출된다는 입장에서 출발했던 자연법의 근거가 질문되었다. 알폰스 아우어Alfons Auer(1915~2005년)는 이 맥락에서 당시 상황에서 '자율 윤리'라는 획기적인 구상을 발전시켰다. 이 구상은 윤리 능력을 지니고 자율적이며 자유로이 자기 행위의 규정을 스스로에게 부과하는 존재인 인간이 교도권에 의해 자연에 대한 해석이나 계시에서 얻어진 교리에 대한 준수에 권위적으로 강제될 수 없다는 사실에서 출발한다. "하느님은 당신에 의해 창조된 인간을 뒤따라가면서 비밀스러운 경로를 통해서 그에게 윤리 규정을 줄 필요가 없다. 하느님은 인간을 그에게 본성적인 질서 안으로 방출하면서 당신의 계명을 제시한다."[64]

그러므로 자신의 윤리를 형성함에서 인간은 자유롭다. 하지만 이것이 모든 윤리가 똑같이 '좋다'는 사실을 의미하지는 않는다. 왜냐하면 아우어에게도 자율은, 그 앞에서 가치와 규범이 자신의 정당함을 입증해야 하는 이성과 연결되어 있기 때문이다. 아우어는 다음과 같이 말한다. "교회는 자연적인 윤리 법칙의 내용을 세세히 규정할 어떠한 신학적 수단도 가지고 있지 않다. 물론 이는 자율적으로 발전된 구체적 윤리가 계시에서 전달된 역사 안의 인간 존재의 그리스도교적 의미와 일치될 수 있는지의 여부를 다루는 교회의 검증에 어떠한 누도 끼치지 않는다. ······ 학문, 예술, 기술과 마찬가지로 세계를 이끄는 영역의 윤리도 우선적으로는 인간 정신의 창조물이다. 그렇기 때문에 윤리적 규범은 육화의 신비나 부활의 신비처럼 신앙의 대상이 아니다. 오히려 윤리적 규범은 인간 이성에게 그 합리성 안에서, 즉 그 내적 조화와 객관적 정당함 안에서 논증적으로 제시되어야 한다."[65]

발견의 맥락과 유효성의 맥락

아우어의 출발점은 신앙 윤리 옹호자들뿐만 아니라 교회 교도권에서 격렬한 비판을 받았다. 또한 신학적 윤리의 다른 대표자들도 그리스도교 신앙이 단지 동기를 부여하는 의미나, 경우에 따라서는 비판하는 의미를 지닐 뿐 신앙인들의 윤리에 구성적 의미를 더 이상 지니지 않는다는 사실을 받아들이고자 하지 않았다. 그럼에도 불구하고 "그 사이에 독일어권 윤리 신학자와 사회 윤리학자 대부분은 어느 정도 단호한 형태로 '그리스도교적 맥락 안의 자율적인 윤리'의 인식 이론적 입장을 지지한다."[66]

여기서 보편적인 윤리와 개별적인 윤리 사이에, 그리고 발견의 맥락과 유효성의 맥락 사이의 구분이 중요해 보인다. 교회가 성경이나 자신의 전승으로부터 교회 공동체 윤리에 유의미한 것으로 보이는 가치와 규범을 얻는 것은 문제가 없다. 하지만 교회가 사실상 개별적인 자신의 신앙 확신으로부터 보편적 구속력을 지녀야 하는 통찰을 이끌어낼 때 이는 더 불안해진다. 물론 이웃 사랑의 요청을 생각할 때 그 또한 가능하다. 하지만 어떤 가치나 기준이 지닌 신앙의 발견 맥락과 외부로 전달 가능한 그것의 논거 맥락이 구분되어야 하고, 개별적인 발견 맥락을 진지하게 받아들이면서도 그것을 넘어서는 근거가 선택되어야 한다. 구체적으로 말하자면, 이웃 사랑이 왜 윤리적 가치인지를 무신론자에게 중재하는 것이 가능하다. 하지만 이 중재는 예수와 성경에 대한 지시로 충분할 수 없으며, 실제로 이웃 사랑이 보편적으로 유효한 선이 되어야 한다면 이것이 보편적으로 명료히 증명되어야 한다. 이와 같이 그리스도교 신앙에서 유래하는 행위의 방향 설정의 근거를 보편적으로 명료히 제시하기 위해 신학적 윤리는 그 규범적 차원에서 애써야 한다.

신학적 윤리가 지닌 부가 가치 그 이상의 것

신학적 윤리의 가치와 당위성을 단순히 신학적 윤리가 윤리철학이 도달할 수 없는 재료적인 '그 이상'을 제공해야 한다는 사실에 원칙적으로 고정시켜서는 안 된다. 설령 이러한 부가 가치가 인식 맥락에 따라 혹시 있다고 할지라도, 신학적 윤리의 정당성은 그리스도교가 세상을 창조하고 구원하고 완성하는 하느님에 대한 신앙과 더불어 인간의 행위를 포괄하는 해석 권리를 당당히 내세운다는 사실 자체에, 그렇기 때문에 그리스도교가 그 권리를 신학적으로 숙고해야 한다는 사실 자체에 이미 존재한다. 예를 들어 사람들은 고대 근동의 본문을 다루는 성경 주석이, 고대 근동학자들에게 접근 가능하지 않은 어떤 단단한 '그 이상'을 이 본문으로부터 찾아낼 것이라고 기대하지 않을 것이다. 성경 주석은 학문적인 성경 해석에 신학 없이는 찾아지지 않을 신학 고유의 '그 이상'을 덧붙이기 위해서 필요한 것이 아니다. 그보다는 성경을 자기주장의 근거로 인용하는 것이 그리스도교 신앙에 구성적이고 이러한 관련은 신학적으로 이루어져야 하기 때문에 신학 과목으로서 신학 주석이 정당성을 지닌다. 이는 신학 주석이 세속적 역사적 내지 철학적 접근 방법에 비해 부가 가치, 즉 더 많은 가치를 제공하는지 여부와 전혀 무관하다. 같은 것이 윤리에도 적용된다. 그리스도교 신앙이 인간의 행위에도 의무를 지우고 그런 행위를 요청하기에 신앙을 통한 이러한 행위의 의무와 요청은 신학 안에서 반성되어야 한다.

그리스도교 사회 윤리

19세기 산업화에 수반된 노동자층의 참상에 직면해서, 바람직하거나 금지된 개인의 행위에 집중하는 경향이 적합했던 교도권의 전형적인 윤리 선포 이외에 독자적인 사회 선포가 가톨릭 영역에서 발전했다. 여기서 레오 13세 교황의 회칙 〈새로운 사태〉(1891년)는 한 이정표이다.

그러므로 노동은 인간에게서 본성적으로 두 가지 특징을 지니게 됩니다. 곧 노동은 **개인적**인데, 그것은 활동할 수 있는 능력이 한 사람에게 속하고, 그것을 행사하는 사람에게 완전히 고유한 것이며 그의 유익을 위하여 그에게 주어진 것이기 때문입니다. 또한 노동은 필수적인데, 그것은 생명 유지는 무엇보다도 따라야 하는 본성의 명령이고 인간이 생명을 유지하기 위하여 노동의 결과가 필수적이기 때문입니다.

노동이 개인적인 것이라는 관점에서만 본다면 노동자는 정당한 액수 이하의 임금으로도 계약할 수 있다는 것이 명백합니다. …… 그러나 노동이 개인적이라는 것과 함께 그것이 필수적이라는 점을 고려한다면 판단이 달라집니다. 이 두 가지 특징은 생각 안에서는 따로 떼어놓을 수 있지만 실제적으로는 갈라놓을 수 없습니다. 생명 보존은 모두에게 공통된 의무이고, 이를 소홀히 하는 것은 죄악입니다. 여기에서부터 필연적으로 생계유지를 위하여 필요한 것을 받을 권리가 나오는데, 가난한 이들은 자신의 노동에 대한 임금을 통해서만 이를 얻을 수 있습니다. 그러므로 노동자와 고용주가 자유로운 동의로 계약을 체결하고 임금을 결정할 것이지만, 여기에서는 언제나 계약을 맺는 이들의 자유로운 의사 이전에 그리고 그 위에 자연적인 정의가 바탕이 되어야 하고, 임금은 노동자가 검소하고 적절한 생활을 유지하기에 부족하지 않아야 합니다.[67]

레오 13세 교황, 회칙 〈새로운 사태〉

사회적 문제

레오 13세 교황은 무엇이 적절한 노동관계를 드러내는가 하는 문제에 대한 획기적인 분석을 제시한다. 교황은 여기서 한편으로는 양측 상대방의 계약의 자유, 다른 한편으로는 노동자의 생계 보장을 위한 노동의 필수성을 신중히 검토한다. 원칙적으로 계약을 맺는 양편은 서로가 동의하는 한에서 임의의 임금에 합의하는 데에 자유로울 것이다. 하지만 19세기 상황에서 근로자는 이러한 협상에서 비참해질 위협을 받는 약자였고 자신에게 제시되는 임금을 실제로 수용해야만 했기 때문에, 레오 13세 교황은 계약의 자유가 생계비 조달이라는 노동의 고유한 목적을 통해 자연법적 관점에서 제한된다고 보았다. 그러므로 노동관계는 계약 상대방의 개인에 뿌리내리고 있는 자유뿐만 아니라 노동자가 자신의 임금으로 생계를 유지할 수 있는 노동의 필수성을 참작할 때만 적절하다. 다르게 표현하자면, 자신과 가족들을 "편안하게" 부양하며 "어느 정도는 남도록 하는 것"(DH 3271)을 노동자에게 제공하지 않는 노동관계는 가톨릭 사회 교리의 관점에서 비윤리적이다.

윤리 신학과 사회 교리의 차이

이 뚜렷한 예에서 윤리 신학에 마주하는 사회 윤리의 중점이 어디에 놓여 있는지 드러난다. 사회 윤리는 제도적인, 즉 반복을 통해 견고해진, 인간 사이의 의존성을 조성하는 구조에 집중한다. 물론 개인은 그들이 살고 있는 제도에서 분리되지 않는다. 바로 이러한 이유에서 사회 윤리는 윤리 신학과 많은 부분 중복된다. 그럼에도 불구하고 개인 및 그가 만들거나 그의 삶에 큰 영향을 미치는 제도는 윤리 실천의 두 관점을 지명한다. 이 두 관점은 함께 전체를 이루지만 신학적 숙고에서는 윤리 신학과 사회 윤리가 서로 다른 중점을 지녀야 한다.

사회 윤리의 고유한 특성

현재 그리스도교 사회 윤리는 역사적으로 레오 13세 교황 이후 교황들에 의해 계속 서술된 가톨릭 사회 교리에 입각하면서도 주요 흐름에서는 사회 교리와 거리를 둔다. 그 주요 원인 중의 하나는, 가톨릭 사회 교리가 교황들이 제시한 방식에서 **자연법**적 토대를 상당 부분 그 근거로 삼는다는 점에 있다.

> **자연법 윤리**
> 사물 내지 사실이 지니는 본성의 분석으로부터 이 사물 내지 사실을 다루는 인간 행위의 법칙을 도출하는 것이 자연법 윤리로 제시된다.

자연법적 논증은 첫째로 ('노동'과 같은 추상 개념이든 '인간'과 같은 구체 개념이든) 사물의 불변적 본성이 존재하며, 둘째로 이 본성이 인간 행위에 대한 명령을 포함할 정도로 구조화되어 있다는 가정을 전제한다. 이러한 가정은 최근 수십 년간 점점 의구심을 샀으며 그러한 이유에서 사회 윤리는 "공동체의 올바른 구조와 질서를 알고 있다고 주장하며, 그로부터 정치적, 경제적 사건을 연역적으로 평가할 수 있었던 사회 존재론 내지 사회 교리로부터 사회적 과정, 제도, 구조에 대한 윤리적 숙고"로 전환했다. 이러한 윤리는 교황들이 사회의 올바른 구조를 가르치려 시도했던 것과 같은 "그러한 구조를 처음부터 알지 못하며, 오히려 묻고 동행하면서 현재 상황에 관여하고 이 상황을 이해하고자 시도하고 인간의 성공적인 공동생활을 위한 의미, 기회, 장애를 연구한다."[68]

사회 윤리의 대상인 교회

그러한 사회 윤리는 당연히 신학적, 따라서 교파적인 구속력을 지닌, 하지만 교회 교도권에 대해 비판적인 거리를 두는 가운데 전적으로 자립적인 목소리를 내는 과목이다. 사회 윤리는 이 사실을 교황의 선포가 밖을 향해 큰 소리로 요구하는 사회원칙을 내적으로도 요구하는 예에서 보여 준다. 교회가 〈사십주년〉 79항에 따라 국가와 사회가 **보조적**으로 조직되어야 한다고 주장하면서도 교회 자신은 심각하게 중앙 집권화되어 있고 교계적 권력 구조의 특징을 지닌다. 이에 반대해서 그리스도교 사회 윤리는 경고의 목소리를 높여야 한다.

> **보조성**
>
> 보조성은 다층으로 구성된 사회 안에서 권한 분배의 원리를 말한다. 보조성의 원리는 예를 들어 시, 읍, 면과 같은 정치적으로 하위 단위에서 결정권을 지니고 해결할 수 있는 문제가 도道와 같은 상위 단위에서 결정되어서는 안 된다는 사실에서 출발한다. 이는 반대로 상위 단위는 하위 단위보다 문제를 더 잘 해결할 수 있을 경우에만 활동한다는 사실을 의미한다. 보조성 원리는 가톨릭 사회 교리의 가장 중요한 혁신 중 하나이며 독일 기본법(23조)과 유럽 연합의 정치적 구조에도 수용되었다.

개인의 행위를 넘어서 제도적 답을 요구하는 여러 도전을 숙고하는 과제가 신학적 윤리 중, 제도에 특성화된 형태인 사회 윤리에 귀속된다. 기후 변화, 이와 연관된 특정 지역의 경제적 손실과 불이익 문제 내지 그에 따를 수 있는 이주 움직임은 제도적 숙고, "대규모의 변환을 위한 사회 계약"을 요청한다.[69] 이에 대해 신학은 할 말이 있다. 정확히 무엇을 생각해 내야 하는지가 사회 윤리의 과제이다.

6. 그리스도인 일치 운동 신학 — 복합적인 주제

그리스도인 일치 운동 신학은 자주 교의 신학과 기초 신학에 분류되어 조직이라는 과목 안에 자리한다. 일치 운동 신학은 논쟁 신학과 대립 신학의 유산이지만 그와 다른 분위기 속에 있다. 처음에는 가톨릭 교회의 심각한 저항에 부딪히며 20세기 시작에 일어난 "모든 그리스도인의 일치를 재건하려는 운동"(《일치의 재건》 1항)은 신학의 구조도 그에 의해 사로잡힐 만큼 커다란 활력을 얻었다.

일치 운동 신학의 과제

일치 운동 신학은 "그리스도인 일치 운동 개념 및 그 목적을 각자의 방식에 결정하는 교파별 전제 조건이 숙고되지 않은 채 머무는 것이 아니라 의식되고 명확한 숙고의 대상이 되는 것을"[70] 보장해야 한다. 일치 운동 신학은 자기 신앙 공동체 안에서 교파적 전제에 대한 비판적인 자기반성에서 시작하는데, 이는 이어서 이 전제가 다른 교파와의 대화에서 얼마나 개방적이거나 폐쇄적인지를 해명하기 위함이다. 이 대화에서 자기 신앙 확신을 제시하고 이 확신이 다른 교파의 자기 이해에 질문이 되도록 한다.

그리하여 다른 교파의 자기 이해가 다시 대화 상대자에 의해 이해되기를 바라고 고유한 자기 이해를 질문하는 것이 관건이다. 일치 운동 신학의 발전은 공동의 것, 의무적인 것, 결합하는 것이 그로부터 출발하여 차이까지도 지평 안에 수용할 정도로 강화될 때 이루어진다. 이 차이는 가장 바람직한 경우 제거되고, 차선의 경우 남아 있으면서도 더 이상 교회를 분리하는 것으로 여겨지지 않거나 계속해서 심각한 장애로 인식될 수 있다. 이 마지막 경우가 그다지 유쾌하지는 않겠지만 그래도 인식의 발전에 도움을 준다.

구조적 특성인 일치 운동 신학

지금까지의 서술에서 일치 운동 신학이 엄밀한 의미에서 어떤 고유한 주제도 지니지 않으며, 오히려 전체 신학에 스며들어야 하는 구조 원리라는 사실이 드러난다. 일치 운동 신학은 그러므로 구체적으로는 언제나 **일치 운동을 지향하는** 교의 신학, **일치 운동을 지향하는** 기초 신학, **일치 운동을 지향하는** 성경 주석학이며 이러한 나열은 모든 신학 과목에서 이어질 수 있다.

달리 말해서 일치 운동 신학은 각 과목의 소재를 관장하는 형식 원리를 나타낸다. 그러한 것으로서 일치 운동 신학은 제2차 바티칸 공의회에 의해서 명시적으로 요청된다.

신학과 다른 학문, 특히 역사학의 교육은 일치 운동의 견지에서도 사건들의 진상에 더욱 부합하도록 전수되어야 한다. 미래의

> 목자들과 사제들이 이러한 방법으로, 특히 가톨릭 교회와 갈라진 형제들의 관계에 대하여, 논쟁적으로가 아니라 철저하게 연구된 신학에 정통하는 것은 매우 중요하다.[71]
>
> 제2차 바티칸 공의회, 일치 운동에 관한 교령 〈일치의 재건〉

공의회가 말하는 것과 같이 일치 운동 신학이 신학의 견지를 제시한다는 사실은 '그저 한 측면만'이라는 대수롭지 않은 의미에서 이해되어서는 안 된다. 이와 정반대로 일치 운동이라는 사안은 그로부터 신학이 꼴을 갖추는 기본 관점을 공의회에 제시한다. 하지만 이 지도적 관점은 신학 과목 전반에 걸쳐 매우 복합적이다. 즉, 이 지도적 관점이 각 신학에 주어져 있기는 하지만 어느 정도 종합할 수 있는 전문 지식을 요구한다.

이에 따라 일부 지역에서는 일치 운동 신학이라는 이름을 지닌 고유 과목이 조직 신학의 부분으로 발전했다. 일치 운동 신학은 이미 걸어 온 일치 여정의 산정을 시도하고 그리스도교 교파가 여전히 그를 향해 걷고 있는 목표의 확정을 시도한다.

핵심 정리

조직 신학은 신학적 인식의 다양성을 통일성 안으로 정리하고자 시도한다. 이 통일성 자체는 그 과목들의 다양성 안에서만 다시 파악된다. 조직 신학의 주축을 이루는 과목은 교의 신학(교리적 형태), 기초 신학(전제), 윤리 신학(신앙의 결과)이다. 제2차 바티칸 공의회의 요청에 따라 이 모든 과목의 기저에 그리스도인 일치 운동을 지향하는 관점이 놓여야 한다.

제5장

조직 신학의 방법론과 규범적 지침

들어가며

올바른 신학 연구를 위해 손쉽게 사용할 수 있을 법한 고유한 신학적 방법론은 없다. 오히려 신학은 각 과목의 특성에 따라 방법론적 다양성을 지닌다. 성경 주석학자는 종교 교육학자나 기초 신학자와는 다른 방법론을 사용할 것이다. 그럼에도 불구하고 신학은 그리스도교 교파에서 다양한 형태를 지니는 신앙 지침에 마주하여 확정적인 신앙 연구 형태의 입장을 취해야 한다는 점은 모든 신학에 공통적인데, 그 맥락을 이제 제시할 것이다.

1. 고유한 신학 방법의 결핍

'방법(메토데Methode)' 개념에는 그리스어 '호도스hodos(길)'라는 말이 숨어 있다. 그러므로 방법론을 사용한다는 것은 확실한 길을 간다는 것을 의미한다. 학문의 방법론은 질문에서 대답에 이르기 위해 그 과목이 걷는 길을 말한다. 자기반성의 특성, 즉 제기된 질문이나 얻은 답이나 이들을 연결시키는 길 가운데 아무것도 당연하지 않기 때문에 지속적인 비판을 필요로 한다는 의식은 학문 이론적 담론의 특징이다.

외부 방법론의 수용

다양한 과목으로 구성된 신학에 통일된 신학적 방법론이 있는 것이 아니라 신학이 이용하는 다양한 방법이 있을 뿐이다.

"원천으로부터 신앙 이해를 추출하기 위해 일단의 방법론적 기준과 규범이 필요하다. 이는 그 내용을 적절히 드러내기 위해서이다. 개별 원천은 각기 다른 기준을 요구한다. 예를 들어 신약 성경으로부터 신앙 이해를 추출하기 위해서는 교의 신학의 본문을 다룰 때 교부들과 대 신학자들을 인용하는 것과는 다른 방법론이 필요하다. 복음서에 나오는 비유는 트리엔트 공의회의 의화 교령과 같은 방법으로 다루어질 수도 신앙의 원천으로 여겨질 수도 없다."[72] 신학이 그에 대한 답을 위해 여러 다른 시대와 다양한 매체를 통해 주어진 다양한 방법을 두루 사용해야 하는 많은 문제를 다루기 때문에 신학은 불가피하게 방법론적 다양성의 특징을 지닌다.

예를 들어 성경 주석이 바오로 사도의 이름으로 저술된 편지 가운데 어떤 편지가 실제로 바오로 사도의 것이고 어떤 것이 위서僞書, 즉 그의 이름을 사용하지만 그에 의해 쓰이지 않은 편지인가라는 질문을 제기할 때, 성경 주석은 그에 답할 수 있는 고유한 신학 방법론을 가지고 있지 않다. 오히려 성경 주석은 문헌학 내지 역사학의 방법론 등, 다른 학문 분야의 방법론을 이용해야 한다. 교회사에서 시작해서 종교 교육학까지 다른 신학 과목의 경우도 비슷하다. 여러 신학 과목은 다른 학문 분야로부터 방법론을 차용하며 자신들이 그런 방법론을 얼마나 잘 사용하는가에 따라 자신을 평가하고, 또 자신이 평가되도록 해야 한다. 일반 역사에서 적절한 것으로 여겨지는 바와 함께 연구를 최첨단으로 수행하지 않는 교회사는 신학 내부적으로도 더 이상 진지하게 고려될 수 없다. 또한 교육학 일반의 결과를 비판적으로 수용할 수 있음에도 불구하고 그것을 더 이상 수용하지 않는 종교교육학은 신학적으로도 가치가 없다.

신앙과 이성 사이에 대립이 있을 수 없기 때문에(이 문제는 차후에 더 자세히 다루어질 것이다) 신앙 교리 밖에서 참이라고 증명된 것은 신앙 교리 안에서도 참이어야 한다. 그렇지 않으면 하나의 동일한 사실 관계가 하나의 동일한 세계에서 참이기도 하고 참이 아닐 수도 있다. 이는 글자 그대로 비이성적이고 '비논리적이다unlogisch.' 즉 로고스logos가 접근할 수 없으며 이성적 신학의 종말을 의미할 것이다. 구체적인 예로 콜로새 신자들에게 보낸 서간이 바오로 사도의 친필이 아니라는 사실이 분명히 입증되었다면, 교회는 더 이상 교리상 바오로 사도가 그 편지를 썼다고 주장할 수 없다. 소위 '콘스탄티누스의 기증'이 교황의 세속 지배를 정당화하기 위한 전설로 밝혀졌다면, 교회는 계속해서 고대 후기 황제가 교황에게 실제로 그 주권을 남겨 주었다고 주장해서는 안 된다. 신학이 참된 것을 드러내려 한다면, 신학은 다른 학문으로부터 방법론을 차용해야 하고 그것을 시종일관 적용해야 한다.

신학 방법론?

하지만 다양성을 지닌 신학이 단순히 다른 학문 과목의 방법론의 축적에 불과한지, 아니면 그 단일성 안에서 과목에 특수한, 신학자들이 자신의 질문에 답을 찾기 위해 선택하는, 다른 학문 과목의 많은 방법론을 이용하는 신학자들을 참된 신학자로서 입증하는 접근 방법과 같은 것이 있는가라는 질문은 남는다. 여기서 다시 실증적 신학과 사변적 신학 사이의 구분이 유효하다. 신학이 사실 관계에 입장이 표명되는 방법에 관련하는 실증적 견지에서 신학의 특수한 방법론은 주어질 수 없다. 왜냐하면 기술된 의미의 실증적 학문인 신학은, '주어진 것Positum'(앞에 놓인 것)으로 자신이 발견하는 것만을 정리하고 그것을 견고성과 통일성에 따라 검증한다. 신학은 이 작업을 보편적으로 검증될 수 있는 형태로 수행한다.

사변적인 견지에서 신학은 사실 관계에 관한 입장 표명에 대해 입장을 표명할 뿐만 아니라 사실 관계 자체에 대해서도 입장을 표명한다. 그 안에서 신학은 특정 규범적 규정에 유의해야 한다. 신학은 그 규정을 다시금 실증적으로 검증할 수 있지만, 그 규정은 신학에 어느 정도 확정적인 구속력을 부여한다.

2. 신앙의 토픽

신학자는 연구의 재료(실증적)와 규범적인 전제(확정적)를 어디서 찾아야 하는가? 적어도 초기 근대 이래 아리스토텔레스가 이해된 맥락에서, 이는 그리스도교 신앙의 토픽에 대한 문제로 표현되었다. "자구적으로 번역하면 이 명사('토포스topos', 복수형은 '토포이topoi')는 '지리地理' 내지 장소를 의미한다. 그로부터 라틴 수사학에 '논거의 자리loci argumentorum', 근거가 있는 자리, 숨어 있는 근거를 찾아야 할 장소라는 말이 생겨났다."[73] 이러한 의미에서 '토포스' 내지 '로쿠스locus'는 유효한 논거를 발견할 수 있는 장소이다. 그러므로 자구적으로 지리를 의미하는 토픽은 발견에 유효한 논거에 관한 가르침이다.

장소 개념을 수용한 신학

필립 멜란히톤의 분류 원칙

중세에 이미 신학에서 사용되었던 장소 개념(이른바 '일반 기본 개념'으로 번역될 수 있는 '로치 코무네스loci communes'를 생각하라)이 16세기에 교파별 특성을 획득하게 되었다. 루터교 신학자인 필립 멜란히톤은 신학 소재를 이해하기 쉽게 분류하기 위해, 자구적으로는 '신학적 장소'로 번역될 수 있는 '로치 테올로기치loci theologici' 개념을 각인시켰다. 여기서 그는 다음의 순서를 따른다. 신학 입문의 질문 다음에 자유 의지 문제를 다루고 이어 죄, 율법, 복음, 은총, 의화와 신앙, 구약과 신학, 성사('표징'), 사랑, 교권과 '모독'을 다룬다.[74] 신학의 소재를 이 상위 주제에 따라 배열하는 노력은 '종합적인 방법'이라고 일컬어졌다.

멜키오르 카노의 '로치 테올로기치'론

멜란히톤보다 어리지만 동시대를 살았던 가톨릭 신학자인 도미니코회 멜키오르 카노Melchior Cano(1509~1560년)도 '로쿠스' 개념을 이용하지만, 이 개념에 다른 의미를 부여했다. 카노는 신학 분류의 주제가 아니라 "신학 연구의 본질적인 기준" 내지 "그로부터 신학 논거가 전개되는 권위"를 "로쿠스 테올로기쿠스locus theologicus"라고 표시했다.[75] 달리 표현하자면, '로치 테올로기치loci theologici'는 신앙 교리를 확인하는 권위이며, 그렇기 때문에 신학은 그로부터 출발해야 한다. 카노는 신앙 자체를 통해 구성되는 '신학 인식의 고유한 장소loci theologici proprii' 일곱 개와 세 개의 '신학 인식의 외적 장소loci theologici alieni' 등 열 개의 '로치loci'를 거명한다. 첫 번째 일곱 개에 속하는 확인의 권위는 성경, 사도 전승, 교회 전체의 권위, 공의회, 로마 교회, 교부들, 신학자들이다. 카노는 '외적 장소'로 이성, 철학, 역사를 거명한다.

위의 나열에서 여기에 엄격한 규칙이 적용되지 않는다는 사실을 이미 간파했을 것이다. 그와 정반대로 카노는 발견 장소의 다양성을 수집하는데, 그 장소들은 엄밀함에서 큰 차이를 보인다. 예를 들어 '교부들'은 이질적인 집단으로서 해석을 필요로 한다. 또한 어떻게 '역사' 자체에서 신학적 유효성의 근거가 확보될 수 있는가? 이러한 이유에서 장소라는 비유를 너무 곧이곧대로 이해해서는 안 된다. 올바른 신앙 내지 훌륭한 신학이 손쉽게 발견되는 장소는 없으며, 그런 장소를 상상할 수도 없다. 어떤 이유로 무엇을 믿는지, 어떤 신학적 주장이 왜 정당화되는지는 '로쿠스'를 뒤적인다고 설명되지 않고, 이성적인 숙고를 요구한다. '로치 테올로기치'는 이 숙고에 기껏해야 원료를 제공할 뿐이다. 이 원료는 많은 경우 명료하지 않기 때문에 해석을 요구할 뿐만 아니라 해석은 그 자체로 논란이 된다. 즉, 주어진 것이 단순히 발견되지 않으며, 그것은 탐구되고 정리되어야 하며, 그 정리 기준 또한 근거를 필요로 한다. 이 정리 과정에서 권위는 또다시 일정한 역할을 수행하는데, 이 역할은 자명하지 않고 해석을 필요로 한다.

신앙 교리를 결정하는 권위

신학적 권위

신앙에 주어진 것이 어떻게 신앙에 구속력을 지닌 것으로 드러나며, 신앙에 의해 해석되어야 하는 것으로 기술되는가는 그리스도교 여러 교파 안에서 상이하게 숙고된다. '오직 성경만으로sola scriptura' 원칙을 지닌 개신교 신학은 성경만을 신앙의 규범적 기준으로 인정한다. 마르틴 루터는 "성경이 자체로 가장 확실하고 접근하기 가장 용이하며 매우 분명한 자신의 고유한 해석자이며 모든 것을 검증하고 바로 세우며 조명하는 전부이다."라고 말했다.[76] 루터는 성경이 계시 자체는 아니지만 해석된 방식으로 하느님의 계시를 증언한다는 사실에서 출발한다. 그에 따르면 성경의 근거가 되는 성령은 성경 책 겉면에 현존한다. 하지만 성경에 겸손하게 접근하는 이들과 하느님의 경륜에 따라 성령이 성경을 열어 보이고자 하는 이들에게 성령은 성경의 의미를 열어 보이면서 그 겉면을 넘어선다. 성경의 자기 해석이라는 루터의 논제는 여러 가지 난점을 지니지만 자구적 마술과 같지는 않으며 결국 성령론적인 사건, 성령이 중재하는 사건으로 이해된다. 이 사건은 성경 읽기가 신앙을 불러일으키는 가운데 성경을 읽는 이의 생활에서 유익한 것으로 입증되어야 한다.

"다름이 아닌 문자를 통해서 신앙에 이른다. 문자는 수많은 소용돌이 속에서도 본문 비평에 의해 평가되는 개별 문자의 형태로 놀라운 신빙성 안에서 전달되었다. 이 문자 안에 새로이 영과 진리가 되고자 하는 것이 구속력 있게 새겨져 있으며 하느님의 자기 연결과 자기 비하의 힘으로 확고히 쓰여 있다. 새로운 진리는, 두 계약에 나타나는 율법과 복음의 진리인 옛 진리를 능가하지 않는다. 오히려 새 진리는 옛 진리로 돌아가고 옛 진리를 현재로 가져온다. 하느님은 맹세했는데, 이를 문자 **안에서만** 전달하지 않고 문자**에** 전달했다. 그래서 다음과 같이 말할 수도 있다. '하느님은 당신의 맹세를 계약에서 증명하셨다.'"[77] 이 계약을 문자로 표현한 것이 그리스도교 성경의 두 부분인 구약성경과 신약 성경이다. 그러므로 개신교 신학에 구속력을 지니는 것은 오직 성경뿐이다. 나중에 쓰인 신앙 고백문은 단지 성경을 올바로 해석하고 이러한 올바른 해석에서 개신교 교회의 정체성을 표현

종교 개혁 당시 전단에 묘사된 마르틴 루터. 다른 개신교 학자들과 함께 레오 10세 교황에게 성경과 성경이 지닌 자기 해석의 명료함을 제시하고 있다.

하라는 요구만을 담고 있다. 하지만 신앙 고백문은 성경에 종속되며 개신교 신학자가 신앙 고백문에서 성경과의 모순을 발견할 경우 신앙 고백문은 그 신학자에 대해 구속력을 상실한다.

가톨릭 전통에서 권위

옛 신앙을 따르는, 이제 교파적 의미에서 가톨릭 신자가 된 루터의 반대자들은 이러한 입장을 너무 우매하고 자기 모순적이라고 여겼다. 종교 개혁이라는 사실 자체와 종교 개혁 안에서 이루어진 수많은 분열은, 성경이 스스로를 해석하지 않으며 오히려 그 해석은 대립적이라는 사실을 증명한다. 또한 이러한 사실이 수많은 성경 해석을 통일적으로 규정하는 권위를 요구한다는 반대 의견이 제시되었다. 가톨릭 교회 안에서 이 권위는 '교도직무magisterium'이다. 이 교도직무는 누구보다도 주교들과 그들의 우두머리인 교황에게 주어진다.

초대 교부인 리옹의 이레네우스 Irenaeus of Lyon(135~200년경)에게서 처음 발견되는 **사도 계승**이라는 개념은 가톨릭 교회의 구조와 직무 이해를 구성한다.

교황과 주교들

가톨릭 교회는 주교 원칙과 수위권 원칙 등 이중의 원칙을 지니고 있다. 첫 번째 원칙에 따르면 각 주교는 사도의 후계자로 사도에게 맡겨진 전권을 자신의 지역에서 지닌다. 수위권 원칙에 따르면 교황은 스스로도 주교이지만 로마교회의 우두머리로 특별한 사도인 베드로 사도의 특별한 후계자이다. 3세기 이래 로마의 주교들은 특별한 전권을 주장하기 위해 이 계승을 근거로 제시한다.[78] 세월이 지나면서 로마의 주교들은 통치와 가르침의 권위에서 나타나는 이 우위를 계속 확장했으며, 이 우위는 제1차 바티칸 공의회에서 더 이상 능가할 수 없는 정

사도 계승

'사도 계승' 개념은 주교직 이론을 표시한다. 그에 따르면 여럿으로서가 아니라 홀로 책임을 지는 개별 주교로서 자신의 공동체를 이끄는 주교들은 사도들의 후계자이다. 이 원리에 따르면 사도들로부터 주교들까지의 이어짐에 중단이 없다. 개신교 교회에서는 사도들과의 연결이 무엇보다도 성경과의 결합을 통해서 보장되어야 하는 반면, 가톨릭 교회에서는 (역사적으로 입증되지는 않는) 직무 임명과 안수가 끊임없이 이어진다는 개념이 발전했다. 이 끊임없는 이어짐이 마치 물질처럼 초대 교회와 주교들을 연결함으로써 가톨릭 교회 안에서 주교의 특별한 권위를 정당화한다는 것이다.

점에 도달했다. 제2차 바티칸 공의회 이후 가톨릭 교회 내부의 교도직무(=교도권)는 다음과 같이 규정된다.

기록되거나 전승된 하느님의 말씀, 즉 교회에 맡겨진 신앙의 위탁에 포함되어 있고 아울러 장엄한 교도권이나 또는 통상적이고 보편적인 교도권에 의하여 하느님의 계시 진리로 제시되는 …… 모든 것을 천상적 가톨릭 신앙으로 믿어야 한다.[79]

《교회법전》

정규적인, 비정규적인 교도직무

가톨릭 교회는 수위권에 따라 행사될 수 있는 교도직무뿐만 아니라 합의체적으로 행사될 수 있는 교도직무도 알고 있다. 가톨릭 이해에 따르면 수위권에 따라 교황에게 교회에 대해 정규적이고 보편적인 교도직무뿐만 아니라 비정규적이고 장엄한 교도직무도 주어진다. 교황이 비정규적인 교도직무를 행사할 때, 그는 소위 '사도좌로부터ex-cathedra' 결정을 내린다. 제1차 바티칸 공의회에 따르면 이 결정은 형식상 "개정될 수 없으며"(DH 3074) 내용상 오류가 없다. 또한 보편 공의회도 장엄한 방식으로 오류 없이 가르칠 수 있다. 보편 공의회는 주교단의 비정규적인 교도 기관이고 주교단은 그 머리인 교황 없이 행동할 수 없다. 동일한 것이 합의체적 가르침의 정규적인 형식에도 유효하다. 전 세계에 퍼져 있는 주교단은 이 형식을 통해서 가르치면서 서로를 연결하는 합의체적인 결합을 작동시킨다. 이 또한 교황과 일치하여 있을 때만 가능하다.

신학은 19세기에서 비롯한 교회의 교도직무 구조를 진지하게 받아들여야 하지만 이 구조를 수동적으로 감수해야 할 필요는 없다. 왜냐하면 권위는 우선 신뢰를 기반으로 하기 때문이다. 하지만 신뢰 역시 남용될 수 있고, 실제로 너무 자주 남용된다. 또한 교도직무가 때로는 불안정하게 수행되기도 한다. 이는 다시 신학자들의 비판적인 반응을 야기하며, 이와 똑같이 교도직무도 신학자들을 비판적으로 주시한다.

3. 조직의 교정 요소인 역사적 제약성

무조건적으로 요구되는 교의의 유효성에 마주하는 효과적인 수단은 역사적 연구이다. 역사적 연구는 분명해 보이는 것을 그가 지닌 제약성과 함께 바라봄으로써 그것을 불분명하게 만든다. 개신교 신학자 에른스트 트뢸치Ernst Troeltsch(1865~1923년)는 조직적으로 이 긴장을 숙고하고 이를 '역사적 방법'과 '교의적 방법'이라는 대립으로 표시하도록 시도한 첫 사상가 중 하나였다.

누룩으로서 역사적 방법론

"성서학과 교회사에 적용된 역사적 방법은 모든 것을 변화시키고 결국 지금까지 사용된 신학적 방법론의 모든 형태를 온전히 폭파하는 누룩과 같다."[80] 신학자로 성서학, 교회사, 교의사 등 어떤 틀에든 역사 연구를 수행하는 이는 '전통'과 같은 보편 개념이 방법론적으로 거의 통제되지 않는다는 사실을 확인할 것이다. 전통이라는 개념은 그것이 관련되는 과거보다 그것을 필요로 하는 현재에 관해서 더 많은 것을 말한다. 왜냐하면 전통은, 매우 특정한 현재의 시각으로 과거를 바라보며, 현재를 전승하고 보존할 가치가 있으며 규범적 구속력을 지니는 것으로 평가하는 것이다. 만일 이 시각이 해체되고 다른 빛이 동일한 시대의 동일한 사건 내지 원천에 비친다면 완전히 다른 것이 드러나고 미처 알지 못했던 다중적 의미가 드러난다. 이러한 다중적 의미를 통해서, 전통의 논거로서 흔히 교의적이며 권위적으로 도구화되는 역사는 과도한 명료화를 시도하는 교의적 점거로부터 벗어난다.

에른스트 트뢸치는 신학 내에서 교의 신학적 지침과 역사적 연구 사이의 긴장을 숙고했다.

역사적으로 연구하는 신학자들은(사실 이런 저런 식으로 모두가 역사적 연구를 수행해야 할 것이다) 교의가 주장하는 유효성이 역사를 다루는 가운데 역사적 분석에 대해 면역성을 얻지 않도록, 또 '그럭저럭한 교의 체계'만을 마련할 뿐인 '무뎌짐' 내지 '길들여

짐'의 작용이 나타나지 않도록 보장해야 한다.[81] 왜냐하면 체계화를 시도하는 가운데 발생하는 과도한 단순화의 자세나 지식에 대한 무관심의 자세는 신앙에도 도움을 주지 않기 때문이다.

4. 분석을 통해 얻는 명료함이 신학 진술의 목적

신학이 역사적으로 다중적인 의미를 지니고, 긴장 속에 서로 마주하는 신앙 전승에 관계하며, 신학은 이 신앙 전승을 복합적으로 다루어야 하고, 명료함만을 기준으로 무차별하게 다룰 수 없다는 사실이 부정확한 신학 연구에 대한 변명이 될 수 없다. 신학 언어는 언제나 가능한 명료해야 한다.

유비

하느님의 진술이 자주 **유비적** 방식으로 이루어지기 때문에 이 명료함은 도전이다.

진술의 명료함

신학은 유비적인 진술 없이 이루어지지 않지만, 의속적 유비를 비롯하여 유비를 사용하는 곳에서 신학은 가능한 분명히 진술해야 한다. 왜냐하면 이런 진술에는 불명료함이 내재한다. 이 불명료함이 끝까지 해소되지 않을 것임에도 불구하고 같은 개념을 통해 표시되는 다양한 사실 관계에 대한 입장 표명에서 다의성을 피하기 위해, 이 불명료함은 가능한 한 명료한 일의一義적 개념으로 묘사되어야 한다. 최근 앵글로색슨 지역에서 점차 강화되는, 일의적인 개념의 엄밀한 사용을 적극 요구하는 흐름이 소위 분석 신학이다. 하지만 16세기에서 17세기로의 전환기에 조직 개념을 신학 안에 도입하는 데 결정적으로 중요한 역할을 했던 인물인 바르톨로메우스 케커만도 '분석적 방법'을 말했다. 분석 신학 개념의 다의성을 피하기 위해 케커만이 오늘날 분석 신학자들이 이해하는 것과는 다른 것을 분석 신학으로 이해했다는 설명이 필요할 것이다. 케커만에게 중요했던 것은 실천 학문인 신학의 목표 규정이다. 이로부터 출발하면서 신학 학습 자료가 신학이 목표에 부응하도록 정돈되어야 한다는 것이다. 케커만에 따르면 신학의

유비

유비 개념은 신학에서 세 가지 맥락으로 나타난다. 두 가지 사실 관계의 비례 비교의 관계(1)와 의속적 관계(2), 하느님에 대해 세계가 지니는 존재론적 종속 관계(3)를 나타낸다. 그 예로, 비례적 유비(1)는 '여름은 언제나 그 나날이 따뜻한 만큼만 아름답다.'는 말에 들어 있다. 여름의 아름다움은 여름날의 기온과 비례하며, 더울수록 그 여름은 더 아름답다고 여겨진다. 의속적 유비(2)는 '토마토가 건강하다'는 말에 들어 있다. 건강이 몸의 기능 상태, 영혼의 평온을 의미하는 한에서 엄밀히 말해 토마토는 건강할 수 없다. 건강은 토마토에게 유비적으로만 주어진다. 토마토를 즐겨 먹는 것이 건강에 좋다고 하기 때문이다. 존재가 다양하게 진술되기에 존재의 유비 관념(3)은 아리스토텔레스의 유비 개념을 창조주와 피조물의 관계에 적용한다. 최종적이고 고유한 의미에서 오직 스스로 존재하는 하느님만이 존재한다. 피조물은 하느님이 피조물에게 그들의 몫을 보장하는 만큼만 존재한다. 피조물은 절대적인 존재가 아니라 참여하는 존재만을 소유한다.

목표는 인간을 하느님과의 공동체로 인도하는 것이다. 그렇기 때문에 신학은 인간이 계시 안에서 이루어진 하느님의 구원 활동을 배우는 가운데 하느님으로부터 멀리 떨어진 인간이 신앙을 지니고 다시 하느님께 돌아오도록 하는 구조를 지녀야 한다는 것이다.[82]

분석 신학

오늘날의 분석 신학은 이와는 다른 것을 다룬다. 기본 특징에 따라 분석 신학은 다섯 개의 명령으로 정리될 수 있다.[83] 첫째, 각자는 자신의 입장을, 그것이 도식화되고 삼단 논법에 따라 논의될 정도로 명확하고 분명히 표현해야 한다. 둘째, 정확한 언어와 논리적 일관성에 주의해야 한다. 셋째, 비유적 진술을 되도록 적게 사용하고 조심스럽게 다루어야 한다. 비유가 나올 경우, 반드시 설명되어야 한다. 넷째, 가능하다면 간단하고 일반적이며 분명한 개념으로 연구하는 것이 도움이 된다. 다섯째, 개념 분석과 논리적 검증은 일관적이지 않은 입장이 언제라도 거짓이 된다는 의미에서 '논거의 원천'이 되어야 한다.

분석 신학자가 아니더라도, 또 이 흐름의 일부 추종자들이 다른 종류의 신학 연구를 마주할 때 자주 보이는 "너무 성급히 편견에 사로잡힌 '모르쇠'의 자세"를[84] 부자연스럽게 느끼는 이들도 분석 신학에서 자신의 고유한 연구를 위한 중요한 자극을 얻을 수 있다. 분석 신학은 언어적 분명함과 엄밀함을 촉구한다.

무엇보다도 비유의 과도한 사용을 피해야 한다. 이러한 수사학적 형식은 신앙의 언어에 적합하지만 신학이 신앙과 같지는 않기 때문에 숙고 없이 신학으로 넘어오는 것이 아니라, 적어도 그 내용의 주요 측면이 단순하고 비유적이지 않은 언어로 표현될 정도로 해독되어야 한다. 이 과정에서 상像이 그 다의성 속에서 나타내는 바 모두가 해독될 수 없다는 사실은 명확하다. 하지만 바로 이것이 신학 연구를 흥미롭게 한다. 해석의 필요성과 종교적 확신을 문제화할 지속적인 불가피성이 신학을 더욱 엄밀함을 향해 노력해야 할 긴장된 문제로 만든다.

5. 진리 주장 — 그 불가결성과 한계

신앙 확신의 진리 주장은 적어도 교회가 선포하는 그리스도교 신앙의 맥락에서 세 가지 특징을 지닌다. 이 특징은 실재적일 것, 절대적으로 유효할 것, 배타적으로 유효할 것을 요구한다.

실재적, 절대적, 배타적

실재적 존재론 개념은, 누구도 그것이 그렇다는 사실을 알지 못하고 주장하지 않아도 **그러한** 사실 관계가 있다는 사실에서 출발하는 이론들과 관련된다. 즉 실재론은 사고와 무관한 존재가 있다는 사실에서 출발한다. 하지만 이 실재론은 "존재하는 것의 획일화된 전체가 있다."[85]는, 그로부터 더 나아간 논제와 혼동되어서는 안 된다. 실재적 존재론은 인식 이론에 영향을 미친다. 주장하는 진술이나 단언적인 진술이 세상에 있는 어떤 것이 그렇다고 할 때, 그리고 그 안에서 주장되는 사실 관계가 실제로 **그러할** 경우 이 진술이 정확히 참이라고 할 때, 이 진술은 주장의 행위에서 절대적 유효성을 요구한다. 즉 단순히 사물 관계의 상대성으로부터가 아니라 무엇이 자체로 사실인가를 주장한다. 하지만 이러한 진술은 동시에 그에 반하거나 모순되는 주장이 그와 동시에 참일 수 없고 그렇기 때문에 양가兩價 논리의 틀에서 오류이어야만 한다는 의미의 배타성을 요구한다.

구체적으로 말하자면 "하느님은 세계의 창조주이시다."라는 문장이 참이라고 그리스도교 신앙이 주장할 때, 설령 이 신앙 고백을 말할 수 있는 사람이 아무도 없다고 할지라도 하느님은 세상의 창조주이라는 것이 주장되며(실재론), 하느님이 만물의 창조주로 고백되기에 이 문장이 그 자체로 참이라고 주장되며(절대론), 이 주장에 반하거나 모순되는 진술이 동시에 그와 함께 참일 수 없다는 사실이 주장된다(배타론).

신학적 인용 및 그에 따르는 난점

인식의 습득

절대성과 배타성을 요구하며 등장하는 진리 주장은 본래 신앙에 관련된 것이 아니며 이 두 개념의 느낌(절대적이고 배타적인 진리 주장은 흔히 비관용적인 것으로 받아들여진다)이 암시하는 것과 다르며 원칙적으로 문제가 될 것이 없다. 왜냐하면 모든 단언적이거나 주장하는 진술은, 달리 표현하자면, 무언가를 진술하는 모든 진술은 배타성을 요구하고 상대성 철학의 맥락에 있지 않다면 일반적으로 절대성도 요구한다.[86] 즉 여기서는 인식의 습득을 말한다. 예를 들어 천체 물리학자가 "지구는 둥글다."라고 말한다면 그는 이로써 실제로 그렇다고, 누가 그것을 주장하는가와 무관하게 그렇다(실재론)고 진술을 하는 것이다. 왜냐하면 지구는 사람들이 지구가 평면이라고 일반적으로 생각하기 전에도 둥글었기 때문이다. 천체 물리학자가 어떤 사물 관계에 대한 상대성으로부터만이 아니라 자체로 그러한(절대론) 어떤 것을 진술한다고 주장하기 때문에 그는 그에 반하거나 모순되는, 그것과 논리적으로 일치할 수 없는 모든 진술이 거짓이어야 한다는 배타성을 동시에 주장한다. 구체적으로 말하자면 "지구가 둥글다."는 진술이 참이라면 "지구는 평면이다."는 진술은 거짓이어야 한다. 왜냐하면 지구가 둥근 동시에 평면일 수 없기 때문이다.

입장 표명에 대한 입장 표명과 사실 관계에 대한 입장 표명

단순히 신앙 공동체가 믿는 바를 분석하는 실증적 측면의 신학은 자신의 대상을 다루는 다른 모든 학문과 똑같이 절대적이고 배타적인 진리 주장에 아무런 문제가 없다. "가톨릭 교회는 예수 그리스도가 하느님의 아들이라고 고백한다."라는 문장은 그 자체로 그러한 바를 주장하고, 그렇기 때문에 "가톨릭 교회는 예수 그리스도가 하느님의 아들이 아니라고 고백한다."라는 문장과 같이 그와 논리적으로 반대가 되는 주장은 거짓이어야 한다. 이 예는 문제가 없다. 왜냐하면 여기서 어떤 사실 관계에 대한 입장 표명에 대한 입장이 표명되기 때문이다. "가톨릭 교회는 예수 그리스도가 하느님의 아들이라고 고백한다."라는 진술은 교회 신앙 고백을 들여다보면 금방 알 수 있듯이 쉽게 참으로 입증된다. 이 진술은 하느님이 존재하지 않거나 하느님에게 아들이 없다고 할지라도 참일 것이다. 왜냐하면 이 문장에서 제기된 진리 주장은 하느님의 존재나 교회에 의해 고백되는 예수의 하느님의 아들됨이 아니라 예수 그리스도가 하느님의 아들이라고 교회가 고백한다는 사실에 관계되기 때문이다. 신학의 실증적인 차원에 고유한 것처럼 이 문장에는 사실 관계에 대한 입장 표명이 아니라 어떤 사실 관계에 대해 표명된 입장에 대한 입장 표명이 담겨 있다.

사변 신학

그러나 신학자는 늘 확정적으로도 공동체에 속하기 때문에, 또한 그 공동체에 관련된 사실을 담고 있는 입장 표명에 대해 신학자가 실증적으로 진술하기 때문에 사변 신학의 진리 주장은 어떻게 되는가 하는 질문이 제기된다. 사변 신학은, 교회는 예수 그리스도가 하느님의 아들이라고 고백한다는 사실을 주장할 뿐만 아니라 예수가 하느님의 아들이라고 직접 주장한다. 여기에서도 신학은 불가피하게 절대적이고 배타적인 유효성 주장을 해야 한다. 하지만 이 유효성 주장은 다음 장에서 드러나는 바와 같이 하느님 존재의 실재가 불확실하게 남기 때문에 **가능성**에만 관계된다는 중요한 차이가 있다. 하느님은 존재하지 않을 수도 있다. 하지만 사변 신학의 진술이 하느님이 존재할 때만 참일 수 있지만 하느님의 존재는 증명될 수 없으므로 한꺼번에 거짓일 수 있다. 하느님이 존재한다는 가정에 근거하는 사변 신학이 이성적으로 증명 가능한 것의 영역을 벗어나고자 하지 않는다면 이 사실을 진지하게 고려해야 한다. 다시 한 번 정리해 보자. "가톨릭 교회는 예수 그리스도가 하느님의 아들이라고 고백한다."는 문장은 설령 하느님이 존재하지 않는다고 할지라도 참인 반면 "예수 그리스도는 하느님의 아들이다."라는 문장은 하느님이 존재하지 않는 경우에 거짓이다. 하지만 하느님이 존재한다는 것은 증명되지 않고 희망될 뿐이다. 그러므로 사변 신학은 가능성의 숙고를 벗어나지 않는다. 이 사실을 사변 신학은 겸허히 기억해야 할 것이다. 이러한 자세가 어떻게 드러날 수 있는지, 또 신학이 자만할 경우 어떤 일이 일어나는가가, 현재 폭넓게 받아들여지거나 부분적으로는 논란의 여지와 함께 받아들여지고 있는 두 가지 출발점을 통해 스케치될 수 있을 것이다.

가능성과 이론의 여지가 있는 실제

마치 하느님이 당신 자신을 계시한 듯이

토마스 프뢰퍼Thomas Pröpper(1941~2015년)의 출발점은 교의적 방법이 가정적으로 사용되는 예가 된다. 프뢰퍼의 신학은 "마치 하느님이 당신 자신을 계시한 듯한etsi deus se ipsum revelantis"[87] 관점에서 세상을 바라본다. 이 라틴어 구절은 법학자 후고 그로티우스Hugo Grotius(1583~1645년)의 것으로 간주되는 '마치 하느님이 계시지 않는 듯한etsi deus non daretur'이라는 문장의 변형이다. 이 문장으로 그로티우스는 '설령 하느님이 계시지 않는다고 할지라도' 자연법이 유효하다는 사실을 분명히 하고자 했다.

그러므로 사변 신학은 하느님이 존재하지 않을 가능성을 염두에 두면서도 하느님이 계신 듯 세상을 숙고하는 실험을 시도한다. 프뢰퍼는 하느님이 당신 자신을 계시하며 인간에게 역사적으로 말을 건넨다는 생각을 자신의 사고의 출발점으로 삼는다. 그의 교의 신학은 이 생각 안에서 '진술을 조직하는 중심'을 찾는다. 이 중심에서 모든 논의는 '같은 근거와 대상을 지닌다.' 그러한 이유에서 논의의 다양성은 "하느님의 자기 계시로 이해된 신앙의 유일한 기본 결과가 숙고되고 논의되는 관점으로부터만 도출될 수 있다."[88] 자기 계시 관념은 하느님 존재 가능성 아래 세계를 숙고하기 위한 프뢰퍼의 출발점이다. 프뢰퍼는 "인간은 하느님이 말을 걸 수 있는 그런 존재이며, 아마도 사후事後에야, 즉 계시가 선포되고 은총을 수용한 다음에야 비로소, 하지만 이성적이고 철학적인 엄밀한 방식으로 자신이 그러한 존재라는 사실이 자신에게 드러내도록 한다."는 사실에서 출발한다.[89] 가능성의 양식에서 사변 신학을 숙고한다는 것은 제멋대로 한다는 것을 의미하는 것이 아니다. 여기에서도 논리 정연하고 철저한 사고가 요구된다. 하느님의 존재가 가정으로 남는다는 고유한 전제를 이 사고가 증명할 수 없다는 통찰이 이러한 사고의 귀결에 선행한다.

급진 정통주의

소위 '급진 정통주의Radical Orthodoxy'는 훨씬 덜 유보적으로, 그리고 필자의 어림으로는 매우 급진적으로 교의적 방법론을 사용한다. 여기서 '정통' 개념은 교파적 의미에서 사용되지 않기 때문에 동방 교회와 무관하며 자구적 의미에 따라 단순히 '올바른 신앙'을 의미한다. 이러한 의미에서 올바른 신자는 올바른 것을 올바로 믿는 사람이다. 미국에서 일어난, 특히 보수적 성공회와 복음주의적 환경에서 탄생하고 가톨릭 신학 안에서도 추종자를 지니는 '급진 정통주의'라는 집단적인 운동은 근대 이성 비판을 통해, 특히 신학 안에서 역사적 방법론의 사용을 통해 야기된, 외견상 확실함이 입은 충격을 극복하고자 시도한다. '급진 정통주의'의 설립 선언으로 여겨질 수 있는, 기본 방향을 제시하는 모음집으로부터 몇 단락을 인용한다.

수백 년 동안 세속주의가 세계를 정의하고 구성했다. 이 세계에서 신학적인 것은 이름이 더럽혀졌거나 개인의 선호에 따라 이루어지는 무해한 여가 활동으로 변했다. …… 이 에세이 모음집은 관심사와 활동을 신학적 틀 안에 집어넣으면서 세계에 반환을 청구하고자 시도한다. 모음집은 향수에 젖어 과거로 향하지 않고 세속주의가 많이 투자한 미학, 정치, 성性, 몸, 인격성, 가시성, 공간 등의 주제를 다루며 그리스도교 관점으로부터 삼위일체, 그리스도론, 교회, 성찬례 등에 대한 입장 표명을 통해서 그러한 여러 주제의 위치를 설정한다. ……

이 새로운 신학의 출발점이 '급진 정통주의Radical Orthodoxy'라는 표제 하에 정리될 수 있다. '정통orthodox'과 '급진radical'은 무엇을 의미하는가? 정통은 가장 직접적인 의미에서 신앙 고백과 교부들로부터 비롯된 고백의 기원을 보장하는 그리스도교에 대한 충실함으로 이해된다. 하지만 정통은 더 특별히 더 풍성하고 일관된 그리스도교를 얻고자 힘쓰는 것을 말한다. 그리스도교는 중세 이래 점점 사람들의 관심 밖으로 물러났다. ……

'급진'은 우선 교부들과 중세의 뿌리로, 특히 모든 지식은 신적인 조명의 덕분이라는 아우구스티누스의 생각으로 되돌아가는 것이다. …… 두 번째로 급진은 지금까지 없었던 대담함을 가지고 현세 사회, 문화, 정치, 예술, 학문, 철학을 조직적으로 비판하기 위해 새로이 발견된 이 이상을 사용하고자 하는 시도이다. 세 번째 의미에서 급진은 이러한 참여를 통해 전통도 재고되어야 한

다는 통찰이다.[90]

존 밀뱅크 외, 《급진 정통주의. 새로운 신학》

신적인 조명?

간략히 소개된 내용에서 드러나듯이 '급진 정통주의'는 사악한 세속주의가 그리스도교 신앙을 몰아냈으며 상실한 영토의 재정복이 좋은 신학이라는 문화 비관주의적 입장에서 출발한다. 사회, 문화, 학문의 삶 등 모든 영역에 대한 그리스도교 신앙의 포괄적인 주도권이 목표로 이해된다. 게다가 고대 교회와 중세가 이상적인 그림으로 이용되어야 한다. 하지만 중세 말에 통일된 그리스도교 문화가 붕괴되었음에도 거기에로 '지금까지 없었던 대담함으로unprecedented boldness' 복귀해야 한다는 것이다. '전통'으로 표시되는 바 역시 역사학과 자연 과학에서 기인하는 최근에 얻어진 통찰에 직면해서 '재고再考'되어야 한다는 사실이 간략하게만 암시된다. '급진 정통주의'는 이와 같이 교의적 방법론을 과도하고 우매하게 사용한다. 교의 가르침의 이상적인 위치가 역사적으로 정확히 확인될 수 없음에도(적어도 중세는 아니라는 사실에도) 불구하고 그러한 이상적 위치가 반론의 여지없이 신학적 사고의 기저에 놓인다. 이러한 구상은 '모든 지식은 신적인 조명 덕분'이라는 관념을 통해 인식론적인 보장을 얻고, 하느님이 존재하지 않을 가능성은 전혀 고려되지 않는다. 왜냐하면 하느님이 몸소 신학자들을 조명하기 때문이라는 것이다. 하지만 이러한 생각은 여기서 높이 찬양되는 중세에서도 매우 논란의 여지가 많았다. 중세는 조명론의 철저한 반대자도 알고 있었다. 그리스도교 신앙 역사와 하느님의 존재에 관한 곤란한 질문을 다룰 때 이러한 아무 생각이 없는 태도가 정당화될 수 없다는 사실이 다음 장에서 심도 있게 다루어질 것이다.

> **핵심 정리**
>
> 특별한 '신학적' 방법론은 없고 신학이 사용하는 여러 방법론이 있을 뿐임에도 불구하고 신학은 방법론의 혼합 그 이상이다. 신학은 다양한 토픽(논거, Topoi)을 질문함으로써 자신이 대상으로 삼는 공동체 신앙 확신을 실증적으로 검증하고, 가톨릭 교회뿐만 아니라 개신교 교회에 상이한 방식으로 존재하는 교도 권위가 제시하는 바에 대해 확정적인 태도나 문제화하는 태도를 취하고자 시도한다. 또한 신학은 자기 이해 안에서 이 권위를 분석하고 또 비판해야 한다. 역사적 연구는 과도한 단순 명료화를 피하고 역사적으로 발전한 신앙의 다양성을 의식적으로 유지하도록 한다. 하지만 이 사실은 논제에 대한 논리적 검증이 가능하도록 명료하고 분명하고 엄밀하게 진술하는 신학의 의무를 경감하지 않는다.

제6장

이성과 하느님에 대한 질문

들어가며

그리스도교 신앙은 하느님을 **신앙**하고 신학은 이 신앙에 대한 이성적 숙고를 해야 하기 때문에 신학은 신앙의 대상을 자신의 가능한 대상으로 만들어야 한다. 또한 이성이 자기 능력으로 하느님에 관한 어떤 것을 어느 정도까지 말할 수 있는지 자문해야 한다. 우선 여기에서는 신앙과 이성의 관계를 숙고하고 이어서 하느님의 존재를 이성의 수단만으로 제시하는 시도를 비판적으로 검토하고자 한다.

1. 이성과 신앙 — 그리스도교 신학이 지닌 하나의 기본 주제에 대한 여러 변주

가톨릭 교회 지도자들은 특히 그리스도교 신앙이 얼마나 이성적인가를 즐겨 강조한다. 그리스도교의 핵심은 신적인 이성인 영원한 로고스가 인간으로서 역사 안에 자신을 드러냈다는 것이다. 그렇기에 그리스도교 안에서 신앙과 이성은 유일회적인 종합을 이루었다. 또한 그 때문에 그리스도교는 다른 여러 종교 가운데 하나가 아니며, 상대적인 종교로 가득 찬 바다에 있는 절대적인 종교도 아니며, 이성 자체의 보증이라는 것이다. "그리스도교 신앙은 첫 수백 년 동안 계몽에서, 즉 예식에 집중하는 경향의 종교를 거슬러 이성의 운동에서 자신의 역사를 찾았다." 그러므로 이 신앙은 종교라기보다 계몽으로 이해되며 신앙 안에서 드러나는 "이성을 향한 의지"는 "그리스도교의 본질", 즉 그 핵심에서 그리스도교를 이루는 바에 속한다는 것이다.[91]

역사적 말썽

이러한 진단이 가감 없이 정확하다면 좋겠지만 유감스럽게도 현재나 역사적으로나 그렇지 않다. 오늘날 가톨릭 교회 역시 비이성적인 입장과 행위에서 자유롭지 않고 역사상 신앙과 이성의 종합이 그리스도교에 처음부터 주어진 것이 아니라 뒤죽박죽 이루어진 역사적 과정의 결과이다. "그리스 사고와 성경의 신앙이 초기 교회에서야 비로소 만난 것이 아니라 성경의 길 자체에서 만났다."[92]는 말은 틀리지 않지만 선별적인 관찰이다. 물론 바오로 사도는 "하느님에게 관하여 알 수 있는 것이 이미 사람들에게 명백히 드러나 있습니다. 사실 하느님께서는 그것을 그들(=사람)에게 명백히 드러내 주셨습니다. 세상이 창조된 때부터 하느님의 보이지 않는 본성을 …… 조물을 통하여 (이성으로) 알아보고 깨달을 수 있게 되었습니다."(로마 1,19-20)라는 주장으로 본성과 이성에 기초한 신학 발전의 가능성을 제시했다.

동시에 이 신학은 하느님 계시의 신앙에 대한 반성적인 관계 안에 자리할 수 있었다. 요한 복음서 저자가 창조의 구상에 사용되는 신적인 이성인 로고스를 나자렛 예수 안에 육이 되도록 하면서(요한 1,14 참조) 그는 독자들에게 예수를 따르면서 이 로고스에 따라 살 사명을 부여한다.

하지만 바오로 사도는 다른 말도 한다. "세상은 하느님의 지혜를 보면서도 자기의 지혜로는", 즉 인간에게 고유한 지혜로는 알아보지 못했기 때문에 하느님은 어리석음을 통해 사람들을 구원하기로 결정하셨다. "하느님께서는 지혜로운 자들을 부끄럽게 하시려고 이 세상의 어리석은 것을 선택하셨습니다."(1코린 1,21-27 참조)

본성적인 인식, 인간의 지혜, 철학적 사고에 비판적인 그리스도교 사고의 출발점은 첫 수백 년 동안 이성과 철학에 우호적인 그리스도교 신앙의 숙고 형태와 격렬한 논쟁을 벌였다. 고대 후기에 가서야 비로소 이 논쟁의 승자가 후자로 결정되었다. 하지만 이방의 수사학 문헌이 어느 정도까지 그리스도교적으로 사용될 수 있는지 논의되었을 중세까지도 이 논쟁의 흔적은 남아 있었다.

테르툴리아누스 — 아테네와 예루살렘

주요 저술가와 그의 철학 비판

초기 그리스도교에서 철학에 비판적인 흐름의 대표자로 테르툴리아누스가 유명하다. 그는 초기 교회의 분파이자 결국 주류 교회로부터 떨어져 나간 몬타누스파에 가까웠기 때문에 후대 역사 서술에서 푸대접을 받았다. 그럼에도 불구하고 그는 아무리 강조해도 지나침이 없는 중요한 저술가이다. 그는 삼위일체론의 표현, 신적인 본질과 세 위격의 구분, 성사 개념 등 라틴 그리스도교의 핵심 개념을 창안했거나(예를 들어 삼위일체를 지칭하는 '트리니타스trinitas'는 셋을 뜻하는 '트레스tres'와 일치를 뜻하는 '우니타스 unitas'의 인공적 합성어이다) 적어도 이 개념들이 그리스도교 안에서 사용되도록 변형했다.

그러므로 테르툴리아누스는 고대 교회의 주변 인물이 아니라 핵심 인물이었다. 고대 교회는 후대에 고정적 표현이 되는 다음의 질문을 던졌다. "도대체 아테네가 예루살렘과 무슨 상관이 있는가?" 여기서 아테네는 그리스 철학의 동의어로, 예루살렘은 계시 종교인 유다교의 동의어로 사용되는데, 교회는 자신이 이 계시 종교를 합법적으로 계승한다고 이해했다. 이에 대한 테르툴리아누스의 대답은 명확하다.

아테네가 예루살렘과 무슨 상관인가? 학원(아카데미아)이 교회와 무슨 관계가 있는가? 이단자가 그리스도인과 무슨 상관이란 말인가? 우리의 가르침은 솔로몬 주랑에서 비롯되었다. 솔로몬은 주님을 단순한 마음으로 찾아야 한다고 가르쳤다. 원한다면 마음대로 스토아 철학적 그리스도교, 플라톤 철학의 그리스도교, 변증법적 그리스도교를 일으켜라. 하지만 우리는 예수 그리스도 이래로 더 이상 연구할 필요가 없고 복음이 선포된 이래로 더 이상 탐구할 필요가 없다. 우리가 믿는다면 신앙을 넘는 그 이상의 것을

아무것도 바라지 않는다. 우리가 믿는 것이 으뜸이기 때문이다. 우리가 신앙을 넘어 더 믿어야 할 것은 더 이상 없을 것이다.[93]

테르툴리아누스, 《이단자에 대한 항고》

계시에 맞서는 철학

테르툴리아누스는 아테네, 모든 철학 학파의 제유법提喩法 표현인 플라톤의 아카데미아, 이단자 등과 예루살렘, 교회, 그리스도인 사이의 이원성을 말한다. 테르툴리아누스에 따르면 양측은 공통점이 전혀 없고 적대적으로 마주한다. 그는 스토아 철학과 플라톤 철학과 변증법적 개념으로 표현되는 그리스도교를 거부한다. 그에 따르면 연구와 철학적 탐구는 신앙을 넘는 그 이상의 아무것도 요구하지 않는 복음을 통해 불필요하게 되었다. 철학에 몰두하는 것은 쓸모없을 뿐만 아니라 위험하기까지 하다는 것이다. 테르툴리아누스는 철학자들을, 감동적으로 거짓만을 가르치는 윤리적으로 타락한 사람이라고 지칭했다.

오늘날의 관점에서 문제가 있는 초기 그리스도교의 반철학적 성향에 대해 침묵하는 것은 솔직하지 않을 것이다. 흔히 단언되는 그리스도교 내의 신앙과 이성 사이의 종합은 그리스도교의 본질적 특성으로 처음부터 주어지지 않았으며 이 종합은 고대 교회의 역사적인 성과이다. 이 역사적 성과는 수백 년 후에야 규범적으로 드러났다. 이 수백 년 동안 그리스도교적 확신을, 특히 중기 플라톤주의와 신플라톤주의에 의존한 철학적 개념을 통해 표현하는 것이 비로소 이루어졌다. 그래서 철학적 개념이 복음에 부합하며 이단자를 물리치며 이성적으로 근거될 수 있는 것으로 이해되었다. 고대 후기의 이러한 종합은 히포의 아우구스티누스에게서 정점에 이르렀다.

아우구스티누스 — 성경과 플라톤주의자들의 서적

이방 세계 교육에 대한 관계

스스로 매우 높은 교양을 갖춘 사람으로서 법률적 문제뿐만 아니라 철학적 문제에 정통했고 수사학적 소양을 갖추었던 테르툴리아누스가 그런 반철학적 장광설을 했다는 것은 아이러니하다. 그는 그리스도교 신앙을 숙고하고 방어하기 위해서 이러한 지식을 사용했지만 이방 세계 교육의 가치를 명시적으로 인정하려 하지 않았다. 이 사실에서 그는 오리게네스나 순교자 유스티누스와 같은 일부 동시대인과 사상가로부터 구분될 뿐만 아니라 3세기 이래 뚜렷해졌으며 그리스도교 신앙과 특별히 플라톤주의에 의해 각인된 철학 사이를 최종적으로 연결시킨 발전과도 대조를 이룬다. 아우구스티누스에게서 이러한 연결이 명시적으로 인정되었고 그러한 연결에 대한 반성이 정점에 달했다. 회의적 태도와 마니교와 신플라톤주의를 거쳐 마침내 그리스도교에 도달했고, 성경 이후 시대 저술가 중 누구보다도 큰 영향을 그리스도교에 끼쳤던, 철학적 교양을 갖춘 수사학자인 아우구스티누스는 자신의 교육 과정과 신앙 여정에 대한 자서전적 숙고를 이방 세계 철학과 그리스도교 신앙의 관계에 대한 원칙적인 숙고와 연결시켰다.

왜냐하면 당신은 [즉, 하느님은] 어떤 사람이, 비록 자만심에 부풀러 있었지만, 그리스어에서 라틴어로 번역한 플라톤 학파의 일부 서적을 저에게 마련해 주셨습니다. 그 책에서 저는 글자 그대로는 아니지만 그 의미에 따라서는 다음과 같은 바를 읽었습니다. 그것은 여러 이유에서 신뢰할 만했습니다. "태초에 말씀이 계셨고 말씀은 하느님 앞에 계셨는데 말씀은 하느님이셨다. 이 말씀이 태초에 하느님 앞에 계셨다. 모든 것이 이 말씀을 통하여 생겨났고, 생겨난 것치고 이 말씀 없이 생겨난 것은 아무것도 없다. 그분 안에 생명이 있고, 생명은 사람들의 빛이었다. 그리고 그 빛이 어둠 속에서 비치고 있지만 어둠은 그분을 깨닫지 못하였다." 하지만 저는 "그분이 당신 땅에 오셨지만 당신의 사람들이 그분을 맞아들이지 않았다. 사람들이 그분을 받아들이는 그만큼, 그분의 이름을 믿는 이들에게 하느님의 자녀가 되는 권한을 주셨다."는 내용을 거기서 읽지 못했습니다. 하느님, 또 말씀이 "육신이나 혈통에서 난 것이 아니고 남자의 의사에서나 육신의 의사에서 난 것이 아니라 하느님에게서 났다."는 내용은 제가 거기서 읽

었지만 "말씀이 살이 되시어 우리 가운데 사셨다."는 것은 거기서 못 읽었습니다. 그 여러 서적에서 다양하고 다채로운 방식으로 "아드님께서는 아버지의 형상으로 계시지만 하느님과 동등함을 노획물로 여기지 않으셨다." 왜냐하면 본성에 따라 그런 분이셨기 때문이라는 진술을 읽었습니다. 그러나 "오히려 당신 자신을 비우시어 종의 형상을 취하시고 사람들과 비슷하게 되셨다. 이렇게 천성으로 사람처럼 나타나 당신 자신을 낮추셨고 죽음에 이르기까지, 십자가 죽음에 이르기까지 순종하셨다. 그러므로 하느님께서도 그분을 죽은 이들 가운데서 드높이 올리시고 모든 이름 위에 있는 이름을 그분께 주셨다. 그리하여 예수님의 이름에 하늘과 지상과 지하에 있는 자들의 무릎을 꿇고 주 예수님이 하느님 아버지의 영광 안에 계심을 고백하기에 이르렀다."는 내용을 그 여러 서적에서는 전혀 모르고 있었습니다.[94]

아우구스티누스, 《고백록》

영원한 존재와 역사적 활동

아우구스티누스는 그리스도교 신앙과 신플라톤주의 철학 사이의 관계를 정확히 규정한다. 그는 요한 복음서 서문(요한 1,1-14 참조)과 필리피 신자들에게 보낸 서간의 찬가(필리 2장 참조)에서 출발하며 이를 그에 관해서 철학에서 찾은 바와 비교한다. 우선 그는 일치를 확인한다. 신앙뿐만 아니라 철학도 하느님을 말한다. 철학이 이성의 인식을 기반으로 하는 것에 비해서 신앙은 하느님에 대한 인식을 계시로부터 얻는다. 둘은 형이상학의 대상으로 하느님을 다루는 사실에서 일치한다. 둘 다 하느님의 존재를 확신하며 하느님의 존재적 구조를 어느 정도 통찰한다고 주장한다. 그리스도교 신앙은 이 통찰을 삼위일체적으로 증언하고 신플라톤주의 철학은 이 통찰을 삼원적으로 사유한다. 그러므로 유일하고 영원한 하느님의 존재와 본성을 다루는 곳에서 신앙과 (신플라톤주의적 사고 안에 있는) 이성은 일치한다.

그럼에도 불구하고 아우구스티누스에게는 이성이 통찰할 수 있는 바를 넘어서는 영역이 있다. 영원한 로고스가 살이 되어 사람이 되었으며 자신을 낮추고 죽어 부활했다는 내용을 아우구스티누스는 플라톤의 책에서 읽지 않았다고 증언한다. "모든 존재하는 것을 규정하는 형이상학적" 원칙인 로고스가 아니라 "사람이 되어 이 세상에 온" 로고스가 언급되는 곳에서 이성은 한계에 부딪힌다. "구체적으로 역사에 등장하는 로고스의 인식, 즉 예수 그리스도를 하느님의 아들로 인정하는 것은 지식에서가 아니라 오직 신앙 안에서만 이루어진다. 철학은 지식을 얻기 위해서 노력한다. 왜냐하면 이 지식이 역사적인 개별 사실이 아니라 항상 보편적인 것, 원칙을 다루기 때문이다."[95] 하지만 그리스도교는 나자렛 예수 안에서 이루어진 하느님의 육화에 대한 신앙 안에서 역사적 사실, 즉 예수의 삶과 죽음의 역사에 매여 있다. 형이상학적 기본 전제에서 그리스도교가 철학과 일치할 수도 있겠지

베네치아 마르코 대성당 세례당 모자이크에 그려진 아우구스티누스. 그는 그리스도교 신학과 신플라톤적 사고의 종합을 위해 중요한 역할을 수행했다. 아마도 성경 이후 시대의 저술가 중 아우구스티누스만큼 그리스도교에 큰 영향을 끼친 사람은 없을 것이다.

만, 그리스도교는 그 기본 전제에 국한되지 않고 구세사적인 고백에서 순수 철학 인식 및 보편화를 목표로 삼는 인식이 접근할 수 있는 바를 넘어선다.

아우구스티누스가 신플라톤주의 철학의 예에서 보여 준 바가 신앙과 이성의 관계에 보편적으로 적용될 수 있는가 하는 질문이 이에 이어진다. 다시 말해, 이성 개념에 대한 정확한 규정 및 그 개념이 그리스도교 신앙의 고유성과 지니는 관계가 탐구된다.

이성과 지성

일상 언어에서 이성, 지성, 합리성 등의 개념은 자주 동의어로 사용된다. 하지만 자세히 살펴보면 그렇지 않다. 독일어를 철학적 전문 용어로 각인한 주요 인물 중 하나인 크리스티안 볼프 Christian Wolff(1679~1754년)는 당시까지의 관행을 부분적으로 바꾸면서까지 라틴어 '인텔렉투스intelectus'를 '지성Verstand'으로, '라티오ratio'를 '이성Vernunft'으로 번역했다. 볼프는 인텔렉투스 내지 지성으로 "가능한 것을 명확히 제시하는 능력"을, 라티오 내지 이성으로 "진리의 맥락을 통찰하는 능력"을 이해했다.[96]

개념과 관념

이와 같은 결정에 따르면 개별 사실을 보편 개념에 편입시키는 추상 활동은 지성의 활동으로 파악되는 반면에, 이성의 과제는 지성을 통해 이성에 제시된 개념을 관념의 맥락에 편입시키는 것이다. 물론 이러한 구분은 인위적이다. 왜냐하면 지성과 이성이 모두 인간이 지닌 유일한 인식 능력에 근거하기 때문이다. 하지만 이러한 세분화는 연구를 위한 구분으로서 도움이 된다. 왜냐하면 이 세분화가 인식 활동의 다양한 차원을 말하기 때문이다. 지성이 자신에게 감각적으로 주어진 소재의 다양성을 개념의 단일성으로 이끄는 반면, 이성은 개념의 다양성을 관념의 단일성으로 엮는다. 다시 말해, 지성은 자신이 발견한 바를 (감각적으로가 아니라) 지성적으로 분류하고 그것을 개념화하려고 노력하는 반면 이성은 자신에게 개념적으로 소개된 바의 전체를 합리적으로 숙고한다. 테오도르 아도르노Theodor W. Adorno(1903~1969년)는 차이를 다음과 같이 명료하게 요약한다. 지성은 '어떤 하위적인 것'이고 '일종의 관리적 사고'를 보여 준다. 왜냐하면 지성은 '소재적인 것에 관계되고', "그것들을 정리하고 구분하고 통일하는 역할을 하기 때문이다. 지성은 주어진 것이 이미 지니는 구성 방식 set up 안에서의 기능에 제한된다." 이와 반대로 이성은 "다시 한 번 지성과 그 이용에 대해 숙고하고 이러한 이용이 지성이 스스로에게 부여하는 여러 목적의 의미에서 더 높은 성질의 것인지의 여부를 판단하고 결정한다. 그러면 대상의 선택과 대상에 대해 내려지는 규정도 이러한 각각 주어진 것의 제한성을 넘어서는 표상에 따라 측정된다. 사회적 경험에 비추어 다음과 같이 말할 수 있을 것이다. 근본적으로 그 배경에는 우리가 이해력이 있는 사람으로서 우리 스스로를 유지하기 위해 지니는 기능에 국한되는 인식, 그리고 우리가 이러한 자기 유지 및 그와 관련된 모든 것을 넘어 숙고하는 여러 기능 사이에 차이가 있을 뿐이다."[97]

간략히 소개된 지성과 이성 사이의 구분은 이미 소개된 신학의 두 과제에 상응한다. 신학 연구의 실증적 차원이 그리스도교 신앙의 소재를 정리하고 그 소재를 개념화하려 중점적으로 시도하는 반면, 이성은 신학 연구의 사변적 차원에서 자신에게 개념적으로 주어진 것과 간격을 유지하면서 그것의 전체적인 정당성을 묻는다. 신앙과 지성 및 이성 사이의 관계는 다음과 같다. '~에 대한 신앙'으로서 신앙이 지향적으로 규정되는 한에서 지성의 활동은 신앙에 선행한다. 왜냐하면 이해되지 않은 것이 신앙될 수 없기 때문이다. 전문적으로 표현하자면 '신앙의 지성intellectus fidei'은 '신앙의 활동actus fidei'의 기초가 된다. 하지만 이성은 지성이 정리한 것을 믿는 것이 과연 해명될 수 있는가 여부를 묻는다. 여기서 오늘날의 이성은 아우구스티누스의 신플라톤주의 적 맥락에서보다 훨씬 덜 낙관적이다.

2. 하느님은 지식의 대상인가?

지식과 증명

지식은 인식의 최고 형태이며 가장 확실한 형태이다. 인식이 그것이 참되다는 확실함을 갖추었을 때 사람들은 그것을 지식이라고 한다. 인간이 하느님에 대한 지식을 얻을 수 있는가 여부가 질문될 때, 하느님이 신앙될 뿐만 아니라 엄밀한 의미에서도 인식되어 인간 지식의 대상이 될 정도로 그의 존재와 일부 특성을 확실히 하는 인식의 형태가 있는지가 탐구된다. 철학사와 신학사에서 이 질문에 긍정적으로 답하는 시도들이 '신 존재 증명'으로 불린다. 엄밀한 의미에서 증명은 이론의 여지가 없는 논증을 말한다. 증명을 거부하는 사람은 필연적으로 참된 인식을 외면한다. 따라서 하느님이 증명된다면 자신의 이성 내지 지성을 올바르게 사용하는 모든 사람은 하느님이 계시다는 결론, 더 이상 믿을 필요가 없고 확실한 인식의 대상이며 인식될 수 있다는 결론에 도달해야만 할 것이다.

하느님의 존재를 확실히 그리고 이론의 여지없이 제시하고자 하는 이러한 시도 가운데 일부를 소개할 것이다. 이 과정에서 이마누엘 칸트가 제시한 분류가 토대가 되며 그에 따라 수많은 하느님 증명은 결국 세 개의 가정적인 증명 과정으로 축소될 수 있을 것이다.

사변적 이성으로부터 하느님 존재에 대한 세 종류의 증명만이 가능하다. 이러한 의도에서 취할 수 있는 모든 길은 이렇다. 즉, 1) 특정 경험과 그를 통해 인식된 우리 감각 세계의 특별한 성질에서 시작하고 그로부터 인과성 법칙에 따라 세계 밖에 있는 최고 원인에까지 거슬러 올라가거나, 2) 불특정한 경험, 즉 어떤 존재를 경험적으로 기초로 삼거나, 3) 모든 경험을 결국 추상화하고 완전히 선험적으로 오직 개념으로부터 최고 원인의 존재를 추리한다. 첫째는 자연 신학적 증명이고, 둘째는 우주론적 증명이고, 셋째는 존재론적 증명이다. 그 이상은 없고 있을 수도 없다.[98]

이마누엘 칸트, 《순수 이성 비판》

역사에서 주어진 소위 신 증명의 다양성을 세 가지 논증으로 소급함으로써 칸트는 수많은 시도를 처음부터 배제한다.

키케로와 백성의 동의

로마의 정치가인 키케로는 '신적인 권능과 존재'에 대한 인정에서 드러나는 '백성의 만장일치'가 '자연법'이라는 의견을 지녔었다. 키케로에 따르면 모든 백성은 부분적으로는 거칠고 그릇된 것이기는 하지만, 그럼에도 불구하고 구체적이고 이성적으로 도출될 수 있는 신 개념에 대한 '안티키파티오anticipatio'(선취 개념)를 보여 주는 신 관념을 지닌다. 이 만장일치가 상의를 통해서 이루어진 것이 아니라 그저 발견되기 때문에 이 만장일치는 키케로에게 (시대착오적 표현이기는 하지만) 하느님 증명이 된다. 왜냐하면 "모든 본성이 동의하는 것은 무조건적으로 진리"[99]이어야 하기 때문이다. 이러한 논증이 일단 직관적으로는 어느 정도 옳을 수도 있지만, 최종적으로 확신을 주지 않으며 이것은 더군다나 증명은 아니다. 왜 모든 이가 동의하는 바가 무조건적으로 참이어야 하는가? 오류에 대한 동의도 있을 수 있다. 그리고 본성적으로 모든 이에게 신 개념이 주어졌다는 주장은, 설령 사람들이 그 주장을 시인한다고 할지라도 하느님 존재에 대한 설득력 있는 증명이 아니다. 왜냐하면 인간이 어떤 것에 대한 개념을 지닐 수 있다는 사실 자체가 개념이 표현하는 사실 관계가 실제로 존재한다는 것을 아직 내포하지 않기 때문이다. 그렇기 때문에 칸트는 신 증명을 세 논증 방법에 제한한다. 그는 이 논증 방법이 모두 최종적으로는 실패한다고 보면서도 존재론적, 우주론적, 목적론적 신 증명을 하느님 존재에 대한 가능한 논증으로 여긴다.

3. 존재론적 신 증명

안셀무스의 논증

켄터베리의 안셀무스Anselmus of Canterbury(1033~1109년)는 수백 년 동안 철학자들과 신학자들에게 매력을 발휘했고 오늘날에도 여전히 매력을 지니는 하느님 개념을 발전시켰다. 안셀무스는 '그보다 더 큰 것이 생각될 수 없는 분'이라는 하느님 개념에서 출발한다. 안셀무스는 개념으로만 있을 뿐, 실제로 있지 않은 것에 비해 존재하는 어떤 것, 즉 개념으로만이 아니라 실제로 **있는** 것을 더 높은 가치가 있거나 '더 큰 것'으로 여긴다. 어떤 것이 '그보다 더 큰 것이 생각될 수 없는 것'이라고 주장하는 동시에 '그보다 더 큰 것이 생각될 수 없는 어떤 것'이 존재하지 않는다는 사실을 가정하는 것이 일단 자기 모순적이다. 왜냐하면 '그보다 더 큰 것이 생각될 수 없는 어떤 것'이 존재하지 않는다면 그보다 더 큰 것이 생각될 수 있고 이로써 '그보다 더 큰 것이 생각될 수 없다'고 주장되는, 하지만 존재하지 않는 그것은 '그보다 더 큰 것이 생각되지 않는 그것'이 아닐 것이다. 간단히 말해서 '그보다 더 큰 것을 생각할 수 없는', 개념 속에만 있는, 사유되기만 한 어떤 것에 대한 표상은 자기 모순적이다. '그보다 더 큰 것이 생각될 수 없는 어떤 것'은 필연적으로 존재하는 것으로 생각되어야 한다. 하느님은 개념에 의하면 '그보다 더 큰 것으로 생각될 수 없는 것'이기 때문에 하느님은 존재해야만 한다.

중세의 비판

일견 안셀무스의 논증과 여기서 제시된 데카르트적 이해는 탁월한 논리일 수도 있다. 하지만 자세히 살펴보면 심각한 난점이 드러난다. 이 난점은 이미 중세에 토론되었다. 안셀무스와 동시대인이었던 마르무티에의 가우닐로Gaunilo of Marmoutiers(†1083년경)는 안셀무스의 논증을 이용해서 미지의 세계에 지금까지 알려진 모든 나라의 완벽함을 능가하는 가장 완벽한 섬이 존재한다고도 주장될 수 있다며 안셀무스에게 이의를 제기했다. 그런 섬이 실제로 존재하는가를 누구도 알 수 없다는 비판은 가우닐로가 이해하는 안셀무스 사고의 틀에서 아무런 소용이 없다. 왜냐하면 논리적으로 섬의 존재가 모든 것을 능가하는 이 섬의 개념 안에 이미 들어 있기 때문이라는 것이다. 모든 것을 능가하는, 하지만 존재하지 않는 섬을 생각하는 것은 자체 모순이라는 것이다. 왜냐하면 존재하지 않는 섬은 모든 것을 능가할 수 없기 때문이다.[100] 가우닐로는 안셀무스 논리의 약점을 정확히 지적한다. 즉 안셀무스는 '그보다 더 큰 것이 될 수 없는 어떤 것'으로부터 '그보다 더 큰 것이 생각될 수 없는 어떤 것'으로 넘어간다.[101] 그렇기 때문에 '그 어떤 것'은 하느님뿐만 아니라 상상의 섬 내지 최상급으로 생각되는 그 어떤 다른 대상에도 적용될 수 있다. 하느님에게만 이 논증을 협소하게 적용하는 안셀무스는 이 문제를 비껴가지만, 완벽하지만 결국 상상에서 비롯된 섬의 존재를 믿는 것보다 하느님을 믿는 것이 왜 더 나은가를 설명할 수는 없다.

메텐 수도원 도서관에 그려진 켄터베리의 안셀무스. 200년 정도 후의 인물인 토마스 아퀴나스와 가상의 논쟁을 벌이고 있다.

토마스 아퀴나스는 사고에서 존재로의 전위가 충분히 숙고되지 않은 안셀무스 논증의 근본적인 문제를 지적한다. "'하느님'이라는 표현으로 그보다 더 큰 것이 생각될 수 없는 존재를 이해한다고 할지라도, 그 사실로부터 '하느님'이라는 이름을 통해 표시되는 존재를 실제로 존재하는 것으로 인식한다는 사실이 아직 도출되지 않고 오직 우리의 사고 속에 있다는 사실만이" 도출될 따름이다.[102] 하지만 사고 속에 있는 모든 것이 존재 속에도 있는 것은 아니다.

칸트가 제기하는 이의

존재가 실제적인 술어는 분명히 아니다

데카르트가 제시한 형태의 존재론적 신 증명을 다루었던 칸트는 '존재'가 다른 속성에 병렬하는 어떤 사물의 속성이 아니라 사물이 속성을 지닐 수 있기 위한 전제라는 사실을 지적한다.

존재는 실재 술어, 즉 어떤 사물 개념에 덧붙여질 수 있는 어떤 개념이 분명히 아니다. 그것은 어떤 사물 내지 자체가 지닌 어떤 규정의 상태에 불과하다. 그것은 판단의 계사繫辭(명제의 주사와 빈사를 연결하여 긍정이나 부정의 뜻을 나타내는 말. '나는 사람이다.'의 '이다'와 같은 말)로만 사용된다. "하느님은 전능하시다."라는 문장에 두 개념이 들어 있다. 그것들은 '하느님'과 '전능'이라는 대상을 지닌다. '이다'[=하시다]라는 짧은 말은 그 위에 덧붙는 술어가 아직 아니라 술어를 주사主辭에 붙이는 것에 불과하다. 내가 주사主辭인 하느님을 전능과 같은 그에 딸린 모든 술어와 함께 취해서 "하느님이 있다." 내지 "그것은 하느님이다."라고 말할 때, 나는 하느님 개념에 어떤 새로운 술어를 만드는 것이 아니다. 그에 딸린 모든 술어와 함께 주사主辭 자체만을, 내가 지닌 개념에 관계되는 대상만을 만든다. 양자는 정확히 동일한 것을 지녀야 하고 단지 가능성을 표현하는 개념에 내가 ('그는', '~이다'라는 표현을 통해) 그 대상이 이미 주어진 것으로 생각하기 때문에 아무것도 추가될 수 없다. 그렇기 때문에 실제의 것은 단순히 가능한 것 그 이상의 아무것도 지니지 않는다.[103]

이마누엘 칸트, 《순수 이성 비판》

칸트에 따르면 존재는 속성, 즉 다른 술어들과 나란히 한 대상을 표시하는 술어가 아니라 '계사', 즉 자체로 대상에 또 다른 술어로 어떤 것을 추가하지 않는 주사와 술어 사이의 연결이다. '존재 동사'가 절대적인 의미로, 즉 '하느님은 전능하시다'가 아니라 '하느님은 있다'라는 문장에 사용될 때, 이로써 하느님에게 새로운 술어가 붙지 않는다. 칸트의 예에서처럼, 실제의 은화 100닢은 가능한 은화 100닢 개념보다 최소한의 아무것도 더 많이 지니지 않는다. 왜냐하면 실제의 은화가 그 개념 이상을 지닌다면, 그래서 다른 것을 지닌다면 그 개념은 비참하게도 거짓일 뿐이다. 칸트에 따르면 그럼에도 불구하고 은화 100닢을 실제로 지니는 것과 가능한 은화 100닢의 개념을 지니는 것 사이에 차이가 있다. 차이는 실제의 100닢을 가능한 100닢에 비교했을 때 추가적으로 하나의 특성, 즉 존재를 더 얻는 데에 있는 것이 아니라 실제가 분석적으로 개념에 이미 포함되지 않는다는 데에 있다. 존재론적 신 증명은 바로 이것을 주장한다. '그보다 더 큰 것이 생각될 수 없는 분'이라는 하느님 개념 안에 분석적으로, 즉 순수 개념 분석을 통해 하느님이 존재해야 한다는 사실이 이미 들어 있다는 것이다.

하지만 칸트는 다음과 같은 입장을 취한다. "대상은 실제에서 내 개념 안에 분석적으로 단순히 들어 있지 않고 (내가 지닌 상태의 규정인) 내 개념에 종합적으로 추가된다. 하지만 내 개념 밖에 있는 이러한 존재를 통해 [내가] 생각한 100닢이 최소한으로도 더 많아지지는 않는다."[104] 다시 말해서 대상의 존재에 대한 순수 분석적인, 개념 분석에 근거하는 판단은 가능하지 않다. 즉 대상의 존재는 분석적인 판단의, 필연적으로 참된 판단의 형식 안에 파악될 수 있을 정도로 주사 안의 술어로 이미 포함되어 있지 않다. 대상의 존재는 오직 종합적인, 즉 논쟁의 여지를 지닌 판단 안에서만 표현된다. '하느님이 있다'고 주장하는 이는 분석 판단이 아니라 종합 판단, 즉, 참일 수도 있고 거짓일 수도 있는 판단을 내린다. 하느님의 존재를 주사 안에 들어 있는 술어로 **확증**하고 이를 통해 그 존재를 **증명**하는 시도는 이러한 이유에서 실패한다.

존재적 논증의 최근 형태

세계 꼬리표 속성 — 플랜팅가

특히 칸트의 분석 철학 안에서 이루어진 비판에도 불구하고 하느님의 존재는 논리적으로 정확히 이해된 하느님 개념으로부터 증명된다는 안셀무스 논증의 근본 가정을 찰스 하츠혼Charles Hartshorne(1897~2000년), 노먼 말콤Norman Malcolm(1911~1990년), 앨빈 플랜팅가Alvin Plantinga(1932년~) 등 여전히 많은 이들이 지지한다. 현대의 유명한 분석 종교 철학자 중 하나인 플랜팅가는 존재론적 논증의 양상 논리적 변형을 주장한다. 플랜팅가는 '그보다 더 큰 것이 생각될 수 없는 어떤 것'을 '최대한 훌륭한 것maximal exellence'과 '최대한 위대한 것maximal greatness'으로 분류한다. '최대한 훌륭한 것'은 가능한 **어떤** 세계 안에 있는 전지 전능과 윤리적 완벽함을 포괄한다. 이와 반대로 '최대한 위대한 것'은 "가능한 **모든** 세계 안에 있는 '최대한 훌륭한 것'의 속성"을 묘사한다.[105] 플랜팅가는 '세계 꼬리표 속성World indexed properties', 즉 가능한 어떤 세계에는 있지만 다른 세계에는 없는 속성이 있다는 점에서 출발한다. 그렇기 때문에 '최대한 훌륭한' 속성이 어떤 세계에서 예화例化되지만 다른 세계에서는 그렇지 않다고 생각할 수 있다는 것이다. 하지만 어떤 세계에 '최대한 위대한' 속성이 예화될 경우 이 속성은 필연적으로 다른 모든 세계에도 예화된다는 것이다.[106] 다시 말해서 '최대의 위대함'이 예화되는 **어떤** 세계가 있을 경우, '최대의 위대함'이 제시되지 않는 세계는 있을 수 없다는 것이다.

비판

하지만 '최대한 위대함'이 예화된다는 점이 필연적으로 진술되지 않는다. 사고와 존재 사이의 관계 문제가 다시 제기된다. '최대한 위대함'이 논리적 모순 없이 사고되는 속성으로 어떤 세계에 예화**될 수 있다**는 사실과 이로부터 당연한 귀결로, 불가능한 것이 세계에 따라 바뀌지 않는 한, 다른 모든 세계에 예화되지 않은 것으로 사고**될 수 없다**는 사실이, '최대한 위대함'이 어떤 세계에 실제로 예화되어 있다는 것을 의미하지 않는다. 첫 번째 '할 수 있음'은 필연성이 아니라 가능성만을 서술한다.

게다가 존 레슬리 매키John Leslie Mackie(1917~1981년)는 다른

문제를 지적한다. 플랜팅가는 '최대한 위대함'의 개념뿐만 아니라 '비최대성non-maximality' 개념도 기술한다. 이 개념을 통해 '최대한의 위대함'의 속성이 예화되지 않는 세계가 서술된다. "비최대성이 예화되어 있을 수 있다. 즉 비최대성이 예화되어 있으므로 최대성이 예화되어 있지 않은 가능한 세계가 있다. 하지만 최대성이 가능한 모든 세계에 예화되어 있지 않다면 최대성은 전혀 예화되어 있지 않다. 그래서 최대성이 예화되어 있는 세계는 있을 수 없다. 즉 최대성은 가능하지 않다. 우리가 최대성이 어떤 가능한 세계에 예화되어 있다는 전제로부터 비최대성이 어떤 세계에도 예화되어 있지 않다는 결론을 얻을 수 있기 때문에, 같은 방식으로 비최대성이 어떤 가능한 세계에 예화되어 있다는 전제로부터 최대성은 어느 세계에도 예화되어 있지 않다는 논리적 결론을 얻을 수 있다."[107] 플랜팅가의 논증은 양상 논리적으로 매우 복잡하지만 비일관성도 지니기 때문에 하느님이 있다는 주장이 참이라는 것을 지지하는 유효한 증거일 수 없다. 왜냐하면 주장하는 진리 값이 논박할 수 없이 확고할 때만 어떤 주장은 증명된 것이기 때문이다.

4. 우주론적 신 증명

우주론적 신 증명 개념 아래 "우주 존재의 충분한 근거 내지 첫 번째 원인의 존재를 제시하려 시도하는 논증 계열"이 이해된다.[108] 여기에서도 시간의 폭은 고대로부터 시작하여 사고 방법을 소위 '칼람'(중세 이슬람 학파)의 논증 형태처럼 새로이 표현하는 현대에까지 이른다.

토마스 아퀴나스의 다섯 가지 길

토마스 아퀴나스가 하느님의 존재를 이성적으로 입증하기 위해 구상하는 소위 '다섯 가지 길quinquae viae' 중 첫 세 가지는 우주론적 논증 방식이다. 첫 번째 길은 운동 현상에서 출발한다. 움직이는 모든 것이 다른 것에 의해 움직이게 되었다는 것을 가정할 경우 운동하는 자와 운동하게 된 것의 고리가 도출된다.

따라서 어떤 다른 것을 움직이는 어떤 것이 마찬가지로 움직이고 있다면 이것 역시 다른 어떤 것에 의해 움직이고 있어야 하며, 그것 역시 또 다른 것에 의해 움직이고 있어야 한다. 하지만 이렇게 무한히 소급해 갈 수는 없다. 만일 그럴 경우 우리는 첫 번째 움직이는 것을 지닐 수 없고 결국 어떤 움직이는 것도 지닐 수 없을 것이기 때문이다. 왜냐하면 후에 움직이는 것들은 오직 첫 번째 움직이는 것의 힘으로 움직이기 때문이다. …… 그러므로 우리는 어떤 것에 의해서도 움직이지 않는 첫 번째 움직이는 것에 도달할 수밖에 없다. 이 첫 번째 움직이는 것을 사람들은 모두 '하

느님'이라고 부른다.[109]

토마스 아퀴나스, 《신학대전》

토마스의 두 번째 길은 첫 번째 길과 긴밀히 관련된다. 두 번째 길은 운동인運動因 내지 능동인能動因 표상에 대해 운동 문제와 결합된 원인 개념에서 출발한다. 감각계에서 모든 작용은 원인을 지니며 이 원인은 작용 자체와 동일하지 않다는 것이다. 모든 작용은 어떤 원인에 의해 일어나며, 그 원인은 또 다른 원인의 작용일 뿐이고, 그 다른 원인은 또 다른 원인의 작용이며, 그 다른 원인은 또 다른 원인의 작용이라는 식이다. 이러한 계열을 무한히 소급할 경우 제1능동인이 없을 것이며 따라서 어떤 작용도 없을 것이라는 것이다. "이것은 분명히 허위이다. 그러므로 우리는 어떤 제1능동인을 인정해야 하며 이런 존재를 모든 사람은 '하느님'이라고 부른다."[110]

칸트의 환원

에너지 보존 법칙은 에너지가 다양한 형태를 취하지만 그 총합은 일정한 보존의 크기라는 사실에서 출발한다. 이러한 자연 과학적 인식은 첫눈에 직관적으로 그럴 듯하게 보이는 토마스 아퀴나스의 논증에 의문을 제기한다. 이와 같은 자연 과학적 인식뿐만 아니라 칸트도 우주론적 신 증명에 대해 결정적인 것을 이미 말했다. 칸트에게 우주론적 신 증명은 존재론적 신 증명의 한 형태일 뿐이기 때문에 논증은 같은 이유에서 실패한다는 것이다. 즉 존재론적 신 증명과 같이 우주론적 신 증명은 "절대적인 필연성과 최고 실재성과의 연결"을 버리지 않기 때문이다.[111] 여기서 칸트는 주어진 한 결과로부터 원인을 추론하는 것이 일반적으로 허용되지 않는다고 보지는 않는다. 하지만 우주론적 신 증명에서 "절대적인 필연성을 위해 요구하는 조건은 오로지 유일한 존재자에서만 만날 수 있으며, 그래서 이 유일한 존재자가 자기 개념 안에서 절대적인 필연성을 위해 요구되는 모든 것을 포함해야만 할 것이고, 그러므로 그 조건이 이 절대적 필연성을 선험적으로 추론하는 것을 가능하게 하며, 다시 말해, 나는 또한 그 역으로도 추론할 수 있어야 한다. 최고 실재성이라는 이 개념에 귀속하는 것은 단적으로 필연적이다. 그리고 만약 내가 이렇게 추론할 수 없다면, …… 나는 역시 나의 새로운 길에서도 재난을 당한 것이고, 나를 다시금 내가 출발했던 그 지점에서 발견한다."[112]

우주론적 논증의 최근 형태

리처드 스윈번의 새로운 표현

앨빈 플랜팅가의 존재론적 논증과 마찬가지로 우주론적 증명도 현대의 일부 철학자들의 지지를 받는다. 이러한 증명 과정을 수용하는 이들 가운데 가장 유명하고 독창적인 사람이 리처드 스윈번Richard Swinburne(1934년~)이다. 하지만 그는 자신의 증명을 여기에 소개된 확증적 의미에서가 아니라 확률 논리 논증으로 이해한다. 그렇기 때문에 그의 출발점도 간략히 소개하는 것이 적절할 것이다. 연역적 논증에서 결론은 필연적으로 전제로부터 나오기 때문에 전제가 참될 경우 결론이 참인 반면, 귀납적 논증에서 결론이 반드시 전제로부터 나오지는 않는다. 전제는 결론만을 뒷받침할 뿐 결론을 이론의 여지없는 것으로 만들지는 않는다. 그러므로 결론은 가설로 남는다. 스윈번은 귀납 논증을 '개연적 귀납 논증P-induktives Argument'과 '확인적 귀납 논증 C-induktives Argument' 등 두 가지 종류로 구분한다. 개연적 귀납 논증은 결론이 그 반대보다 더 개연적으로 보인다는 의미에서 결론을 개연적으로 만든다. 확인적 귀납 논증은 전제가 없는 것보다 전제가 함께 있을 때 더 개연적으로 보인다는 의미에서 결론을 개연적으로 만든다.[113] 스윈번은 우주의 존재가 하느님 존재를 위한 적절한 확인적 귀납 논증이라는 명제를 주장한다. 즉, 하느님의 존재가 존재하는 우주를 보았을 때 이 우주 없이 생각하는 것보다 더 개연적이라는 의미에서 우주의 존재는 하느님 존재의 개연성을 높인다. 이 논증이 지니는 확률 논리의 근본 문제는 "그런 우주가 없다고 할 때도 하느님이 있다는 것에 대한 어떤 결과 확률이 과연 제시될 수 있겠는가"이다.[114] 그러므로 우주론적 논증의 귀납적 변형은 그러한 처리 방식에서 엄밀한 의미의 증명이 아니라 단지 확률 제시와 관계됨에도 불구하고 우주론적 하느님 증명의 연역적 형태처럼 큰 설득력을 지니지 않는다.

5. 목적론적 신 증명

목적론적 내지 자연 신학적으로 불리는 하느님 증명은 목적 지향적 세계 질서로부터 목적을 규정하는 질서의 부여자를 추론하고자 시도한다. 목적론적 신 증명은 두 가지 형태를 취할 수 있다. 이 증명은 유추나 최선의 해명 추론으로 제시될 수 있다.[115]

유비와 최선의 해명 추론

관계의 유사성과 비교 가능성에 기인하는 논증인 유추는 전체로서 세계가 지니는 합목적성이 기계에 닮았다는 입장에서 출발한다. 기계는 인간이 만들었으며 인간이 자신에게 유용한 합목적성을 기계에 부여했다. 그래서 하느님의 창조 행위에 기인하는 세계의 장치를 인간의 창작성에 기인하는 기계의 발명이라는 유비로 생각할 수 있다. 두 번째 논증은 이와 반대로 합목적적 사물의 현존에 대한 최선의 해명은 목적을 부여할 능력이 있는 창작자를 가정하는 것이라는 관찰에서 출발한다. 세계에 인간이 직접 설비하지 않은 생물의 육체적 질서와 같은 합목적성이 있기 때문에 이 합목적성을 야기한 창조주를 가정하는 것이 가장 개연적인 해명이라는 것이다.

토마스 아퀴나스의 다섯 번째 길

목적론적 하느님 증명은 토마스 아퀴나스의 '다섯 가지 길' 중 다섯 번째 길에서 철학적 논쟁을 위해 가장 효과적인 표현을 얻는다.

다섯 번째 길은 세계의 질서에서 출발한다. 우리는 사물들 가운데 자연적 물체들과 같이 인식을 지니지 않는 어떤 것들도 고정된 목적을 향해 활동하고 있음을 확인한다. 이 사실은 그것들이 늘 혹은 같은 방식으로 활동하고 늘 가장 좋은 것에 도달하는 데에서 드러난다. 그리고 이 사실은 그것들이 우연적으로가 아니라 어떻게든 의도적으로 자신의 목적에 도달한다는 사실을 증명한다. 하지만 이성이 없는 존재들은 마치 궁수의 화살과 같이 인식하는 정신적인 어떤 존재에 의해 목적에 지향됨으로써만 의도적일 수 있다. 즉 목적을 향해 활동할 수 있다. 그러므로 모든 자연 사물을 목적에 지향시키는 정신적이며 인식하는 존재가 있을 수밖에 없다. 우리는 이것을 '하느님'이라고 칭한다.[116]

토마스 아퀴나스, 《신학대전》

비판

목적론적 하느님 증명도 직관적으로는 개연성이 있어 보이지만 이 증명에 확증적 특성이 부여될 정도로 큰 설득력을 지닐 수는 없다. 왜냐하면 논증의 전체 차원에서 세계가 과연 그렇게 합목적적으로 설비되어 있는지, 또한 자연 신학적 증명이 전제하듯이 그 구조가 일관되게 목적을 지향하는지가 질문되기 때문이다. 안스가르 베커만Ansgar Beckermann(1945년~)은 진화 생물학과의 논쟁에서 "세계에 많은 기능 장애가 있으며 많은 생물의 유전자 속에 과도한, 부분적으로는 유해한 DNA-염기 서열 결정이 있다."는 사실을 지적한다. "이러한 세부 사항은 모든 생물이 하나의 완벽하고 지성적인 존재로부터 창조되었다는 가정을 통해서 해명되기 어렵다."[117]

세계의 합목적성과 관련해서 칸트는 더 낙관적이다. 그는 자연 신학적 증명의 기저에 놓여 있는 목적론적 구조를 지닌 질서의 전제를 공유하고 그러한 이유에서 이 증명에 다음의 사실을 인정한다. "이 증명은 항상 경의로써 언급될 만하다. 이 증명은 가장 오래되고, 가장 명료한 것이며, 보통의 인간 이성에 가장 적절한 것이다."[118] 그럼에도 불구하고 칸트는 두 가지 이유에서 이 증명이 유효하지 않다고 본다. 첫째, 칸트는 유추를 통해 유한한 세계의 합목적성으로부터 목적을 부여하는 무한한 하느님에 도달하는 가능성을 문제 삼는다. 둘째, 칸트는 자연 신학적 증명을 그저 우주론적 증명의 일종으로 여기는데, 우주론적 증명은 다시 존재론적 증명에 기인한다. 이러한 확장적 관계에 직면해서 칸트는 목적론적 증명이 이미 존재론적 신 증명 같은 어려움 때문에 실패한다고 본다.

따라서 결론은 철저히 우연한 조직인 세계 안에서 일관적으로 관찰되는 질서와 합목적성으로부터 그에 비례하는 원인의 존재에 이른다. 그리고 이 원인 개념은 우리에게 그것의 매우 특정한 어떤 것을 알려 주어야 하며 그 개념은 전능과 지혜 등 한마디로 말하자면 완전한 모든 것을 온전히 자족적인 존재자로 지니는 존재자 이외의 다른 것일 수 없다. 매우 큰, 놀라운, 헤아릴 수 없는 능력과 탁월함이라는 여러 술어는 어떤 특정 개념을 제공하지 않으며, 사물 자체가 무엇인가를 말하지 않고 다만 (세계의) 관찰자가 자신 및 자신의 이해력과 비교하는 대상의 크기에 대한 여러 관계 표상에 불과하다. ……

이제 나는 어떤 이가 그에 의해 관찰된 세계의 (외연 및 내용에 따른) 크기와 전능함의 관계, 세계 질서와 최고 지혜의 관계, 세계 단일성과 창조주의 절대적인 단일성의 관계 등을 통찰하는 것을 멈추어야 한다고 기대하지 않는다. 하지만 자연 신학은 세계의 최고 원인에 관한 어떤 특정 개념도 줄 수 없다. …… 따라서 자연 신학적 증명은 그 시도에 멈춰 버렸고 그러한 당황스러움 속에서 갑자기 우주론적 증명으로 건너뛰었으며 사실상 우주론적 증명이

은폐된 존재론적 증명에 불과하기 때문에 자연 신학적 증명은 처음부터 순수 이성과의 모든 관계성을 부인하고 모든 것을 경험에서 밝혀지는 증명에 따라 검증했음에도 불구하고, 자신의 의도를 사실상 오직 순수 이성으로만 수행했다.[119]

이마누엘 칸트, 《순수 이성 비판》

6. 최근의 신 존재 증명 시도

하느님 증명의 세 가지 주된 형태가 실패함에도 불구하고, 아니 바로 그 때문에 현대에 하느님 존재를 이성적으로 제시하려는 시도의 여러 출발점이 있다. 이 출발점이 어느 정도까지 자신이 엄밀히 확증적이라고 주장하는지, 즉 그 여러 출발점이 올바로 사유하는 사람에게 무언가를 거절할 수 없는 참으로 제시했다고 어느 정도 말하는지는 경우에 따라 다르다. 독일어권에서 생겨난 로베르트 슈페만Robert Spaemann(1927~2018년)과 프리드리히 헤르마니Friedrich Hermanni(1958년~)의 단초가 간략히 소개되어야 할 것이다. 슈페만이 "하느님 증명"을[120] 명시적으로 주장하는 반면 헤르마니는 조금 더 단순히 하느님 존재에 유효한 논증에서 출발한다.

문법에 의한 하느님 증명?

진리, 하느님, 문법

로베르트 슈페만은 하느님 증명의 철학적 해체를 칸트가 아니라 프리드리히 니체Friedrich Nietzche(1844~1900년)에게서 시작한다. "프랑스 철학자 미셸 푸코는, 니체가 처음으로 생각한 바를 다음과 같이 가장 간결하게 표현했다. '세계가 우리에게 읽을 수 있는 얼굴을 보여 주리라고 생각해서는 안 된다.' 니체가 근본적으로 의문에 붙였던 것은 이성의 진리 파악 능력이었고 이를 통해 및 진리와 같은 사유 자체를 의문에 붙였다. 니체는 이러한 사유가 신학적 전제, 즉 하느님이 존재한다는 전제를 지닌다고 여겼다."[121]

슈페만의 재구성에 따르면 전통적 형이상학에서 세계는 독해될 수 있는 것으로 여겨졌다. 왜냐하면 사물의 존재와 있는 그대로의 세계에 대한 진리를 인식하는 것이 인간에게 가능했기 때문이다. 하지만 니체는 이와 같은 존재론적 인식론적 초월을 반박한다. 니체는 다음과 같이 말한다. "진리는 환상이다. 이 환상에서 사람들은 그것이 닳고 헤어진, 감각적 효력을 상실한 비유라는 사실을, 그 위에 새겨진 초상을 상실한, 이제 그저 금속일 뿐 더 이상 동전으로 여겨지지 않는 동전이라는 사실을 잊었다."[122] 그렇기 때문에 어떤 길도 진리, 즉 존재자의 실재적 상태로부터 하느님의 존재 내지 본성에 대한 통찰로 이끌지 않는다.

다른 곳에서 선험적 철학을 수행하는, 게다가 여성 혐오적 태도를 취하는 니체는 다음과 같은 기록을 남겼다. "언어 속의 '이성', 오, 도대체 어떤 기만적인 늙은 여인인가? 우리가 여전히 문법을 믿기 때문에 신을 벗어날 수 없을 것이라는 사실이 나는 두렵다."[123] 이러한 표현을 슈페만은 창의적으로 해석하고 문법적, 시대 이론적, 의식 존재론적 소품의 혼합을 보여 주는 하느님 증명을 시도한다.

나는 내가 생각하는 바, 즉 진리는 하느님을 전제한다는 사실을 마지막 예에서, 니체에 대항한다고 할 수 있는 하느님 증명에서, 즉 문법으로부터 나온, 정확히 말하면 소위 미래 완료Futurum exactum라는 문법으로부터 나온 하느님 증명에서 분명히 밝히고자 한다. 우리에게 미래 완료, 즉 제2미래는 사유적으로 불가피하게 현재와 연결되어 있다. 어떤 것이 지금 있다고 말하는 것은 그것이 미래에 있었다고 말하는 것과 같은 의미이다. …… 현재적인 것은 미래의 현재적인 것의 과거로서 늘 실제적이다. 하지만 이 실제성은 도대체 어떤 종류의 것인가? …… 지나간 것이 기억되는 한에서 이 존재의 종류에 대한 질문에 답하는 것은 어렵지 않다. 그것은 바로 기억되면서 자신의 실제성을 지닌다. 하지만 언젠가 기억은 멈춘다. 언젠가 지구상에 아무도 없게 될 것이다. 결국은 지구 자체가 사라질 것이다. 현재는 언제나 과거에 속

하기 때문에 지나간 현재가 과거이기 때문에 우리는 다음과 같이 말할 수밖에 없다. 의식된 현재와 더불어(현재는 늘 의식된 현재로 이해될 수밖에 없다) 과거도 사라지며 미래 완료도 그 의미를 상실한다. 하지만 바로 이것을 우리는 생각할 수 없다. …… 이에 대한 유일한 답은 다음과 같다. 우리는 그 안에서 일어나는 모든 것이 중지되는 의식, 즉 절대적인 의식을 생각해야 한다.[124]

로베르트 슈페만, 《신앙과 이성적 통찰, 신 존재에 대한 이성적 증명》

비판

그 필연적인 존재를 증명했다고 슈페만이 여기는 이 절대 의식은 물론 영원하고 전지전능한 하느님의 의식이어야 한다. 슈페만의 논증 일부는 옳지만 그의 결론은 의문스럽다. 사실 진리에 유효 기간이 없다는 것은 납득할 만한 것으로 보인다. 당신이 지금 책을 읽는다는 것이 사실이라면 다음 날 당신이 어제 책을 읽은 것이 사실이 될 것이다. 그러므로 '읽는다'로부터 '읽었다가 된다'가 필연적으로 도출된다.

하지만 이것이 하느님과는 무관하다. 슈페만이 과거 사실의 '존재 양식'을 말할 때 절대적인 의미도 존재에 의해 시간적으로 지시되고 있다는 사실을 간과한다. 오늘날 더 이상 **있지** 않은 어떤 것이 과거에 **있었을** 수 있다. 슈페만이 존재와 (존재의 시간적 구조의 약화 때문에) 존재했었음을 생각됨으로만 사유할 수 있기 때문에 그는 존재하고 존재했던 모든 것이 어떤 이에 의해 생각됨을 통해서만 참이며 지속된다는 사실을 가정해야 한다. 존재했지만 어느 사람도 더 이상 기억하지 않는 것도 사실 진리로 유지되도록 하기 위해 슈페만은 영원하고 전지전능한 의식, 하느님의 의식을 필요로 한다.

하지만 이러한 결론은 존재가 단지 생각됨으로만 사유될 수 있다는 관념적인 전제의 배경에서만 의미를 얻는다. 왜 이 전제가 참이어야 하는지, (하느님의 존재를) 증명했다는 슈페만의 주장 앞에서 왜 이 전제가 반드시 참일 **수밖에 없는지** 분명해지지 않는다. '어떤 것이 그 경우에 해당할 때 그것은 참이다.'라는 진술 내용은 아무도 그것을 말하거나 그것이 어디에도 생각으로 표현되지 않을 때도 참일 수 있다.

유효한 존재론적 증명?

프리드리히 헤르마니는 칸트가 멈춘 곳에서 다시 한 번 시작한다. 칸트에 따르면 모든 하느님 증명은 존재론적 증명으로 축소된다. 존재를 계사에 불과하지 않은 실재적 술어라고 생각하는 것이 존재론적 증명이 지닌 근본 위험이다. 계사는 문법적인 주어를 개념적으로, 하지만 개념적으로만 주어에 관해 진술된 특성을 연결시킨다는 것이다. 헤르마니에 따르면 이러한 오류를 범하지 않기에 칸트의 비판을 견디는 하느님 존재에 대한 존재론적 논증을 발전시키는 것이 가능하다.

피해야 할 모순과 충분한 근거

존재론적 논증은, 하느님의 존재가 그의 존재 개념과 필연적으로 연결되어 있다는 명제에 의거한다. 헤르마니에 따르면 이러한 연결은 피해야 할 모순의 문장을 토대로 하거나 충분한 근거의 문장을 토대로 하는 등 두 가지 방법으로 이루어질 수 있다. 첫 번째 방법은 데카르트에게 주어진 존재론적 하느님 증명의 길이다. '그보다 더 큰 것이 생각될 수 없는' 존재가 존재하지 않는다는 것은 '그보다 더 큰 것이 생각될 수 없는' 존재 개념에 모순된다. 왜냐하면 그 경우 그보다 더 큰 것, 즉 존재하는 것이 생각될 수 있기 때문이다.

그러므로 '그보다 더 큰 것이 생각될 수 없는', 하지만 존재하지 않는 어떤 존재의 개념은 모순이며, 이러한 모순을 피해야 한다는 것이다. 좀 괴팍한 예에서 헤르마니는 존재론적 연결이 충분한 근거의 문장을 통해서도 이루어질 수 있다는 명제를 발전시킨다. "니체가 미혼이었다는 사실이 맞기는 하지만 그가 혼인 상태에 있었다고 가정하는 것이 모순일 것이기 때문이 아니라"(이는 모순 원칙을 토대로 한 논증에 해당할 것이다), "그에 대한 수많은 이유가 있었기에, 특히 그 가운데 결혼한 철학자는 웃음거리에 속한다는 니체의 생각 때문이었다(이러한 생각은 소크라테스의 부인인 크산티페에서부터 하이데거의 부인인 엘프리데를 떠올릴 때 그다지 잘

못된 것은 아니다)."[125] 헤르마니는 하느님의 존재가 그의 존재를 위한 충분한 근거로 사유될 수 있다는 이유에서 하느님의 존재가 하느님 개념에 이미 들어 있다는 것을 제시하는 것이 가능하다고 생각한다.

가능한 것의 존재할 경향

헤르마니는 아리스토텔레스에게 의지하여 '가능한'이라는 개념의 두 가지 의미를 구분한다. 첫째, 필연적으로 거짓이 아닌 것이 가능하고, 둘째, 사람이나 사물의 능력에 달려 있기에 불가능하지 않은 것이 가능하다는 것이다. 첫 번째 의미에서 지구 밖 우주에도 지성적 생물체가 가능하다는 것이 주장된다. 이러한 주장을 가정하는 것이 필연적으로 거짓이 아니기 때문이다. 두 번째 의미에서 육상 선수 우사인 볼트에게 100미터를 9.58초에 달리는 것이 가능하다고 주장할 수 있다.

헤르마니는 첫 번째 의미에서 가능한 것, 즉 모순 없이 생각할 수 있는 것이 두 번째 의미에서도 가능할 수 있고 이를 통해 현실이 될 어느 정도의 경향을 지닌다는 사실에서 출발한다. 모순 원칙의 의미에서 가능한 모든 것이 아니라 일부만이 또한 현실이 될 수 있다는 사실을 헤르마니는 가능한 사물 내지 실재가 현실을 추구하는 상이한 집중도를 통해 설명한다. "현실 추구의 상이한 강도는 여러 실재가 서로에게 구분되는 바에 놓여 있어야 한다. 하지만 그들은 오직 사물의 함유성, 즉 어떤 사물 내용을 어느 정도 소유하는가를 통해서 서로 구분된다. 따라서 가능한 사물 내지 가능한 실재는 사물의 함유성이 높을수록, 전통적으로 표현하자면 완전할수록, 더 나을수록 더욱 존재를 추구한다."[126] 이러한 가정에 따르면 모든 본성은 존재를, 모든 가능성은 현실을 추구한다. 이러한 추구의 정도는 실재의 완전함에 상응하며, 하느님이라고 불리는 완전한 본질은 존재하고자 하는 가장 높은 충동을 지닌다는 것이다. 이러한 의미에서 헤르마니는 하느님의 "본성은 그의 현존재의 충분한 근거"라는 결론을 내린다.[127]

안셀무스와 달리 헤르마니의 논증 역시 어떤 것이, 즉 아무 것도 아니지 않은 것이 있다는 경험적 관찰을 바탕으로 한다. 헤르마니의 가정에 따르면, 어떤 것은 이 어떤 것의 사실성과 성질을 위한 충분한 근거가 있을 때에만 존재할 수 있다. 충분한 근거를 지닌 문장의 유효성에 기인하는 그의 존재론적 논증은 "필연적 존재ens necessarium의 가능성은 이론의 여지없이" 확고하다는[128], 어떤 필연적 본성이 이 세계의 충분한 근거라고 생각하는 것이 가능해야 한다는 우주론적 명제를 전제한다. 사유가 가능한 이러한 필연적 본성이 동시에 현실적이라는 사실의 근거를 헤르마니는 그의 존재가 실재적 술어로 진술된다는 사실에서가 아니라 "실재가 존재를 추구하며 이러한 존재 추구의 강도가 그 선한 존재의 정도에 상응한다."는[129] 사실에서 발견한다. 그러한 이유에서 최고로 완전한 선의 본성은 존재하고자 하는 가장 높은 충동을 지닌다.

비판

헤르마니의 논증은 충분한 근거를 지닌 문장은 세계 내적 인과 관계에서뿐만 아니라 세계 자체, 즉 전체 현실에서도 유효해야 한다는 가정을 토대로 한다. 하지만 이러한 가정은 당연하지 않으며 이전에 이미 버트런드 러셀Bertrand Russell(1872~1970년)에 의해 논박되었다. 각 사람이 모두 어머니를 지닌다는 관찰로부터 사람속屬 전체가 한 어머니를 지닌다는 결론이 나오지 않는다. 왜냐하면 후자가 구체적인 대상이 아니라 그를 구성하는 요소가 개별적인 대상인 등급이기 때문이다. 한 등급은 그를 구성하는 요소들과 달리 "다른 논리 권역"이라는 것이다.[130]

이와 반대로 헤르마니는 우주 내지 전체 존재가 각기 다른 세계 내적 모든 대상에도 적용되는 법칙과 같은 법칙이 적용되는 유일하고 구체적인 대상이라는 사실에서 출발해야 한다. 과연 우주에게 그러한지는 여전히 논란이 된다. 그 이외에도 여러 실재 자체가 실제로 존재하고자 하는 충동을 지니는가 역시 의문시된다. 헤르마니의 명제에 따라서 가능한 모든 것이 선하다면, 왜 가능한 모든 것이 현실적이지는 않은가에 대한 설명이 필요해 보인다. 아마도 헤르마니는 그에 대해서 현실적인 사물들이 선함에서 단순히 가능한 사물들을 능가할 것이고 바로 그 때문에 현실적이라고 대답할 것이다. 그렇다면 모든 가능한 것이 그에 따라 분류되는 선의 단계의 과연 어디에 가능한 것이 현실화되는 시작점이 표시되는가? 이것이 이러한 출발점이 안고 있는 사실상의 문제로 보인다. 이 출발점은 가능한 것이 현실적인 것으로 나타날 정도로 선한 지점, 그와 반대로 역시 선하지만 현실적인 대상이 아닌 것들이 거기에 미치지 못하기에 결코 존재의 현실성에 다다르지 못하고 존재할 가능성에 머무는 지점을 정의해야 할 것이다.

7. 중간 결론 ─ 가능한 하느님과 현실적인 하느님

모든 신 존재 증명이 적어도 확증적 특징을 지닌다는, 즉 하느님의 존재를 이론의 여지없이 제시한다는 주장이 지금까지 실패했다는 사실이 신학에 과연 무엇을 의미하는가?

하느님 그리고 이성의 자기 비판

자기 스스로에게 비판적인 이성이(이것은 쉽지 않다. 왜냐하면 이성에게 이성적으로 보이는 것을 검증하는 이성이 자기 스스로만을 사용할 수 있기 때문이다. 바로 그러한 이유에서 칸트는 이성이 동시에 고소인이고 피고소인이며 판사가 된다고 말한다) 하느님을 **현실적인 것**으로 간단히 전제할 때 이성은 무리한다. 학문이라고 내세우는 과목이 "자신이 숙고하는 신앙 전통이 사고 가능한 선택 가능성을 제시하기" 때문에 충분한 이유에서 선택될 수 있다. 하지만 "이 전통에서 전제된 하느님이 존재하지 않을 수도 있다는 점에서 근거가 없을 수 있기 때문에" 그러한 충분한 이유에서도 선택될 필요는 없다는 사실을 명료화하는 대신에 간단히 "존재하는 하느님의 관점으로부터 신학을 수행할 때"[131] 이 과목은 이성적으로 근거를 제시할 수 있는 영역을 넘어선다. 그러므로 그리스도교가 믿는 하느님의 존재는 그리스도교 신학의 가정이고 또한 가정적인 지위로부터 벗어나 독단적인 법칙이 되어서는 안 된다.

근거 있는 희망의 선택인 신앙

그러므로 신학의 과제는 이성을 사용해서 하느님을 가능한 한 연관된 개념으로 만들고 이 하느님을 믿는 근거, 이성적으로 정당화될 수 있는 근거가 있는지 묻는 것이다. 첫 번째 것은 신학의 실증적 특성으로, 두 번째 것은 신학의 사변적 특성으로 묘사된다. 하느님 신앙이 근거될 수 있는 희망의 선택인가를 결정하기 위해서 무엇이 그리스도 신앙의 실질적 내용인가가 최대한 공감할 수 있게 제시되어야 한다.

> **핵심 정리**
>
> 하느님의 존재를 확실하고 이론의 여지가 없게 제시하는 증명으로서 신 증명은 실패했다. 그럼에도 신 증명은 매우 중요한 조직 신학적 기능을 지닌다. 왜냐하면 신 증명이 하느님에 관한 진술의 검토를 항상 불가피하게 만들기 때문

이다. 하느님을 현존하시는 분으로 증명하는 것이 이루어지지 않기 때문에 신학은 하느님을 이성적으로 해명 가능성으로만 이야기할 수 있다. 그리스도교 신학은 실증적 차원에서 교회의 신앙 고백이 하느님의 가능성을 지식의 양태가 아니라 신앙 안에서 어떻게 해석하는가를 제시해야 한다. 그리고 사변적 차원에서 무엇이 이 가능성을 지지하거나 반대할 수 있는지를 물어야 한다.

제7장

교회 신앙의 계시자인 하느님

들어가며

그리스도교 전통이 고백하지만 인식적 차원에서 가능성의 지위를 넘어서지 않는 하느님이 과연 의미 있고 해명될 수 있는 것으로 선택되는 가능성을 드러내는가를 판단하기 위해서, 그리스도교는 자신의 하느님에 관해 이야기하는 바가 무엇인지를 질문해야 한다. 여기에서는 삼위일체론, 그리스도론, 성령론 및 그들이 전제로 하는 계시 개념의 근본 특징을 간략히 설명할 것이다.

1. 근본 전제 — 당신을 알리시는 하느님

사변적 신학은 그리스도인들이 신앙에서 고백하는 하느님을 가능성으로서 숙고해야 한다. 하느님인가 아닌가, 즉 하느님의 존재 여부는 아직 결정되지 않았다. 하지만 반대로 하느님 관념이 인간의 확신과 행동을 규정하면서 영향력을 행사한다는 사실에는 이론의 여지가 없다. 유다인 철학자 프란츠 로젠츠바이크Franz Rosenzweig(1886~1929년)는 이러한 역설을 다음과 같이 표현했다. "너희가 나를 고백할 때 나는 존재한다."[132] 그는 이 문장을 하느님의 입에 올린다. 그렇다면 그리스도교 신앙은 가능성으로서만 인식에 접근할 수 있는 실제를 자신의 관점에서 어떻게 기술하는가?

계시 관념

앞서 인용된 아우구스티누스의 《고백록》의 구절에서 히포의 주교였던 그가 이성 낙관론을 지녔다는 사실이 명확히 드러난다. 이것이, 인간의 이성이 하느님의 존재에 대한 통찰을 수용할 수 있다는 확신을 그에게 가져다주었음에도 불구하고 이성이 하느님의 역사적인 활동을 결코 인식할 수 없다는 사실 또한 그에게 분명했다. 이성은 보편과 원칙의 인식을 추구한다. 그와 반대로 역사의 사건은 개별적이며 반복되지 않고 법칙의 형태로 법칙 기제 안에서 해독되거나 예견되지 않는다. 하지만 인간의 삶은 이성 능력을 지닌 존재인 인간이 보편 인식 능력을 갖출 수 있음에도 불구하고 언제나 시간적 구조를 지닌 것으로, 장소에 따라 규정되는 것으로, 문화적 조건을 지닌 것으로, 즉 역사적인 것으로 전개된다. 특정한 **시간**, 특정한 **장소**, 특정한 **조건** 아래 사는 것이 인간 존재이다. 인간은 자신이 자리하는 이러한 특정성에 관계한다. 그리고 그가 자유로울 때 낯선 외부의 규정에서 벗어나 그 근거를 직접 결정하는 책임 있는 삶을 스스로 결정할 수 있다. 인간 존재가 규정된 시간 안에서 규정된 장소에서 지니는 사회적 특정성, 종교적 특정성, 상위 개념인 문화적 특정성 전체가 역사로 서술되는 것이다.

그리스도교 신앙은 하느님이 자신을 인간에게 알린다는 사실에서 출발한다. 하느님은 자신을 인간들에게 알리고 당신과의 공동체를 인간들에게 선사하며 당신 편에서 인간들과 공동체를 이루고자 시도한다. 하지만 인간이 언제나 특정 장소 안에, 특정 시간에, 특정 조건 아래 살아가는 역사적 존재이기 때문에 하느님의 알림은 인간의 편에서 역사적으로만 이루어질 수 있다. 하느님의 역사적인 자기 알림이 신학에서 계시로 표시된다.

제2차 바티칸 공의회

제2차 바티칸 공의회는 계시 이해를 공식화했다. 이 이해는 현대 가톨릭 신학에 결정적인 역할을 하며 카를 바르트Karl Barth (1886~1968년)에게서 이루어진 것과 같이 개신교 신학의 수용을 통해서 정확히 표현된다.

하느님께서는 당신 선성과 지혜로 당신 자신을 계시하시고 당신 뜻의 신비를(에페 1,9 참조) 기꺼이 알려 주시려 하셨으며, 이로써 사람들이 사람이 되신 말씀, 곧 그리스도를 통하여 성령 안에서 성부께 다가가고 하느님의 본성에 참여하도록 하셨다(에페 2,18; 2베드 1,4 참조). 그래서 눈에 보이지 않는 하느님께서는(콜로 1,15; 1티모 1,17 참조) 이 계시로써 당신의 넘치는 사랑으로 마치 친구를 대하시듯이 인간에게 말씀하시고(탈출 33,11; 요한 15,14-15 참조), 인간과 사귀시며(바룩 3,38 참조), 당신과 친교를 이루도록 인간을 부르시고 받아들이신다. 이 계시 경륜은 서로 긴밀히 결합된 행적과 말씀으로 실현된다. 구원의 역사 안에서 하느님께서 이루신 업적들은 가르침과 그리고 말씀들로 표현된 사실들을 드러내

고 확인하며, 말씀들은 업적들을 선포하며 그 안에 포함된 신비들을 밝혀 준다. 이 계시를 통하여 하느님과 인간 구원에 관한 심오한 진리가 중개자이시며 동시에 모든 계시의 충만이신 그리스도 안에서 우리에게 밝혀진다.[133]

제2차 바티칸 공의회, 하느님의 계시에 관한 교의 헌장 〈하느님의 말씀〉

자기 계시

제2차 바티칸 공의회는 그 중심에 정보 전달, 가르침과 계명이 자리하는 '지시 이론적' 계시 이해를 문제화한다. 이러한 사고 구조 안에서 하느님은 인간에게 무언가를 전달한다. 즉, 하느님은 인간으로 하여금 무언가를 알게 하고, 인간에게 무언가를 지시하거나 무언가를 금한다. 공의회는 계시 사건의 이러한 지시 이론적 통로를 완전히 닫지는 않았지만 "통교 이론적 참여적" 이해[134]를 위해 지시 이론적 통로를 상대화한다.

1962년부터 1965년 사이에 개최된 제2차 바티칸 공의회는 공의회를 소집한 요한 23세 교황의 의향에 따라 지성적이고 사목적인 관점에서 가톨릭 신앙의 '현대화(아조르나멘토)'를 위해 노력해야 했다.

통교 이론적 참여적 이해에 따르면 인간에게 신적 생명의 몫을 보장하는 공동체의 설립이 계시의 우선적인 목표가 된다. 하느님은 인간에게 무언가가 아니라 **당신 자신**에 참여할 몫을 우선적으로 주신다.

계시와 구원 사건

나자렛 예수 안에서 이루어진 하느님의 자기 규정

창조주와 피조물 사이의 간극 극복은 그리스도교의 확신에 따르면 계시 사건에 구원의 효력, 즉, 구원을 일으키는 효력을 부여한다. 왜냐하면 신앙 안에서 인간을 구원하는 불멸의 하느님이 죽음과 사멸성, 윤리적 악과 물리적 악에 의해 망가진 인간에게 당신의 생명과 선과 진리의 몫을 선사하려는 자비로운 권능으로 다가오기 때문이다. 인간이 역사적으로 규정되어 있기에 이는 오직 역사적으로만 전달될 수 있다. 하느님이 자신을 계시하면서 역사 안으로 등장한다. 하느님은 스스로를 역사적으로 규정하면서 역사적으로 규정된 인간을 만난다. 하느님의 역사적 자기 규정은 나자렛 예수에게서 정점에 도달한다고 교회는 고백한다. 하느님은 예수 안에서, 특정 조건 아래, 특정 시간에, 특정 장소에서 영위되는 구체적인 삶을 통해서 당신이 누구인지, 당신이 인간을 위해 어떤 이가 되고자 하는지를 드러낸다. 제2차 바티칸 공의회에 따르면 하느님은 넘치는 사랑이고, 당신과 공

동체를 이루도록 인간을 부르며, 인간에게 친구이고자 한다.[135]

성사인 계시

하느님이 인간에게 당신 뜻의 '신비'를 알려 주셨다는 번역이 정말로 특별하지 않게 표현하지만 이 맥락에서 라틴어 원문은 '성사sacramentum'의 동의어인 '미스테리움mysterium'을 사용한다. 성사는 내적인 은총의 매체가 되는 외적인 표지이고, 이 외적인 표지를 통해 내적인 은총이 전달된다. 일곱 성사를 통해서 다음의 내용이 가시화되어야 한다. 성찬례 내지 성만찬의 거행에서 빵과 포도주의 외적인 표지는, 빵과 포도주를 통해 전달된 내적인 은총, 즉 예수 그리스도의 현존을 공동체가 받았다고 믿을 정도로 변화된다. 예수 그리스도 역시 외적으로는 눈에 띄지 않는 사멸할 인간이지만 그리스도교 신앙 고백의 전통의 관점에서는 하느님 로고스의 가시적인 구현 형태이다. 또한 교회는 가시적으로 이루어진 단체이지만 자신을 역사적으로 지속되는 하느님의 현존의 장소로 이해한다.[136] 이 예수 그리스도와 교회는 성사로 표시된다. 이러한 유비적 개념이 계시 헌장 〈하느님의 말씀〉에서 계시 사건을 표현하는 데도 사용된다. 눈에 띄지 않는 외적인 사건에서 하느님은 당신을 인간에게 알려 준다.

해석인 계시와 해석 공동체인 교회

구성과 해체

외적으로 별것 아닌 것을 내적으로 심오한 것과 연결시키는 성사 개념은 그리스도교적 의미의 계시가 무조건 기적적이며 기적과 연관된 사건으로 이해될 필요는 없다는 사실을 분명히 한다. 성경의 기적 이야기가 계시는 아니다. 오히려 그와 반대로 기적 이야기는 외적인 확증을 통해 계시로 믿어지는 바에 신빙성을 부여하기 위해서 문학적으로 묘사되었다. 이러한 전략이 일부 고대 사회에서 큰 성과를 거둘 수 있었고 아마도 고대 독자들에게 문학적 수단으로 알려졌을 것이고 그에 걸맞게 해석되었다. 그와 반대로 진리가 무엇보다도 사실 진리로 이해되며, 이야기되는 바가 기록된 바 그대로 실제로 일어났는가 하는 질문만이 중요하게 여겨지고, 기적에 대한 의구심에서 이러한 질문이 이성적 질문의 일반적인 기준이 되어 버린 오늘날과 같은 시대에 그리스도교 신앙의 규범은 초자연적인 사건을 역사적 사실로 방어하는 데 있는 것이 아니라 이러한 이야기가 의도하는 사실 내용을 역사적 비평적 문학 분석을 통해 발굴하는 데에 있다.

구체적으로 말하자면 이스라엘 백성의 이집트 탈출에서 갈대 바다가 실제로 갈라졌는가(탈출 14,15-30 참조)는 사실에 거의 부합하지 않는다. 마태오 복음서와 루카 복음서의 유년 사화가 역사적인 보도라는 진술도 이와 마찬가지이다. 추측컨대 예수는 베들레헴의 한 동정녀에게서(마태 1,18-2,1; 루카 1,26-2,20 참조)가 아니라 전혀 유별나지 않게 자신의 고향인 나자렛의 평범한 가정에서 태어났을 것이다. 사람들은 역사 안에서 일어나는 하느님의 돌보심이라는 내적 은총을 담고 있는 외적 사실의 해석이 더 잘 수긍되도록 동정녀 출산(루카 1,26-38 참조) 관념이나 다윗의 출생지인 베들레헴과의 연결(루카 2,4 참조)과 같은 특정한 문학적 장소topoi를 사용했다. 그것은 이러한 외적인 사실이 스스로에게 특별함을 부여하는 가운데 자신이 표시하는 특별한 것에 더 걸맞게 된다고 여겨지기 때문이었다.

그리스도교 신앙은 이러한 외면성이 표시하는 바를 포기하거나 계시로 표시되는 바의 객관적 사실을 포기하지 않으면서 이 외면성에 대한 비평적 반성적 관계를 찾을 수 있다. 그 객관적 사실은 다름이 아니라 인간을 사랑하고 돌보는 하느님에 대한 신앙이다. 하느님은 역사적으로 당신 자신이 감지될 수 있도록 하며 하느님의 자기 계시는 나자렛 예수의 구체적 삶의 역사 안에서 능가될 수 없는 정점에 이르렀다.

해석의 개방성

가톨릭 이해에 따르면 성사가 비록 외적인 표지이기는 하지만 이 표지는 내적인 은총을 객관적으로, 즉 성사 수취인의 심경과 무관하게 전달된다. 하지만 이러한 전달을 인식하는 것과 이를 믿으면서 받아들이는 것은 주관적이며 오직 자유 안에서만 이루어질 수 있다. 예수와 동시대인들 가운데 일부는 예수 안에서 당시 적지 않았으리라고 추정되는 실패한 방랑 설교자의 모습을 발견했을지도 모른다. 그와 반대로 예수의 제자들은 예수 안에서 하느님이 그의 실패, 즉 죽음에서도 사라지도록 허락하지 않았던 하느님 나라의 선포자를 발견했다. 그들의 이해에 따르면 하느님은 예수의 하느님 선포를 그의 부활에서 당신의 것으로 삼았다. 즉 하느님은 그것을 정당한 것으로 인정했고 증명했다. 역사적으로 지속되는 예수의 제자 공동체인 교회는 이러한 해석을 따른다. 이와 달리 이러한 해석은 다른 이들에게 믿을 수 없으며 난해하고 신화로 채워져 있으며 결국 신뢰할 수 없는 것으로 드러난다. 어쩌면 그 해석은 정말 그럴 수도 있다. 신학적으로 그 해석은 가정으로 남아 있다. 하느님의 존재도 예수의 부활도 확증적으로 증명되지 않는다.

2. 몸을 지닌 하느님의 인성인 예수 그리스도

교회의 신앙 안에서 예수 그리스도가 누구인가 하는 질문을 정확히 표현하고자 하는 시도가 그리스도론이다. 달리 말해서 그리스도론은 그리스도인 예수에 관한 교회의 가르침이다.

부활 이전의 예수와 부활 이후의 그리스도

하느님 나라

예수 선포의 핵심 주제는 이웃 사랑의 계명이나 다른 윤리적 요구가 아니라 다가오는 하느님 나라에 대한 예고이다. 마르코 복음서에서 예수의 선포에 대한 부활 이후의 요약을 찾을 수 있다. "때가 차서 하느님의 나라가 가까이 왔다. 회개하고 복음을 믿어라."(마르 1,15) 마르코 복음서의 예수는 자신의 등장을 때가 찼다는 맥락에서 해석한다. 그의 등장의 시점인 지금 이 나라의 도래가 시작되었다. "이스라엘의 하느님이 임금으로서 세계를 지배한다는 것은 유다교 신앙의 자명한 전제이다." 하느님이 임금으로 다스린다는 당시 유다교 관념과 비교해서 예수의 하느님 나라 선포가 지닌 특별한 점은 "그 임금의 주권이 지금 세워진다는 알림이다. 이를 통해서 한편으로 하느님의 주권과 심판의 연결이 기본적인 의미를 얻고 다른 한편으로 이것은 구원의 시대의 예고를 의미한다."[137]

하느님이 행사하는 이러한 임금의 주권은 예수에게 순수 미래적인 것이 아니라 현재적이고 이미 시작되었으며 전진하는 요소이다. 이 임금의 주권은 인간의 행동을 중단시키는데, 거기서 심판 및 구원의 약속이라는 두 가지 형태를 동시에 취한다. 첫 번째 관점에 회개, '메타노이아', 깊은 숙고와 지금까지 생활 방식의 변화를 향한 부르심이 해당한다. 하지만 회개로의 부르심과 심판의 알림 곁에 구원 시대의 약속이 있다. 예수에 따르면 하느님이 지닌 임금의 주권은 이미 시작되었고 "너희 가운데에 있다."(루카 17,21)

하느님의 아들

예수가 자기 자신에 대해서 어떻게 생각하고 말했는지에 대한 논란이 크다. 그리스도론적으로 어떤 존칭을 예수가 스스로에게 사용했는지, 예수가 스스로를 하느님의 아들이라고 지칭했는지, 아니면 사람의 아들이라고 불렀는지는 더 이상 재구성되지 않는다. 그나마 확실한 것은 예수의 죽음과 부활 이후 제자 공동체 안에서 선포의 무게 중심이 옮겨졌다는 사실이다. 예수 자신에게 하느님 나라가 중심이었던 반면 부활 이후 예수가 중심에 세워졌다. 역사적 예수를 한 번도 만나지 않은 바오로 사도의 편지는 신약 성경의 가장 오래된 책들이다. 바오로 사도는 예수 상을 포괄적이고 사변적으로 해석한다. 일례로 로마 신자들에게 보낸 서간은 다음과 같이 서술한다. 그리스도 안에서 이루어진 속량, 즉 죄의 주권 영역으로부터의 석방을 통하여 하느님은 그를 속죄의 제물로 내세웠다(여기에 사용된 그리스어 단어는 '힐라스테리온'인데 이는 속죄판을 의미한다). 하느님은 당신의 의로움을 보여 주어 예수를 믿는 이를 의롭게 했다(로마 3,21-31 참조). 역사적 예수 본인과 예수가 지상에서 살았을 때의 제자들에게 이러한 해석은 낯설었을 것이다. 그리스도인으로 2세기 전반 로마에서 살았고 후에 이단으로 단죄된 마르키온과 성경 해석의 중요한 인물인 오리게네스는 바오로 사도에게서 명백히 드러나는, 하느님의 나라로부터 하느님의 아들로의 무게 중심 이동을 예수가 '하느님 나라 자체'(아우토 바실레이아)라는 사실로 설명한다. 예수의 선포와 죽음과 부활에서 예수가 선포한 것이 이루어지고 농축되어 수행된다는 것이다.

예수를 만났던 첫 제자들과 가장 초기의 그리스도인들이 이 사실을 개념적으로 달리 표현했다. 그렇다고 할지라도, '하느님 나라 자체' 관념은 부활 이후 공동체가 예수의 선포를 단순히 속행했다는 사실을 통해서가 아니라, 예수 상에 대한 숙고를 심화하고 그 자체를 선포의 대상으로 삼았다. 그러면서 예수의 선포에 더욱 합당하게 되고자 노력했다는 사실을 통해 자신과 예수 사이의 일관성을 유지했다는 사실을 적절히 표현한다.

그리스도론 발전의 초기 단계

부활이라는 도랑

여러 연구는 다음과 같은 사실에 의견의 일치를 보인다. "역사적 예수가 자기 자신에 대해 진술한 것보다 그리스도인들이 부활 이후 예수에 대해 더 많이, 즉 더 중요한 것과 더 의미 있는 것을 진술했다. 부활 이후 그리스도론이 부활 이전 예수의 자기 이해에 대해 지니는 이러한 '부가 가치'는 역사적으로나 객관적으로 부활 사건에 근거한다. 이 사건을 통해서 역사의 예수로부터 '케리그마의 그리스도', 즉 선포된 구원 상과 구원자 상이 나타났다. 논란이 되는 것은 이러한 '부활이라는 도랑'에도 불구하고 역사적 예수와 케리그마의 그리스도 사이의 연속성이 얼마나 강한가의 문제이다."[138] 지상 예수의 선포를 넘어가지만 이 예수를 주제로 삼는 초기 그리스도교 케리그마의 중심에 예수의 부활이 있다. 복음에 상응하는 구절을 '사후 예언vaticinia ex eventu, post eventum', 즉 추후에 형성된 구절로 평가할 때 예수 스스로도 자신의 죽음 이전에는, 당신의 제자들이 스승의 죽음과 부활 이후에 했던 방식처럼 부활을 자신에게 적용할 수는 없었다.

'앞으로' 또 '뒤로' 이루어진 그리스도론적 확장

바오로 사도는 십자가와 부활이라는 이중 도식 내지 예수의 죽음과 묻힘과 되살아남이라는 삼중 도식을 자신이 이미 전해 받아 공동체에 전한(1코린 15,1-5 참조) 복음의 핵심으로 보고한다. 이와 같이 죽음과 부활에 집중하는 모델은 초기 그리스도교 신앙 고백 형성 과정에서 '뒤로'는 종말론 내지 연속성을 유지하는 공동체 신학의 방향과, '앞으로'는 선재 그리스도론의 방향[139] 등 두 가지 방향으로 확장되었다. '뒤로' 이루어진 확장의 예는 사도행전에 있다. 베드로 사도는 되살아난 예수를 "하느님의 오른쪽으로 들어 올려진 분"이자 "약속된 성령을 아버지에게 받은 분"이며 그 성령을 "여러분이 보고 듣는 것처럼 부어 주신 분"(사도 2,33 참조)으로 소개한다. 도식이 '뒤로' 그리고 '앞으로' 확장된 경우는 필리피 신자들에게 보낸 서간에 있다. 여기서 바오로 사도는 그리스도 찬가(필리 2,6-11 참조)를 인용한다. 아마도 바오로 사도는 이미 완성된 형태의 이 찬가를 발견했을 것인데, 이 찬가는 신약 성경 안에서 가장 오래된 본문에 속한다. 이 찬가는 그리스도 예수가 "하느님의 모습"을 지녔지만 이기적으로 그를 당연한 것으로 여기지 않고, 오히려 당신 자신을 비워 "종의 모습"을 취했다(필리 2,6-7 참조)고 말한다. 이를 통해서 그리스도 예수는 사람들과 같이 되었고, 죽음에 이르기까지, "십자가 죽음에 이르기까지"(필리 2,8) 인간의 삶을 영위했다는 것이다. 그다음에 아마도 바오로 사도에 의해 아래의 구절이 추가되었을 것이다. "그러므로 하느님께서도 그분을 드높이 올리시고 모든 이름 위에 뛰어난 이름(품위 있는 지위)을 그분께 주셨습니다. 그리하여 예수님의 이름 앞에 하늘과 땅 위와 땅 아래에 있는 자들이 다 무릎을 꿇고 예수 그리스도는 주님이시라고 모두 고백하며 하느님 아버지께 영광을 드리게 하셨습니다."(필리 2,9-11)

이 찬가 안에서 "'죽음과 부활'의 그리스도론 도식"이 "'선재-자기 비움-현양'이라는 삼중 도식으로 대체"된다. 이를 통해 "하느님이 당신 종인 예수를 들어 높였다는 고대 그리스도론 모델이 새로운 배경"을 얻는다. "'종 예수'는 이제 그 보상을 받는 순종적이며 자신을 낮춘 수많은 이들 가운데 하나가 결코 아니라 다른 누구와도 달리 '하느님의 모습'을 지닌 유일한 이로서 특별히 들어 높여진다. 찬가는 여기에서 '드높이 올리다'라는《칠십인역》에서 하느님에게만 유보된 표현(시편 96,9 참조)을 사용한다. 최상급의 표현은 선재하는 이가 자발적인 낮춤을 위해 포기했던 옛 지위의 회복이 아니라 종임을 계속 주시하는 품위 있는 지위를 다룬다."[140]

이 찬가에 따르면 예수 그리스도 안에서 하느님의 실제가 구현된다. 예수 그리스도는 하느님으로부터 왔고 "하느님의 모습" 속에 있었고 "하느님과 같았지만"(필리 2,6) 인간으로서 수치스러운 십자가 죽음에 이르기까지 인간의 삶을 영위했고 모든 이들이 그를 '주님'(퀴리오스)이라고 불러야 할 정도로 하느님에 의해 현양되었다. 이 주님이라는 개념은《칠십인역》에서 하느님의 이름을 표시하는 네 문자인 JHWH를 대체하는 하느님의 명칭이었다. 인간인 나자렛 예수 안에서 더 이상 능가할 수 없으며 지금까지 없었던 우주적 차원의 충만함이 드러났다.

고대 교회의 논쟁

로고스 그리스도론
사람인 나자렛 예수를 그 이전에 있는 신적인 원리의 인간적인 구현으로 여기는 선재적 해석에서 특별히 사변적 그리스도론의 전개를 위한 공간이 마련되었다. 사변적 그리스도론이 보편적이며 형이상학적인 것을 위해 역사적인 개별성의 영역을 벗어나기 때문에 철학적 숙고에 연결될 수 있었다. 유다교 사회에서 발견되고 그리스도교 공동체가 그리스도와 동일시할 수 있었던 하느님 지혜의 선재 사고 이외에 말씀(로고스) 개념이 중요해졌다. 이미 요한 복음서에서(요한 1,1-17 참조) 그리스도의 선재를 기술하기 위해 사용된, 모든 것을 관통하는 하느님 이성의 이러한 관념은 여러 고대 철학 학파 안에서도 나름 기능을 수행했다. 2세기 로고스 그리스도론의 중요한 대표자 가운데 한 사람은 순교자 유스티누스이며 그는 스토아학파와 중기 플라톤주의의 영향을 수용했다.

유스티누스는 존재하는 모든 것이 신적인 세계영혼에 의해 가득 차 있다는 사실에서 출발했다. "세계 영혼은 플라톤주의자들에 따르면 세계 질서의 원리, 특히 세상 창조와 보존의 원리이다. 세계는 사람들이 누스 또는 로고스 …… 라고 부르는 이성적인 부분을 지닌다. 유스티누스에 따르면 이러한 우주론적 원리의 역할을 로고스, 곧 예수 그리스도가 받아들인다. 그리스도는 육화를 통해 '육신 그리고 이성 그리고 영혼'으로 역사 안에 나타났다."[141] 유스티누스가 역사적 예수를 영원한 로고스의 살과 혼을 갖춘 드러남이라고 생각하기 때문에 그는 그리스도교 신앙을 보편적으로 사유할 수 있다. 모든 인간이 이성의 능력을 갖춘 생명체이기 때문에 모두가 각자의 이성을 통해 신적인 로고스에 참여하며, 그 때문에 예수 안에서 일어난 역사적 사건에도 참여한다는 것이다. 모든 것을 관장하고 모든 것을 유지하는 이성적인 세계 구성 원리인 로고스는 그 씨앗을(로고스 스페르마티코스) 교회의 명백한 그리스도 신앙 고백뿐만 아니라 도처에 뿌린다는 것이다. "이 씨앗은 인간의 영 안에서 로고스에 참여participatio한다. 이들은 인간의 이성에 인식을 심어 주는 로고스의 활동에서 흘러나온다."[142]

아리우스의 도전

2세기와 3세기를 거치는 동안 그리스도교적 숙고와 이방의 철학 교육 사이의 결합이 점차 긴밀해졌으며, 이 결합은 '그리스도교의 헬레니즘화'라는 연구 개념 아래 요약된다. 이 개념 아래에 넓은 의미에서는 "당시 그리스 문화권 안의 합리성 및 학문의 표준과 제도적 모델을 두고" 그리스도인들이 벌인 논쟁이 이해된다. 그리고 좁은 의미에서는 "알렉산드리아의 교육 제도 및 거기서 실천된 고대 그리스도교 신학적 숙고 안에 있는 학문 문화의 변형"이 이해된다.[143] 이러한 발전에 어려움

아리우스는 높은 수준의 철학 교육을 받은 알렉산드리아 출신의 사제였다. 그의 가르침은 니케아 공의회에서 단죄되었다. 그래서 그는 교회사에 '이단의 원흉'으로 기록되었다.

도 따랐다. 예를 들어 중기 플라톤주의와 신플라톤주의에서 신적인 것은 3단계로 사유되었다. 로고스(이성)나 누스(정신)는 신적 영역의 일부였지만 존재의 위계 안에서는 단일한 '헨Hen(일자一者)' 아래 위치했다. 이러한 사실이 초기 호교론자들에게 문제가 되지 않았다. 왜냐하면 그들의 그리스도론이 구세사적으로 사유된 종속론적 방향을 취했기 때문이다. 그리스도는 성부에 의해 파견된, 성부에 순종하는 아들로 해석되었다.

4세기 초에 알렉산드리아의 사제인 아리우스Arius(250년경~336년)가 중간 영역의 수용을 통해 그때까지 해결되지 않았던 선재하는 로고스와 한 분인 하느님 사이의 관계에 대한 존재론적 규정을 명료히 하고자 시도했다. 성자는 "하느님의 완전한 피조물"이되 "여러 피조물 가운데 하나"가 아니며, 성자가 낳음을 받았지만 "낳음을 받은 여럿 가운데 하나가 아니라는" 것이다.[144] 성자가 신적이기는 하지만 하느님은 아니라는 것이다. 이전에 그리스도와 하느님 사이의 정확한 관계가 불명료하게 남아 있었던 반면에, 그리스도가 분명히 하느님이 아니지만 세상에도 속하지 않으며 존재론적으로 그 둘 사이의 중간 영역에서 활동한다는 아리우스의 명제는 격렬한 저항을 야기했으며, 이 저항은 4세기 전체와 그 이후로도 오랫동안 교회를 긴장하게 했다.

니케아 공의회

콘스탄티누스 황제의 개입

아리우스 명제를 둘러싸고 서서히 움튼 논쟁은 그 사이에 그리스도교에 눈독을 들였던 로마의 콘스탄티누스 황제(272~337년)가 자신이 개입하지 않으면 안 된다고 여길 정도로 매우 격렬해졌다. 사실 황제는 일생 예비 신자로 머물렀고 임종 때 아리우스를 지지하는 주교에게서 세례를 받았다. 이 과정에서 콘스탄티누스 황제는 사실에 근거하여 한편이나 다른 편, 즉 아리우스주의자들, 알렉산드리아의 알렉산더Alexander of Alexandria(250~328년경)를 중심으로 모인 반대파, 그 후 아타나시우스Athanasius(250년경~373년)를 중심으로 모인 반대파 등을 지지하는 것보다, 그가 제국의 정치적 통일의 수단으로 이용하고자 했던 교회 일치의 재건에 더 큰 관심을 가졌으리라 추정된다.

이러한 이유에서 콘스탄티누스 황제는 자신의 통치 지역 내의 주교들을 소집했다. 그에 따라 전설적인 숫자인 주교 318명이 도착했다. 이들 중 대부분은 로마 제국 동편의 주교들이었다. 일부 주교들은 불과 몇 년 전 디오클레티아누스 황제와 갈레리우스 황제 아래 이루어진 그리스도교에 대한 폭력적인 조처들의 상처를 여전히 몸에 지니고 있었다. 선재하는 그리스도가 하느님에 대해 지니는 관계를 논하기 위해 325년 황제가 이 주교들을 자신의 여름 별궁인 니케아에 초대했다는 사실이 불과 몇 년 사이에 어느 정도의 극적인 변화가 로마 제국의 종교 정책에 일어났는지를 보여 준다. 니케아 공의회는 한편으로 중요한 규율이나 교리 문제를 특정 지역 주교들의 모임에서 해명하곤 했던 교회의 시노드(공동의 길) 본성을 받아들였지만 동시에 이러한 시노드 문화에 새로움을 가져왔다. 즉, 세계 전체를 대표한다고 주장하며 모든 그리스도인들에게 구속력 있는 결정을 내리고자 했던 보편 공의회의 형태를 가져왔다. 하지만 그로부터 새로운 법률 제도가 생겨나리라는 것, 즉 니케아가 단번에 모든 문제를 해명할 수 없었으며 니케아 공의회가 후에 보편 공의회로 표시될 다른 공의회를 필요로 했다는 것이 당시에는 아직 알려지지 않았던 듯하다.

니케아 신앙 고백

결국 공의회에서 자체로는 동질적이지 않은, 아리우스의 반대자들이 자신들의 의견을 관철할 수 있었다. 이 집단은 카이사리아의 에우세비우스Eusebius of Caesarea(263년경~339년경)를 중심으로 한 오리게네스 중도파, 알렉산드리아의 알렉산더를 중심으로 한 오리게네스 우파, 안키라의 마르켈루스Marcellus of Ancyra(†374년)를 중심으로 하는 일부 非오리게네스파, 제국 서편 출신의 코르도바의 오시우스Ossius of Cordoba(265~359년경) 등으로 구성되었다.[145] 공의회 교부들은 세례 신경, 즉 세례 때 사용되었으며 이를 통해 교회 소속의 상징이 된 신앙 고백문을 전용해서 자신들의 신앙 고백을 작성했다. 여러 신앙 고백문은 대부분 "그러므로 너희는 가서 모든 민족을 제자로 삼아, 아버지와 아들과 성령의 이름으로 세례를 주어라."(마태 28,19)는 마태오 복음서의 세례 명령에 의존해서 세 부분으로 구성되었다. 신앙 고백문들은 각각 성부와 성자와 성령을 다루었던 세 항목을 갖추었다. 니케아 공의회는 예수 그리스도를 다루는 두 번째 항목에 몇 가지 추가 내용을 제공했는데, 이는 아리우스의 가르침을 오해의 여지없이 거부하기 위한 것이었다.

> 우리는 한 분이신 하느님, 전능하신 아버지,
> 보이는 것과 보이지 않는 만물의 창조주를 믿습니다.
> 또한 한 분이신 주님, 예수 그리스도,
> 하느님의 아드님, 성부로부터 즉 **성부의 본체**ousia로부터
> 태어나신 외아들[1],
> 하느님에게서 나신 하느님, 빛에서 나신 빛,
> **참하느님에게서 나신 참하느님**으로서[2],
> **창조되지 않고 낳음을 받으시어**[3]
> **성부와 한 본체이시며**homoousios[4]
> 그분을 통하여 하늘과 땅의 만물이 창조된 분을 믿습니다.
> 그분께서는 우리 인간을 위하여, 우리 구원을 위하여
> 내려오시어 육화하시고 사람이 되셨으며,

수난하시고 사흘날에 부활하셨고, 하늘에 오르셨으며,
산 이와 죽은 이를 심판하러 다시 오실 것입니다.
또한 [우리는] 한 분이신 성령을 [믿습니다.][146]

니케아 공의회, 신앙 고백

반아리우스적 삽입구

 네 개의 숫자로 표시된 구절은 신앙 고백 안의 반아리우스적 삽입구를 나타낸다. 아드님은 "성부의 본체로부터"[1] 온 이로 고백된다. 그리스어로는 '우시아ousia', 라틴어로는 '숩스탄티아 substantia', '에센티아essentia', '나투라natura' 등으로 표기되는 본체는 어떤 것을 그의 정체성에 따르는 것으로 만드는 것을 나타낸다. 아드님이 성부의 본체로부터 온다면 성부는 자신의 신적 본질의 몫을 아드님에게 준 것이다. 그래서 아드님은 "참하느님에게서 나신 참하느님"[2]이다. 성부와 아드님 사이의 관계가 '하느님'과 '하느님 아님' 사이에 있는 피조물적 차이의 이유가 되는 창조와 피조의 관계가 결코 아니라는 사실이 낳음의 비유를 통해 진술된다. "창조되지 않고 낳음을 받은"[3] 이는 자신을 낳은 자와 같이 동일한 존재 단계에서 활동한다. 이 사실을 예수 그리스도는 "성부와 한 본체이시며(호모우시오스 토 파트리)"[4]라는 공의회의 최고 진술도 설명한다. 즉 그리스도는 중간 존재가 결코 아니라 온전한 의미에서 하느님이라는 사실을 니케아 공의회 교부들은 황제와 함께 선언했다.

니케아 공의회 이후 논쟁

목표를 향한 직선적인 발전은 없다

고대 교회의 한 공의회에서 다음 공의회로 뛰어넘는 교의 신학사는 때로 어떤 문제가 발생하고, 그 해결책이 발견되고, 그 해결책에 근거하여 새로운 문제가 발생하고, 다시 새로운 해결책이 마련된 것이 그리스도교 신앙 교리의 발전사라는 인상을 유발한다. 이러한 직선적 역사상은 실제적인 발전을 희화한 것이다. 하지만 그러한 발전에서 논쟁에 참여했던 이들 가운데 누구도 그 뒤로 한 발 물러설 준비가 되어 있었던, 유효하고 명확히 정해진 것은 사실상 거의 없었다. 니케아 공의회 신학의 수용은 이에 대한 생생한 예이다. 니케아 공의회는 그 참석자의 다수가 희망했던 것과 달리 아리우스 논쟁의 종점이 아니라 그 열전의 개시에 불과했다.

니케아 공의회에 등을 돌린 콘스탄티누스

니케아 공의회의 결정을 처음에 관철했던 콘스탄티누스 황제는 328년부터 방향을 바꿔 니케아 공의회를 반대했다.[147] 공의회의 신앙 고백을 거부했던 주교들이 유배에서 귀환할 수 있었던 반면, 알렉산드리아의 아타나시우스와 같이 니케아 공의회의 가르침을 따랐던 주교들은 335년 티루스 시노드에서 파면되었다. 니케아 공의회 반대파가 특히 제국 동편 주교들 사이에서 우위를 점했고, 서방은 이 사실을 비판적으로 주시했다. 이는 단순히 니케아 공의회의 결정에 대한 형식적인 충실함 때문만이 아니었다. 실제로 니케아 공의회의 결정은 공의회 이후 수십 년 동안 갈리아 지방과 같은 제국 서편의 일부 지역에 아직 알려지지 않았었다.[148] 서방은 니케아 공의회 반대파의 가르침과 행동 방식에 대한 신학적이고 법률적인 의구심 때문에도 비판적인 입장을 취했다. 그래서 340년 로마 시노드는 티루스 시노드의 주교 파면 결정을 불법적이라고 선언했는데, 341년 안티오키아 시노드는 이에 반대하는 결정을 내렸다. 그에 대해서 다시 로마 시노드는, 더 큰 시노드는 더 작은 시노드의 결정을 무효화할 수 있으며 특히 로마와 안티오키아와 알렉산드리아의 세 사도좌는 중요한 문제들을 독립적으로가 아니라 상호 조정을 통해 결정해야 한다는 사실을 확인했다. 콘스탄티누스 황제 사후

니케아 공의회에 대한 단순화된 묘사. 콘스탄티누스 황제가 주교들 가운데 앉아 있고 패배한 이단자인 아리우스는 바닥에 엎드려 있다.

그의 아들들인 콘스탄티우스와 콘스탄스를 통해 이루어진 제국의 분할 뒤 의견 차이를 사르디카 시노드를 통해 해소하려는 시도는 실패했다.

되풀이되는 분열

콘스탄티우스 황제는 제국을 다시 통일한 후 359년 동방의 셀레우키아와 서방의 리미니에서 두 개의 시노드를 한꺼번에 소집하면서 다시 한 번 갈등을 해소하고자 시도했다. 하지만 두 개의 시노드에서 네 개의 당파가 형성되었기 때문에 그 결과는 갈등의 해소가 아니라 반복이었다. 니케아 공의회의 지지자들인 동일 본질파homoousios, 전통적인 아리우스 지지자들인 비非유사파anhomoios가 양극을 형성했고 그 중간에 유사 본질파homoiousios와 유사파homoios가 자리했다. 유사 본질파는 로고스가 성부의 본질과 유사하지만 동일한 본질은 아니라는 입장에서 출발했고 자신의 입장을 관철할 수는 없었다. 유사파는 아들은 '성경에 따라 성부와 유사하다'는, 황제의 압박으로 관철된 형식을 지지했다. 그들은 모든 암초를 멀리 돌아가면서 본체 개념을 생략하는 언어 규정을 선호했다. 배교자 율리아누스 황제는 다시 제국의 이교화를 시도하는 과정에서 그리스도교 신학 논쟁에 대한 무관심과 교회 내부의 혼란을 가중시키고자 했던 정치적 계산 때문에 유배를 당했던 니케아 공의회 지지파 주교들을 돌아오게 했다. 그때야 비로소 동일 본질파가 세력을 공고히 할 수 있었다.

이들은 율리아누스의 서방 후계자인 발렌티니아누스 황제의 지지를 받았다. 하지만 동방의 발렌스 황제는 계속해서 셀레우키아와 리미니의 유사파를 지지했다. 서방의 그라티아누스 황제와 동방의 테오도시우스 황제와 더불어 교회의 일치가 적어도 로마 제국 내부에서 서서히 다시 이루어졌다. 교회는 많은 형식과 당파가 생겨난 것에 피로를 느꼈고 이제 유효성을 다시 인정받고 황제에 의해 재촉된 니케아 신앙 고백으로 돌아왔다. 379년부터 382년 사이에 니케아 공의회의 신앙 고백을 확인했던 많은 시노드가 열렸는데, 그중에는 후에 제2차 보편 공의회로 인정되는 381년 콘스탄티노폴리스 시노드가 있었다. 여기서 비로소 성령의 신성도 공의회 가르침의 주제가 되었다.

3. 하느님의 지속적인 현존인 성령

성령의 망각?

신학이 '성령을 망각한다'는 현대의 습관적인 불평이 일부 지역에서 이미 실제적인 "성령의 망각"으로 전락했다.[149] 성령이 조직적으로 잊혔으며 성령의 의미가 아직 충분히 평가되지 않았다는 것이다. 또한 교회를 세우거나 비판하는 성령의 잠재성이 아직까지 온전히 이용되지 않았다는 것이다. 그리스도론적으로 지나치게 강조된 그리스도교 신론을 그로부터 해방시키고 성령론적으로 더 강력히 정립하려는 시도들은 그 의도의 많은 설명에도 불구하고 아직 시작 단계에 있고 원칙적인 이유에서 그를 벗어나 더 성장하지 않을 수도 있다. 왜냐하면 예수 그리스도가 매우 특정한 시간에 인간적으로 제시한 하느님의 개방성을 성령이 지속적으로 중재한다는 사실 이상으로 성령에 관해 이야기되지 않기 때문이다. 신약 성경에서 보았을 때 성령은 한편으로 예수를 앞서가며 그의 활동의 토대이다. 영의 기름부음을 받은 이(=그리스도)로서 예수는 성령의 능력으로 활동했다. 예수의 활동을 "성령께서 비둘기처럼 당신께 내려온"(마르 1,10) 그의 세례와 더불어 개시하도록 하는 마르코에게서나, 예수를 동정녀 마리아에게서 나도록 하는 마태오나 루카에게서도 아이는 마리아에게 내려 온(루카 1,35 참조) "성령으로 말미암았다."(마태 1,20) 영의 담지자로서 예수는 하느님의 전권을 가지고 행동함으로써 스스로 영의 수여자가 된다. 그러한 이유에서 성령은 예수의 활동을 앞서 갈 뿐만 아니라 다른 한편 예수를 뒤따라간다.[150]

영과 공동체

영과 사명

신약 성경의 책들 가운데서 루카의 두 작품인 루카 복음서와 사도행전이 가장 철저한 성령론적 구상을 지닌다. 예수의 탄생은 성령 활동의 결과로 이해되고, 성령은 예수 공생활 시작에 자리한다(루카 3,22 참조). 예수는 자신의 등장을 성령의 내림으로(루카 4,18 참조) 해석하고, 죽음을 맞는 예수는 숨을 거둔다(=영을 내쉰다)(루카 23,46 참조). 성령은 사도행전의 갓 형성된 공동체에 내리며(사도 2,4 참조), 이 공동체로 하여금 말과 행동으로 복음을 선포하도록 이끌며, 그 공동체에게 조언하고, 공동체와 더불어 결정하고(사도 15,28 참조), 공동체를 이끌도록 감독을 세운다(사도 20,28 참조). 여기서 성령이 과연 인격적으로 사유되는지, 어떻게 인격적으로 사유되는지가 불분명하다. 초기 유다교는 이미 그리스도론 맥락의 지혜 사변에서 암시된 대로 신적인 능력에 대한 관념을 지니고 있었다. 하지만 이 능력이 후에 그리스도교 삼위일체론에 수용된 말씀의 의미에서처럼 인격적으로 생각되지는 않는다. 히브리 성경의 '루아흐'나 《칠십인역》 성경의 '프네우마'는 대부분 비인격적인 능력을 표시한다. 이 능력을 통해서 하느님은 생명을 선사하고(시편 104,30 참조), 당신 백성 이스라엘을 이끌고(판관 6,34 참조), 예언자를 부르고 그들을 "딴사람으로 바꾼다."(1사무 10,6 참조) 혹은 이 능력은 묵시적 전통에서 핍박받는 이스라엘을 다시 일으켜 세우는 종말적 선물로 이해된다(에제 39,29 참조).

파라클레토스

요한 복음서의 파라클레토스 구조는 예수와 영 사이의 관계 및 그리스도교 공동체와 영 사이의 관계에 특별히 시사하는 바가 많다.[151] 요한 복음서의 고별 담화에서 예수는 당신의 제자들에게 "보호자"(파라클레토스)를 약속한다. 하지만 그가 정확히 누구인지 무엇인지 명확히 설명되지는 않는다. 예수는 "내가 아버지께 청하면, 아버지께서는 다른 보호자를 너희에게 보내시어, 영원히 너희와 함께 있도록 하실 것이다. 그분은 진리의 영이시다. 세상은 그분을 보지도 못하고 알지도 못하기 때문에 그분을 받아들이지 못한다."(요한 14,16-17)라고 말한다. 예수는 파라클레토스를 '진리의 영' 내지 '성령'(요한 14,26 참조)이라고 일컫지만 ('또 다른' 내지 '두 번째'라는 의미의) '다른' 보호자를 약속하는데, 이는 예수의 제자들이 이미 어떤 비교대상을 지녀야 한다는 사실을 의미한다. 즉, 예수 본인이 요한의 첫째 서간에서 명시적으로 파라클레토스(변호해 주는 분)로 지칭된다(1요한 2,1 참조).

그러므로 공동체에 현존하는 파라클레토스인 예수와 앞으로 올 파라클레토스 사이에 근본적인 연속성이 존재한다. 앞으로 올 파라클레토스는 요한 복음서의 예수처럼(요한 5,37 참조) 아버지에 의해, 하지만 또 다른 구절에서는 현양된 그리스도와 아버지에 의해(요한 16,7 참조) 보내질 것이고 그의 과제는 제자들에게 "모든 것을 가르치고" 예수가 그들에게 "말한 모든 것을 기억하게"(요한 14,26) 하는 것이다. 그러므로 파라클레토스는 예수가 지녔던 가르침의 과제를 맡아 어느 측면에서는 예수보다 더 잘, 더 포괄적으로 가르칠 것이다. "내가 떠나는 것이 너희에게 이롭다. 내가 떠나지 않으면 보호자께서 너희에게 오지 않으신다. 그러

나 내가 가면 그분을 너희에게 보내겠다."(요한 16,7)

요한 복음서의 예수는 당신의 제자들에게 아직 가르칠 것이 더 많았을 것이나 제자들이 이 시점에서 그 가르침을 감당하지 못하리라는 확신을 지니고 있다. "그러나 그분 곧 진리의 영께서 오시면 너희를 모든 진리 안으로 이끌어 주실 것이다. 그분께서는 스스로 이야기하지 않으시고 들으시는 것만 이야기하시며, 또 앞으로 올 일들을 너희에게 알려 주실 것이다. 그분께서 나를 영광스럽게 하실 것이다. 나에게서 받아 너희에게 알려주실 것이기 때문이다. 아버지께서 가지고 계신 것은 모두 나의 것이다."(요한 16,13-15) 요한 복음서에서 예수는 당신 자신에 대해 진리(요한 14,6 참조)라고 말하지만 동시에 공동체를 '온전한 진리', '모든 진리'로 이끌 '진리의 영'도 약속한다. 파라클레토스는 예수에 대한 연속성 안에서 예수의 업적을 속행하고 완성할 것이다. 왜냐하면 예수처럼 영 또한 스스로 이야기하지 않고 들은 것만을 알려 줄 것이기 때문이다. 그러한 이유에서 아버지는 영이 가르치는 바의 보증인으로(요한 8,26 참조) 처신할 수 있다.

신앙 고백에서 성령

어떤 다른 것이 아니라 다른 분

마태오 복음서의 세례 명령(마태 28,19 참조)에 상응하는 세 부분으로 구성된 세례 신앙 고백의 구조를 통해, 성령은 성부와 성자에 이어 세 번째 항목의 주제였으며 그렇게 초기 교회 전례와 신앙 고백 실천에 나타났다. 하지만 그의 인격성을 어떻게 생각할 수 있는지, 그가 하느님에 대해 정확히 어떤 관계를 지녔는지는 오랫동안 불분명했다. 특히 4세기의 격렬한 논쟁 뒤에야 비로소 '알리우스, 논 알리우드alius, non aliud'라는 해석이 관철되었다. "이는 아들 안에서 아버지와 '다른 분'을 만나는 것과 같이, 성령은 아들과는 '어떤 다른 분alius'라는 것을 말한다. 하지만 아들과 영이 아버지에 비해서 피조물이나 어떤 영적인 에너지와 같은 '어떤 다른 것aliud'이 결코 아니다. 그들은 그와 반대로 설령 그들의 방식을 따른다고 할지라도 아버지와 **같이 하느님**이다."[152] 이러한 통찰은 이미 언급된 신적인 것의 삼중 구조 관념의 도움, 또 스토아 철학과 중기 플라톤주의에서 만나는 모든 것을 채우는 프쉬케, 세계 영혼 관념의 도움으로 용이하게 얻어졌다. 하지만 여기서 프쉬케가 로고스에 대해 지니는 관계는 이미 순교자 유스티누스를 언급하며 암시한 대로 결코 명확하지 않다.

콘스탄티노폴리스 공의회

이전 수십 년 동안 격렬한 논쟁을 겪은 니케아 공의회의 신앙 고백을 그리스도론적 관점에서 확인하고 니케아 정식에서 "또한 [우리는] 한 분이신 성령을 [믿습니다]."라고만 나와 있던 신앙 고백의 세 번째 항목을 확장했던 381년 제1차 콘스탄티노폴리스 공의회에서 성령에 대한 교리가 공의회를 통해 확정되었다.

우리는 한 분이신 하느님,

전능하신 아버지, 하늘과 땅과 보이는 것과 보이지 않는

만물의 창조주를 믿습니다.

또한 한 분이신 주님 예수 그리스도, ……

또한 주님이시며(토 퀴리온 to kyrion) 생명을 주시는 성령을

믿습니다.

성령께서는 성부에게서 발출하시고

성부와 성자와 더불어 흠숭과 영광을 받으시며,

예언자들을 통해 말씀하셨습니다.

[우리는] 하나이고 거룩하며 보편되며 사도적인 교회를 [믿고],

죄의 용서를 위한 유일한 세례를 고백하며

죽은 이들의 부활과 내세의 삶을 기다립니다.

아멘.[153]

제1차 콘스탄티노폴리스 공의회, 신앙 고백

여기서 사용된 중성 명사 '토 퀴리온'이 이외의 경우 통상적으로 사용되며 아버지와 아들에게도 사용된 남성 명사와 비교할 때 의도적으로 어떤 등급을 나타내는가 여부는 논란이 된다. 또한 니케아 공의회가 아버지와 아들의 관계를 설명하기 위해 사용했던 '한 본체'(호모우시오스)를 콘스탄티노폴리스 공의회가 영이 지닌 동일한 신적인 품위를 일관된 논리로 나타내기 위해 사용할

수 있었을 것임에도 이를 성령에 대해 진술하지 않는 것도 눈에 띈다. 그 대신에 콘스탄티노폴리스 공의회는 영의 신적인 품위를 성령이 전례에서 받는 흠숭으로부터 구상한다. 한 본체(호모우시오스)가 아니라 성부와 성자가 받는 같은 영광(호모티메)이 영의 신성을 표시한다. 영과 관련된 하느님 내부 구조에서 콘스탄티노폴리스 공의회는 성령이 성부에게서 발출한다고 가르쳤다. 성령이 성부와 성자에게서 발하게 하는 '필리오퀘filioque'라는 라틴 교회에서 통상적으로 사용되는 부가문을 중세 초기 서방이 보충했다. 원문을 고집하는 동방은 이러한 보충을 거절했으며 이 보충은 오늘날까지 신랄한 논쟁 대상으로 남아 있다.

삼위일체 신학의 언어 규정

한 본체, 세 위격

콘스탄티노폴리스 공의회의 확정으로 고대 교회의 삼위일체적 하느님 상 정립 작업이 대부분 마무리되었다. 381년 콘스탄티노폴리스 공의회의 결과를 로마에서 개최된 한 모임에 전달하는 콘스탄티노폴리스 후속 시노드 문헌이 382년에 작성되었는데, 그 문헌에서 엄밀한 개념들이 요약된다. 그에 따르면 '참된' 교리는 "아버지와 아들과 성령의 이름을 믿는 데에 있다. 여기서 분명히 아버지와 아들과 성령의 하나의 신성, 하나의 권능, 하나의 존재 및 완전한 세 히포스타제, 즉 완전한 세 위격 안에 있는 같은 영광과 품위, 똑같이 영원한 주권이 믿어진다."[154] 그리스도교 신론의 정통으로 관철된 언어 규정은 아버지와 아들과 영이라는 **세** 휘포스타시스 내지 위격 안에 존재하는 하느님의 **하나**의 존재, 본체, 본질, 본성이 있다는 사실에서 출발한다.

두 본성 교리

특히 에페소(431년), 칼케돈(451년), 제3차 콘스탄티노폴리스 공의회(680년경) 등, 후에 보편 공의회로 인정될 후속 공의회의 논쟁은 더 이상 이와 같이 구성된 삼위일체 신학을 흔들지 않았다. 다만 그 신학의 사변적 귀결 문제, 특히 그리스도론 영역의 문제를 다루었다. 에페소 공의회를 앞두고 콘스탄티노폴리스 총대주교였던 네스토리우스Nestorius(386~451년경)와 알렉산드리아의 키릴루스Cyrillus of Alexandria(380~444년경)는 예수의 인성이 예수의 신성에 대해 어떤 관계를 지니는지, 생물학적 어머니인 마리아가 '천주의 성모님'이라고 불릴 정도로 신적인 로고스의 특성이 인간 예수에게도 진술될 수 있는지(이는 에페소 공의회에서 최종적으로 승인되었다)의 문제를 토론했다. 이 문제에 대해서 칼케돈 공의회는 소위 두 본성 교리를 통해 원칙적인 답을 주었다.

그러므로 우리는 [니케아 공의회의] 거룩한 교부들을 따라 만장일치로,

> 한 분이시며 동일하신 아드님, 우리 주 예수 그리스도,
> 신성에 있어서 완전하시고 인성에 있어서도 완전하시며, ……
> 한 분이시고 동일하신 외아드님 주 그리스도는
> 혼합이나 변화, 분리나 분할 없이
> 두 가지 본성 안에서 인식된다.
> 본성들 사이의 차이는 그들의 결합으로 인하여
> 사라지는 것이 아니며,
> 각 본성의 고유성이 보존되면서
> 두 본성이 하나의 위격(prosōpon 및 hypostasis)으로 결합된다.[155]

칼케돈 공의회, 신앙 고백

예수 그리스도에게 인성과 신성 등 두 가지 본성이 귀속된다. 선재하는 로고스가 그 안에 육화했기 때문에 그는 하느님이지만 마리아의 아들로서 인간이다. 공의회에 중요한 것은 예수 그리스도가 반은 하느님이고 반은 인간이 아니라, 온전히 인간이자 온전히 하느님이라는 사실이다. 예수 그리스도가 두 본성을 지니는 사정에도 불구하고 그리스도의 위격 내지 휘포스타시스는 인간으로서 인성을 취한 유일한 신적인 로고스이다. 하지만 이 인성은 신적인 로고스의 휘포스타시스를 넘어 개인에게 고유한 특성을 얻지 못한다. 이 명제는 이어지는 수백 년 동안 논란이 될 것이다. 이러한 위격적 결합 안에서 두 본성은 그들의

존재론적 자율성을 유지한다. 그들은 자기 안에서 '분할되지 않고' 자체로 '변화되지 않는다.'

그럼에도 불구하고 두 본성은 로고스의 위격을 통해 '혼합되지 않으면서도' '분리되지 않을' 정도로 긴밀히 연결되어 있다. 제3차 콘스탄티노폴리스 공의회와 같이 이어지는 공의회들은 이 규정에서 연유하는 사변적인 귀결 문제를 다루었다. 의지가 본성의 차원에 위치하는 것인지, 그리스도가 신적 의지와 인간적 의지 등 두 의지를 지녔다(양의론兩意論, Dyotheletismus)는 것은 과연 무엇을 의미하는지, 의지는 위격에 관여하는 것으로 그리스도에게는 하나의 의지만이 주어지는 것인지(단의론單意論, Monotheletismus) 등이 단의론 논쟁의 문제였다. 최종적으로 양의론이 자신의 입장을 관철할 수 있었다. 양의론과 단의론 등 두 경우 모두에 유효한 것은 칼케돈의 정식이 정확히 어떻게 이해되는지가 결정되지 않았다는 것이다. 하지만 칼케돈 공의회가 신학적으로 분별력이 있었으며 구속력을 지녔다는 것은 적어도 알렉산드리아를 제외하고는 인정되었다. 알렉산드리아 교회는 두 본성 교리를 따르지 않았다.

종합

5세기 중반에 그리스도교 신론을 완전히 철학적 전문 용어, 특히 중기 플라톤주의와 신플라톤주의의 전문 용어로 표현하는 것이 가능했다. 하느님은 이미 테르툴리아누스가 도입한 인공적인 개념처럼 '삼위일체', 즉 셋이면서 하나로 사유되었다. 세 위격 안에 있는 한 분의 하느님을 사람들이 믿었다. 하느님의 단일성, 즉 아버지와 아들과 영에게 공통된 것은 하나의 신적인 본체, 실체, 본질, 본성 내지 유일한 하느님의 본질로 파악되었다. 삼三은 위격 내지 휘포스타시스 개념을 통해 표시되었다. 아들의 육화는 삼위일체의 두 번째 위격이 인성을 취했지만 그 안에서 위격이나 신성에 관계된 것은 아무런 침해를 받지 않은 채로 남았다고 해석되었다. 그래서 예수의 죽음은 사실상 인성의 죽음으로만 이해될 수 있었고 반면에 신성과 로고스의 휘포스타시스는 신적인 본성에 따라 죽임을 당하지 않았다. 두 본성은 로고스의 위격 안에 이루어지는 결합을 통해 한 본성의 특성이 다른 본성의 특성으로도 진술될 수 있을 정도로 서로 긴밀히 연결되어 있다. "예수(인성)는 하느님(신성)이다." 내지 "하느님(여기서는 예수의 인성이 지칭된다)이 죽었다."와 같은 진술은 '속성의 교환communicatio idiomatum' 원칙을 통해 가능하기는 하지만 존재론의 측면에서는 적절하지 않은 진술 형식이었다.

4. 그리스도교 하느님 상의 해체와 재구성

삼위일체론과 두 본성 교리는 교회의 신앙 고백에 깊이 새겨졌다. 이들은 가톨릭 교회, 개신교 교회, 동방 정교회에서 규범으로 여겨진다. 하지만 18세기 이래 그에 점차 신랄한 질문이 제기된다. 하느님이 과연 존재하는지, 하느님을 개념화하는 모든 시도가 대상의 부재에서 실패할 수밖에 없지 않은가 하는 원칙적인 불확실성 이외에도 신학 내부에서 특히 네 가지 사항에 대한 비판의 목소리가 커졌다.

성경의 토대로부터의 소외

4세기와 5세기의 표현 속에 있는 신론과 그리스도론이 그 성서적 토대로부터 너무 멀어졌다는 것이 주된 비판 사항이다. 예수가 성부와 한 본체라는 사실이 성경 안에서 표현상으로나 내용상으로 발견될 수 없다는 것이다. 그러므로 그리스도에 대한 고백을 선재 그리스도론과 우주적 종말론적 그리스도론을 위해 앞으로 또 뒤로 확장한 것은 철학적 사변 충동에 근거하는 허구라는 것이다. "18세기 독일 개신교 신학에서 관철되는 성경에 대한 역사적 비판은 지상에서 짧은 인생을 영위한, 하늘에서 내려온 하느님의 아들을 교의적 구성이라고 폭로했다. 이제 고대 교회의 두 본성 교리가 점점 더 문제시되었고 나자렛 예수의 종교적 의미를 적절히 표현하는 데에 적합하지 않은 것으로 여겨졌다."[156] 간단히 말하자면, 삼위일체론과 교의적 그리스도론이 예수의 등장에 관해서 해석한 바가 역사적 예수 안에 '실제 근거fundamentum in re'를 지니지 않는다.

그리스도교 '헬레니즘화'에 대한 비판

그리스도교 신론이 교회 초세기에 그리스 철학 사고 구조 안으로 너무 들어갔고 그를 통해 플라톤주의를 교회의 정식으로, 즉 정통 신앙으로 인정된 그리스도교 하느님 개념의 구속력 있는 규준으로 만들었다는 비난은 이 비판과 밀접히 연관되어 있다. 이를 통해서 신론과 그리스도론은 영원한 존재와 사물의 확고한 본성이 문제가 있는 것으로 비쳐진 근대 형이상학 비판의 소용돌이에 휘말렸다.[157] 세 위격에 존재하는, 혹은 한 휘포스타시스와 두 본성에 완벽히 귀속되는 하느님의 우시아(본질) 관념은 정적이며 존재론적인 개념에 대한 심각한 의문 앞에서 중재하기 매우 어려운 것으로 보인다. 게다가 많은 개념의 의미가 고대 이래 계속 변화되었다.

이에 신학자인 프리드리히 슐라이어마허Friedlich Schleiermachder(1768~1834년)는, 본성은 "유한한 모든 존재의 총체"를 이루고 "개념화된 존재와 반대로 제한된 존재"로부터 진술되기 때문에 신적인 본성에 관한 진술에 "무의식적인 영향이라고 할지라도 이교적 사고의 흔적을 자체로" 지닌다고 가정하면서[158] 그러한 개념을 경계한다.

개념 형성에서 드러난 내적인 취약성

앞서 언급한 의구심은 전승된 신론의 비일관성에 대한 의견도 강화한다. 자체로 개인적인 특성을 지니지 않으면서 전혀 인간적이지 않은 로고스의 신적인 휘포스타시스에 붙어 있는 인성을 과연 어떻게 생각할 수 있는지가 불분명하다. 예수의 죽음과 관련해서도 마찬가지이다. 오직 인성만이 고통과 죽음을 당할 수 있었으며 신성과 영원한 로고스는 죽지 않았다면 유일한 예수 그리스도가 정말로 죽었다는 것이 어떻게 생각될 수 있는가?

구원론의 위기

고대 교회 그리스도론의 주요 동인은 구원론, 즉 인간의 구원에 대한 가르침이었다. 구원이 사고될 수 있으려면 그리스도가 어떻게 사유되어야 하는가? 이 주도적인 질문은 '수용되지 않은 것은 구원되지 않는다quod non assumptum, non sanatum'는 원리와 한 쌍을 이루면서 신론과 그리스도론 발전에 중요한 역할을 수행했다.[159] 하느님이 인간을 온전히 받아들였을 경우에만(이는 사람이 된 하느님의 로고스 안에서 형이상학적으로 표현된다), 구원이 사유될 수 있다는 것이다. 하지만 무엇으로부터의 구원인지, 무엇을 통한 구원인지, 무엇을 향한 구원인지 등 여러 질문이 제기된다. 5세기 원죄론이 아직 교회의 구속력 있는 교리에 속하지 않았지만, 인간은 죄에 연루되어 있으며 이 죄로부터 해방되어야 한다는 관념이 당시에 널리 퍼져 있었다. 하지만 이 관념은 오늘날 상당히 낯설게 되었다. 과연 구원이 어떻게 이루어져야 하는가? 십자가에서 봉헌된 그리스도의 속죄의 희생을 통해서인가? 아니면 그리스도의 육화, 즉 예수 안에서 대리적으로 이루어진 하느님의 인성 수용을 통해서인가? 하느님은 다른 방식으로도, 무엇보다도 더 간단하고 더 명료하게 구원할 수 없었는가? 도대체 무엇 때문에 인간이 구원되어야 하는가? 구원이 차안의 부가가치를 지니는가? 아니면 천국의 문을 여는 구세주의 의미에서 피안에만 관계된 것인가? 이 모든 측면이 오늘날 매우 불분명해졌다. 그렇기 때문에 신론과 그리스도론이 제공하고자 시도하는 많은 대답이 더 이상 수긍하기 어려운 것으로 드러난다.

결별인가 새로운 표현인가?

열거된 질문을 단순히 호교론적으로 물리칠 수는 없다. 이 질문은 그리스도교 신앙 및 그 교리 표현이 지니는 심각한 신뢰성의 위기를 표현한다. 어떤 사람들은 교의적 재정립이나 사목적 중재를 시도하고, 다른 이들은 본성에 따라 하느님이 누구인가 하는 고유한 자기 이해를 박탈하여 완전히 다른 틀로 옮겨 놓으면서 전승된 신론 및 그리스도론으로부터 완전히 결별한다. 개신교 신학자인 크리스티안 단츠Chrsitian Danz(1962년~)가 이에 대한 제안을 제시했는데 그에 대한 많은 토론이 이루어졌다. 그는 주로 폴 틸리히Paul Tillich(1886~1965년)에 의지하지만 창의적이고 자립적인 구상을 제시한다.

신앙의 자기 묘사인 그리스도론

단츠의 기본 논제는 다음과 같다. "신학적 그리스도론은 신앙을 스스로 서술하는 기능 및 신앙이 역사적으로 연결되어 있음을 서술하는 기능만을 지닌다. 그렇기 때문에 조직 신학의 그리스도론은 자기 자신에 대해 자기 자신과 소통하려는 그리스도교 신앙에 불가결한 표현으로 이해된다. 자신의 고유한 실존적 역사가 지니는 신앙의 상은 경험적이며 객관적인 역사와 부합하지 않는다."[160]

즉 그리스도론은 그 대상과의 관계를 상실한다. 그리스도론은 더 이상 예수를 그리스도로 다루지 않고 이 상이 자체로 지니는 것을 서술하지 않는다. 그와 반대로 그리스도론은 그리스도를 믿는 주체의 신앙을 서술한다. 실존 역사적으로 규정된 주체의 자기 이해는 '경험적 객관 역사'와 일치하지 않는다. 자기 해석은 사건의 외적인 주요 자료에 연결시킬 수는 있지만 사건을 언제나 주관적으로 해석하는 지속적인 구성 작업이다. 단츠는 그와 같이 그리스도론의 목표도 설명한다. 그리스도론은 역사의 예수에 관계한다. 하지만 이 인물에 대한 신앙의 해석에서 그리스도론은 비판적 역사학이 경험적이라고 추정되는, 그에 관한 자료에서 추려낼 수 있는 것과 일치하지는 않는다는 것이다.

이를 통해서 단츠는 교의 그리스도론과 역사학 사이의 비판적 관계를 완화시키려 시도한다. 단츠의 그리스도론은 사실 진리를 형이상학적으로 빈틈없이 해석한다는 주장을 내세우지 않는다. 그 때문에, 그리스도론이 그러한 진리에 느슨하게만 연결되어 있고 객관적이며 존재론적 유효성을 주장하지 않고 주관적인 자기 해석을 표현하기에, 역사의 예수와 신앙의 그리스도 사이의 간극은 그의 신학에서 더 이상 문제가 되지 않는다.

인간의 자기 이해 기능인 신앙

단츠의 구상에서 그리스도교 신앙은 자신의 대상 관계를 변화시키며 주관적 자기 해명의 기능이 된다. "신앙은 사람의 의식적인 자기 관계 안에서 일어나는, 인간이 자명하게 되는 사건이다. 신앙은 그 내용에서 바로 이 역사적으로 연결된 사건 자체를 제시하며 자기 자신을 서술한다. 자기 관계의 이해는 인간이 자기 자신 및 자기 세계에 대해 지니는 특정한 상이나 특정한 '관점' 안에서 표현된다. …… 신앙 내용은 신앙 행위와 그 확실성에 대한 자기 서술의 지위를 지닌다. 신앙 내용은, 그 신앙 내용 안에서 표현되며 스스로를 그 내용 자체와 함께 자기 이해 사건으로 표시하는 반성적인 신앙 행위와 관련된다."[161]

신앙 교리는 인간 주체성의 표현이어야 한다. 하지만 이러한 인간의 자기 관계는 언제나 역사적 관계로서 실현되고 자신에게 역사의 상을 만든다. 이 역사의 상은 단츠에게 신학적으로 그리스도론에서 드러난다. "하느님은 사람 안에 있고 자기 이해의 사건으로 사람에게 있다. 따라서 하느님에 대한 사고는 의식의 자기 관계 안에서 자기 규정을 수행하며 나타나는 투명성의 사건으로만 표시된다. 그렇기 때문에 그리스도론에서 중요한 것은 인간의 자기 관계에 대한 포착과 이해, 그리고 이러한 자기 이해의 제시이다. 자기 이해와 그 제시라는 두 측면 때문에 비로소 그리스도 상은 개인에게 밝혀진 하느님의 내용이다."[162] 단츠는 하느님을 인식적 사건의 동의어로 생각한다. 인식적 사건은 인간의 자기 이해, 특히 숙고 이전에 이미 존재하는 주체성에 대한 통찰, 즉 인간의 자기 관계를 제시한다. 신학과 그리스도론은 인간의 자기 인식의 표현에 불과하며 오성 외부의 실제를 더 이상 서술하지 않는다.

특히 주관적 자기 반영 기능이 되어 버린 이러한 하느님 개념이 인간의 주관성을 최대한 존중하면서도 인간을 그의 자기중심적인 고착화로부터 밖으로 이끌어 낸다. 그리하여 자기 자신만을 위해서가 아니라 세계를 위해서도 책임을 느끼도록 인간에게 조언할 수 있는지 여부에 의문의 여지가 커 보인다. 왜냐하면 인간에게 그 자신과 동일하지 않으며 그를 책임으로 부르는 또 하나의 법정이 마주하기 때문이다. 이와 관련된 문제는 다시 다룰 것이다.

이 모든 것에도 불구하고 불변하는 매력

단츠는 그리스도교의 신론이 고대 후기 형성된 삼위일체 신학과 그리스도론과의 결별을 통해서만 여전히 의미 있게 이해된다고 가정한다. 하지만, 그러한 단츠의 입장 역시 의문의 여지를 지닌다. 니케아와 콘스탄티노폴리스와 칼케돈의 개념이 계몽주의 시대 이래 점차적으로 비판을 받았음에도 불구하고 놀랍게도 "20세기 후반은 신학적으로 삼위일체론의 르네상스"로 이해된다.[163] 이와 비슷한 사실이 그리스도론에도 적용된다. 이 난해한 매력을 어떻게 설명할 것인가?

발생 맥락과 유효성 맥락

성경과 고대 후기 사변적 신론 사이에 전문 용어와 신학의 비연속성이 존재하고 삼위일체론과 그리스도론은 적어도 성경에 힘입은 것만큼 그리스 철학에도 힘입어 생겨났다는 통찰로부터, 전승된 신론 및 그리스도교 신앙 고백에 표현된 예수 그리스도의 해석과 결별하라는 요구가 필연적으로 도출되지는 않는다. 그와 반대로 교리의 역사적 발생 맥락에 대한 통찰은 현대에 이해 불가능하게 되어 버렸을 수 있는 정식을 그의 객관적 관심사에 따라 평가하고 이를 통해 그 정식과 결별하는 것이 아니라 그 정식을 구하는 노력을 야기할 수 있다. 카를 라너는 칼케돈 공의회 1,500주년을 기념하여 저술한 그의 유명한 글에서 이 문제를 숙고했다.

하느님에 의해 계시된 실제와 진리에 대한 신학적 교도직무의

노력이 언제나 정확한 표현으로 마무리된다고들 한다. 이는 지당하고 반드시 필요하다. 왜냐하면 오직 그것을 통해서만 하느님의 진리에 대한 오류와 오해에 대항하는 경계 설정이 이루어져 이러한 경계가 신앙 일상의 실천에서 존중되기 때문이다. 이와 같이 정식이 분명함과 명료함, 교도 가능성과 가시성을 선사하는 끝, 결과, 승리라고 할지라도, 그러한 승리에서 모든 것은 끝이 또 시작이라는 사실에 달려 있다. ……

가장 명료하고 분명한 표현, 지극히 거룩한 정식, 하느님의 신비를 위해 기도하고 투쟁하고 사유하는 교회의 수백 년 간 작업의 고전적인 농축은 바로 그것이 끝이 아니라 시작이며, 목표가 아니라 수단이며, 더 큰 진리를 위해 자유롭게 만드는 진리라는 사실을 통해 지탱된다. …… 이러한 초월은, 바로 그 정식이 다른 정식을 향해 추월되는 움직임 안에서 …… 또 역사가 전진하고 그 옛 정식 자체를 다시 발견하기 위해 사유의 움직임이 도달한 그 정식을 떠나면서 유효성을 얻는다. 이 사실은 예수의 신비에 대한 칼케돈 공의회의 정식에도 유효하다. 왜냐하면 이 정식은 여러 정식 가운데 하나의 정식이기 때문이다.[164]

카를 라너, 《오늘날 그리스도론 문제》

예수회 신학자인 라너의 설명으로부터 중요한 통찰을 얻기 위해, 기도하고 투쟁하고 사유하는 교회가 오류에 대한 투쟁에서 늘 더 정확한 표현을 찾는다는 그의 목적론적 역사관을 공유할 필요는 없다. 하지만 오랜 기간 형성된 그리스도론과 신론의 표현이 자체 목적이 아니라 목적을 위한 수단이라는 통찰은 중요하다.

그러므로 고대 교회의 삼위일체 신론 및 그리스도론 결정에 충실하게 머문다는 것은 고대 후기에 형성된 표현을 오늘날의 도전에 답을 주기 위한 최종적인 수단으로서 견지하는 것이 아니다. 목적, 즉 정식이 생겨날 당시 정식의 토대를 이루었던 신학적 관심사를 올바로 평가하고 그것을 그 변함없는 정당성에 따라 연구하는 것이다.

그렇다면 플라톤적으로 실려 있는 삼위일체론과 그리스도론을 시작하게 한 근본 문제는 무엇이었는가? 예수의 동시대인들이 예수를 만나면서 체험했던 바가, 또 예수에 매력을 느끼는 현대인들 역시 체험하는 바가 "하느님의 신성에 본질적으로 속하는가"[165]가 결정적인 문제이다. 즉, 예수가 살았고 사람들을 만났으며 죽었던 방식이 하느님이 누구인가에 대해 무언가를 진술하는가? 인간 나자렛 예수 안에서, 그렇게 역사적인 방식으로, 한 인간 삶의 제한성 안에서 하느님이 당신을 보여 주었는가? 제한되고 폭력에 의해 빼앗긴 이 삶이 왜곡되지 않은 영원한 하느님 상인가? 실제로 개방된 질문, 그에 대한 대답이 불확실한 이러한 질문에 '아니오'라고 대답하는 이는 고대 교회 그리스도론을 이미 끝난 일로 여겨야 할 것이다. 이에 대해 '예'라고 대답하는 이는 고대 교회 그리스도론을 사변적 그리스도론의 전개를 위한 과제로 이해할 수 있다.

> **핵심 정리**
>
> 특히 삼위일체론과 그리스도론, 그리고 다른 방식으로 성령론은, 그것들이 오늘날까지 여러 교회들에 의해 구속력을 지닌 것으로 제시되는 신앙 고백 안으로 도입된 바와 같이, 고대 후기 사유의 매우 복잡한 구조를 보여 주며 오늘날 점점 더 비판적으로 여겨진다. 이 비판은 많은 점에서 정당하지만 이 비판이 **신학적** 비판이고자 한다면, 고대 후기 그리스도교의 하느님 개념을 형성했던 객관적인 관심사를 재구성하고 올바로 평가하는 노력을 해야 한다.

제8장

계셔야 하는
한 분이신 하느님

들어가며

하느님 증명이 실패했기 때문에 하느님은 가능성으로 남는다는, 오늘날 다수의 지지를 얻는 논제가 제시되고 그리스도교 신앙이 이 가능성을 어떻게 생각하는지가 제시되었기에 다음의 질문이 따른다. 엄밀한 의미에서 하느님 존재에 대한 인식이 가능하지 않다면 하느님의 존재를 믿기 위한 이성적인 근거가 과연 존재하는가?

1. 당혹스러운 이성과 하느님에 대한 희망

이마누엘 칸트는 신 존재 증명에 대해 주목받는 비판자로 자주 인용된다. 그래도 그가 이성이 하느님의 존재를 필연적인 것으로 제시할 수 있도록 이성을 정확히 재단하기를 원했다고 추정하는 데에 아무런 어려움이 없다. 그럼에도 불구하고 그는 이성의 포럼에서도 다른 이들이 동의할 수 있는, 책임질 수 있는 하느님 신앙의 길을 파악한다.[166] 그 길은 도대체 어떤 길인가?

하느님은 경험 가능한 대상이 아니다

칸트에 따르면 직관과 개념이 만나는 곳에서 인식이 일어난다. "우리 인식은 심성의 두 근본 원천에서 비롯한다. 그것들 중 첫 번째 것은 여러 표상을 수용하는 것(여러 인상의 수용성)이고 두 번째 것은 이 여러 표상을 통해 하나의 대상을 인식하는 능력(여러 개념의 생성)이다. 첫 번째 것을 통해 우리에게 한 대상이 주어지고, 두 번째 것을 통해 이 대상은 (심상의 단순한 규정인) 저 표상에 대한 관계 속에서 사유된다. 이와 같이 인상과 여러 개념은 우리의 모든 인식의 여러 요소를 형성하므로, 여러 개념에 고유하게 상응하는 인상이 없는 개념도, 여러 개념이 없는 인상도 인식을 제공할 수 없다."[167] (무언가를 보고 냄새 맡고 듣고 만지거나 맛을 느끼는 등) 직관만이 있을 뿐, 그렇게 얻은 인상이 개념에 관련되지 않는 곳에서 인식은 일어나지 않는다. 반대로 직관과 완전히 무관한 개념들, 즉 어떠한 감각적 인상도 수용하지 않는 개념들 역시 아무런 인식도 만들지 못한다. 그렇기 때문에 하느님은 이론적인 인식, 즉 무엇이다를 확인하는 것에 정향된 인식의 대상일 수 없다. 왜냐하면 하느님은 경험 가능한 대상이 아니고, 그러한 이유에서 어떠한 적절한 직관도 그에게 부합하지 않기 때문이다. 개념에 따르면 하느님은, 그에 대한 지각이 다시 인간의 인식 능력에 작용할 수 있는, 감각적으로 파악된 존재가 아니다. 간단히 말해서 인간은 하느님을 볼 수도 없고 들을 수도 없으며 냄새 맡거나 맛보거나 만질 수 없기 때문에 그를 경험할 수 없다.

그리스도교를 비롯하여 여러 종교 안에서 만나는 '하느님 체험'이라는 표현은 그렇기 때문에 문제가 있다.[168] 그러므로 하느님 체험은 본래적이지 않은 표현 방법으로서만 의미를 지닐 수 있다. 즉, 인간은 하느님을 가리키는 종교적 체험을 한다. 하느님을 이러한 체험의 자극자로 생각하는 것(이것이 하느님 **체험**이라는 개념에서 진술된다)은 주제넘은 일이 아닐 뿐만 아니라 비형체적인 본질이라는 의미에서 하느님 개념에 부합할 것이다. 그리스도교가 행하는 바와 같이 이 개념을 고수하고자 한다면, 하느님 개념에 어떠한 직관도 일치하지 않는다. 그렇기 때문에 진리 내지 참인가를 묻는 이론적 이성의 수단으로도 인식될 수 없다는 사실을 동시에 인정해야 한다. 하느님에 대한 진술은 인식론적 차원에서 "순전한 사변적 이성의 판단일 수밖에 없다. 왜냐하면 여기서 대상은 가능한 경험의 대상이 도대체 아니기 때문이다. …… 지성의 종합적 원리 모두는 내재적으로만 사용된다. 최고 존재자의 인식을 위해서는 이런 원리의 초월적 사용이 요구되는데, 우리 지성은 이를 위한 아무런 것도 갖추고 있지 않다."[169]

이론적인 이성의 초월적인 이상인 하느님

다양성에서 단일성으로

칸트가 이론적인 의미에서 하느님 인식이 불가능하다고 여기지만 다음과 사실을 숙고하도록 한다. "최고 존재자라는 개념은 일부 관점에서 매우 유용한 관념이다. 그러나 그것은 한낱 관념이기 때문에, 그것은 자신에만 의거해서 존재하는 것에 대한 우리의 인식을 확대할 능력을 전혀 지니지 못한다."[170] 칸트는 순수 이성에 규정의 기능을 행사한다는 점에서 하느님 개념이 유용하다고 본다. 이 규정의 기능은 '부정적인 사용'을 통해 통제 기관으로서 이성에 도움이 되며, 칸트의 용어로 표현하자면 '이성을 끊임없이 검열'할 수 있다. 칸트에게 지성과 이성의 활동은 다양성에서 단일성으로 이끄는 과정으로 이해된다. 지성이 대상의 다수성을 향하고 그 대상들을 분류하고 개념의 형성을 통해 단일성을 부여하는 반면에, 이성은 다른 차원에서 유사한 활동을 수행한다. 이성은 관념의 능력으로 대상의 다수성을 향하지 않고 지성을 통해 이미 형성된 개념을 향한다.

이 개념은 대상의 다수성을 비교하면서 단일성으로의 움직임을 이미 보여 주지만 여전히 다양하다. 하지만 그것은 이제 대상의 차원이 아니라 개념의 차원에서 그러하다. 대상과 개념의 다수성 너머에 있기에 단일성의 최고 기준을 제시하는 하느님 이념과 같은 초월의 이념은 엄밀한 의미에서 어떠한 인식도 가져오지 않지만, 규정에서 중요하고 '불가결'하기까지 하다. 왜냐하면 초월의 이념이 지성을 단일성으로 정향하기 때문이다. 단일성이 비록 '하나의 관념', '가상 초점focus imaginarius'에 불과하지만 그럼에도 불구하고 지성의 여러 개념에게 단일성의 최고 형태를 보여 줄 수 있다. "최고의 존재자는 이성이 순전히 사변적으로 사용될 때 관념에 불과하지만 그것은 오류에서 자유롭다. 이 관념은 인간의 전체 인식을 완결하고 그것의 대미를 장식하는 개념으로, 그것의 객관적 실재는 이 과정에서 증명될 수 없지만, 그렇다고 해서 반박될 수도 없다." 그렇기 때문에 칸트는 "이

결함을 보완할 수 있는 도덕 신학"이라는 가능한 형태에 주의를 환기시킨다.[171] 칸트의 이러한 입장은 아직 스케치에 불과하지만 실천 영역에 하느님 개념의 자리 설정이라는 새로운 전망을 신론에 열어 준다.

하느님 관념이 지니는 지성적인 부가 가치

첫눈에 큰 인상을 주지 않는 것의 의미가 과소평가되어서는 안 된다. 칸트의 진술은 "하느님에 관한 진술이 철학의 여러 주제 중 하나일 뿐만 아니라 철학적 사고의 전형임을"[172] 보여 주기 때문이다. 하느님 개념은 이성이 인식할 수는 없지만, 이성이 무엇을 지향해야 하는지를 이성에 명백히 밝혀 주는 이상을 인간 이성에 보여 줄 수 있다. 왜냐하면 이성이 보편과 원칙을 향한 인간의 능력이라면 이성이 더 깊이 인식할수록 이성은 개별적인 것에서 일반적인 것으로, 다양성에서 단일성으로, 고립된 대상에서 모든 것의 연결로 진행해야 하기 때문이다. 모든 실제의 이러한 단일성은 자체로 범주적 인식의 대상이 아니다.

하지만 이 단일성은 이성이 스스로 이러한 하느님 관념을 지향할 수 있도록 하느님 관념에서 적어도 사유적으로 드러난다. 하느님이 모든 인식이 추구하는 단일성의 화신임에도 자기의 근거 제시를 필요로 하고 또 그렇게 남는다는 사실이 사유를 마비시키지 않는다. 오히려 사유 노력의 완결점을 찾고 "근거 제시를 필요로 하는 이를 위해 충분한 근거 제시의 노력"을[173] 포기하지 않을 것을 요구한다.

실천 이성의 전제인 하느님

이미 암시된 대로 칸트는 '도덕 신학'이 이성과 하느님 개념 사이의 관계 규정에 결정적인 기여를 할 수 있다는 사실에서 출발했다. 그는 여기서 도덕 신학을 같은 이름의 신학 과목이 아니라 규범적인 윤리, 즉 명령된 것이나 금지된 것에 대한 숙고와 하느님에 대한 진술 사이의 연결로 이해한다. 하느님이 역할을 하는 것은 인간이 행해야 하는 것을 행하고자 시도하고 그러한 가운데, 그로부터 오직 하느님만이 그로부터 구원할 수 있는 수수께끼 같은 문제에 부딪힐 때이다. 그렇게 하느님이 존재한다.

무조건적인 당위와 그 모순

칸트는 첫째로 "(경험적 동인, 즉 행복을 고려하지 않고) 온전히 선험적으로 일체 행동거지를, 즉 이성적 존재자의 자유 사용을 규정하는 순수한 도덕 법칙이 실제로 있다는 것"에서 출발하고, 둘째로 "이 법칙은 (다른 경험적 목적의 전제 아래에서 그저 가언적으로가 아니라) 단도직입적으로 지시 명령하며, 모든 관점에서 필연적이라는 것"을[174] 상정한다. 칸트에 따르면 모든 경험에 앞서며 인간 행위에 무조건적 요구를 내세우는 도덕 법칙이 있다. 어떤 상황에서도 도덕 법칙은 준수되어야 한다. 칸트는 이러한 도덕 법칙이 온전히 실현되는 세계를 "도덕 세계"라고 부른다. "왜냐하면 그 안에서 모든 조건(목적)뿐만 아니라 윤리성의 모든 장애물(인간 본성이 지닌 나약함과 불순함)조차도 포기되기 때문이다."[175]

이 도덕 세계는 이상으로서 감각 세계 안에서 온전히 실현되지 않기 때문에 하느님과 마찬가지로 직관에 부합하지 않는다. 하지만 칸트에 따르면 이 이상은 그럼에도 불구하고 감각 세계에 영향을 '줄 수 있고 또 주어야 하는', '객관적인 실재'가 주어지는 관념이다. 왜냐하면 윤리적 행동은 감각 세계가 도덕 세계에 점차 동화되는 데에, 반대로 표현하자면 도덕 세계가 감각 세계에 실현되는 데에 있기 때문이다. 하지만 감각 세계가 목적과 완전한 조화를 이루지 않고, 그로부터 도덕 세계가 실천적 관념으로 추상화하는 결함이 그 세계 안에 우세하기 때문에 물리 세계 안에서 도덕 세계의 실현은 모순으로부터 자유롭지 않다.

행복할 만한 품격과 행복

따라서 감각 세계에서 도덕률에 따라 행동하는 인간은 바로 그가 도덕적으로 행동하기 **때문에** 불행해질 수도 있다. 하지만 이것은 윤리적 행동의 의미를 위협하는 상황이다. 왜냐하면 칸트에 의하면 인간은 행복을 지향하는 존재이기 때문이다. 하지만 칸트에 따르면 이 행복은 감각적인 쾌락 추구를 통해서가 아니라 도덕을 통해 얻어진다. 그러므로 행복과 도덕은 도덕 세계에서 분리될 수 없이 긴밀히 연결되어 있다. 왜냐하면 인간은 도덕적으로 행동하는 만큼 행복하고 그를 통해서 행복할 만한 품격을 지닌 존재로 자신을 증명하기 때문이다. 반대로 인간의 도덕 행위는 오직 행복을 향한 인간 노력의 맥락 안에서만 의미 있게 사유될 수 있다. 칸트는 이러한 상호적 결합을 "그것을 통해 네가 행복의 품위를 갖추게 되는 그것을 행하라."라는[176] 원칙에 종합한다. 도덕 세계의 실천적 이상 안에서 도덕에 근거된 행복과 실제로 주어진 행복이 직접적으로 연결된다. 왜냐하면 목적의 완전한 조화 속에서 이행되는 도덕 행위는 스스로 보답한다. 하지만 칸트에 따르면 감각 세계에서 그것은 참이 아니다. 왜냐하면 '스스로 보답을 받는 도덕성의 체계'가 '각자는 그가 마땅히 해야 할 것을 행한다.'는 사실에 의거하지만, 이는 오직 도덕 세계의 이념에만 수용되기 때문이다.

그와 반대로 감각 세계에서 그가 **마땅히 해야 할 것**을 행하는 사람, 즉 도덕적으로 행동하는 사람도 불행할 수 있다. 하지만 이러한 사실이 도덕 법칙의 지속적인 준수를 그에게 면제시키지 않으므로 아포리아, 즉 난처한 상황이 나타난다. 인간이 (도덕 법칙을 준수하면서) 자신의 본성에 따라 행동하지만 그럼에도 불구하고 (행복하지 않으므로) 자신의 본성에서 빗나간다. 그렇기 때문에 도덕적으로 행동하는 사람이 행복하기도 하다는 것은 확실히 알 수 없으며 그렇게 희망할 뿐이라는 것이 칸트의 결론이다. 하지만 칸트에게 있어서 희망은 신앙의 범주이다. '무엇을 희망할 수 있는가?'는 종교 철학의 근본 질문이다. 인간의 행위가 그 근거를 의심할 위협을 당하고 인간이 더 이상 알 수 없기에, 헛되이 선을 추구(이는 인간을 최종적으로 불행의 심연으로 떨어뜨릴 수 있다)하지 않는다는 것을 희망할 수 있을 뿐인 곳에서 하느님이 역할을 한다.

자체로 가치를 지니는 도덕성의 이러한 체계는, 그 실행이 각자가 그가 마땅히 해야 할 것, 즉, 이성적 존재자들의 모든 행위가 마치 개인의 자의 전체를 통괄하는 한 최고 의지로부터 비롯된다는 조건에 의거하는 관념에 불과하다. 하지만 다른 이들이 이 도덕 법칙에 따라 행동하지 않는다고 할지라도 이 법칙에서 비롯되는 구속력은 자유를 특별히 사용하는 모든 경우에 유효하기 때문에, 그 행위 결과가 행복과 어떤 관계를 지닐 것인가는 세계 사물의 본성으로부터도, 행위들 자체의 인과성이나 그것들이 윤리성과 지니는 관계에 따라서도 규정되지 않는다.

또한 언급된 연결, 즉 행복하리라는 희망과 자신을 행복에 맞갖게 만드는 부단한 노력과의 필연적인 연결은 사람들이 본성만을 근거로 삼을 때 이성을 통해 인식될 수 없으며, 도덕 법칙에 따라 명령하는 최고의 이성이 동시에 본성의 창시자가 될 때 그저 희망될 수 있다. 나는 그 안에 도덕적으로 가장 완전한 의지가 최고의 행복과 결합되어 세상의 모든 행복의 원인이 되는 이러한 지성의 관념을 그것이 (행복에 맞갖은) 윤리성과 정확한 관계에 있는 한에서만 최고선의 이상이라고 칭한다. …… 그러므로 하느님과 내세의 삶은 동일한 이성의 원리에 따라 순수 이성이 우리에게 부과하는 구속력으로부터 분리될 수 없는 두 전제이다.[177]

이마누엘 칸트, 《순수 이성 비판》

하느님 전제

칸트는 행복할 만한 품격과 행복 사이의 차이가 지식이 아니라 희망인 하느님 관념에 의해서만 다시 좁혀질 수 있다고 말한다. 왜냐하면 하느님 안에서 최고로 완벽한 도덕 의지가 최고로 완벽한 행복과 일치하는데, 그러한 하느님이 본성의 원인으로서 본성 안에서도 행복할 만한 품격과 행복 사이의 균형 잡힌 관계를 보장하기 때문이다. 칸트의 용어에서 '원천적인 최고선'으로 표현되는 하느님은 따라서 '유도된 최고선'을 보장한다. 즉 도덕성과 행복의 대응을 보장한다. 그와 반대로 원천적 최고선의 존재는 유도된 최고선을 통해서 비로소 추론된다. 하지만 최고선이 감각 세계에서 실현되지 않고 오직 도덕 세계의 실천적 관념에만 존재하기 때문에 인간은 자신의 행복할 만한 품격에 부합하는 행복을 여전히 기대되는 생에서 희망할 수 있고 또 희망해야 한다. 이러한 의미에서 칸트는 하느님 관념을 '순수 이성이 우리에게 부과하는 책무'라고 부른다. 하느님은 실천 이성의 전제이다(앞서 설명된 전제 개념을 상기하자). 왜냐하면 실천 이성이 의심의 여지없이 무조건적으로 **존재해야 하는 것**으로 인식하는 것이 그와 다른 어떤 것, 즉 하느님이 **존재**할 때만 실제로 무조건적인 것일 수 있기 때문이다.

칸트를 형이상학적 하느님 사유의 파괴자로 비난하거나 칭송하는 일부 사람들에 의해 즐겨 인용되는, "나는 신앙의 여지를 얻기 위해 지식을 포기하고자 한다."[178]라는 칸트의 기본 입장은 어떠한 반종교적, 반신론적 성격도 지니지 않는다. 오히려 정반대이다. 하느님이 형이상학적 논쟁에서 끄집어내지며 더 확실한 새로운 근거, 즉 신앙의 근거 위에 놓인다. 신앙은 더 이상 자신을 주제넘게 지식으로 제시하지는 않지만, 그럼에도 불구하고 자체적인 근거를 지니기에 확신 속에 균형을 지닌다.

희망의 확실성

거의 신앙 고백처럼 칸트는 "다소간의 흔들림을 자기 안에 가지고 있는 것들"인 순수 교조적 성격의 신앙의 여러 형태에 "어떤 것도 흔들리게 할 수 없는" 자신의 고유한 신앙을 대비시킨다. "그러나 윤리적 규정은 바로 나의 준칙이므로 (그러해야만 한다는 것은 이성의 명령이다) 나는 하느님의 현존과 내세의 생을 믿지 않을 수 없다. 그리고 나는 어떤 것도 이 믿음을 흔들리게 할 수 없을 것임을 확신한다. 내 믿음이 흔들린다면 나의 윤리적 원칙 자체가 와해될 것이지만, 내 눈에 혐오스럽게 되지 않고서 나는 내 윤리적 원칙을 포기할 수 없다."[179]

2. 신뢰할 만한 하느님?

오늘날 시각에서 사람들이 칸트의 도덕 철학적 체계가 지닌 모든 세부 사항에 맞장구칠 수는 없을 것이다. 특히 언제나 주어진 조건에 직면해서만, 그렇기 때문에 경험을 수용하면서만 무엇이 도덕적으로 명령되는지를 묻는 실천 이성을 역사적으로 그리고 사회 문화적으로 연결시키는 것은 칸트에게서 충분히 숙고하지는 않았다. 그럼에도 불구하고 하느님 개념과 하느님 관념을 다룬 칸트의 연구는 획기적이며 여전히 유효하다. 경우에 따라서는 칸트의 시대보다 오늘날에 더 유효할 수도 있다.

의미 있는 가능성?

신학이 실증적으로 이루어지는 곳에서, 즉 무엇을 어떤 이유에서 믿는가에 대한 분석과 종합만이 이루어지는 곳에서는 하느님의 존재나 비존재가 전혀 문제되지 않는다. 왜냐하면 그러한 신학의 대상은 하느님**에 대한** 신앙이기 때문이다. 신앙되는 하느님의 존재에 대해 이론이 분분하지만 그에 대한 신앙이 있다는 것은 증명되기 때문이다. 신앙 공동체와 최소한의 동일시 없이는 이루어질 수 없는 신학이 이러한 동일시로부터 신앙된 것을 규범적으로 평가하는 근거를 제시하는 사변적인 과제를 지닌다. 그 때문에 신학자는 하느님 문제에서 해명된 입장 없이 신학을 할 수 없다. 그를 향한 왕도는 물론 하느님 존재의 제시나 하느님 비존재 증명일 것이다. 이미 서술한 대로 전자는 실패했고 후자 역시 성공할 수 없다. 왜냐하면 존재하지 않는 어떤 것은 그의 비존재에서 증명되지 않기 때문이다. 그렇지 않다면 존재하지 않는 어떤 것의 논리적 불가능성이 표출될 것이며 이것은 하느님 존재 증명의 시도보다 더 무모할 것이다. 그러므로 이성은 하느님을 **가능성**으로 사유하는 것을 넘어설 수 없다. 그 가능성은 있을 수도 있고 있지 않을 수도 있지만 인간은 그에 대해 태도를 취할 수 있다. 신학이 사변적인 차원에서 수행할 수 있는 바는 무리해서 자신을 상하게 하는 일 없이, 또 이성적인 사유의 기준에 미치지 못함 없이 하느님에 대한 신앙이 왜 **의미 있는** 가능성인지를 보여 준다. 이미 정의한 대로 인간이 "현실과 가능성의 차이의 조화"[180]를 받아들일 수 있다면, 그래서 현실에서 존재하는 것이 그에게 이루어진다면 인간은 의미 체험을 한다. 즉 그 역시 사유 가능한 수많은 다른 가능성에도 불구하고 현실을 수용하고, 연구하고, 이해하고, 그에 형태를 부여하고, 필요한 경우 그것을 바꿀 수 있다면 인간은 의미 체험을 한다는 것이다. 이것이 더 이상 가능성 이상이 아닌 하느님과 무슨 관계인가?

사변적인 가정인 하느님

"사변적인 가정은 어떤 것을 가정하고 어떤 사유의 가능성이 그로부터 도출되는지를 관찰하고 그 가정이 사실인지에 대해 찬성하거나 반대하는 근거에 주목한다."[181] 하느님이 있다는 가정은 지식의 지위에 도달하지 않는다. 가정은 가정이지 사실이 아니다. 그럼에도 불구하고 하느님의 존재에 대한 이러한 가정 내지 가설은 이성적인 작업을 가능하게 한다. 그러므로 하느님은 "지극히 의미 있는 철학 사유의 구속력을 지닐 수 있다. 이 구속력은 이러한 주제를 무시하거나 경시하는 것보다 사변적으로 더 풍성한 결실을 가져오며 어떠한 경우에도 더 많은 철학적 지각을 가능하게 한다."[182]

정의에 대한 요구

칸트와의 토론에서 이미 한 가지 예가 명확해졌다. 정의로운 하느님, 최종적으로 정의를 보증하게 될 하느님에 대한 신앙이 윤리와 행복을 동시에 추구하는 인간에게 그것이 직접적인 이득이 되지 않고 심지어 그를 통해 그가 불행해질지라도 도덕적으로 행위할 능력을 부여한다. 칸트식으로 말하자면 본성은 도덕적이고 정의로우며 정의를 보장하는 하느님에 대한 신앙의 빛과 그에 대한 희망 안에서 자신의 자리를 찾는다. 그리고 그가 이성적으로 인식한 기준에 따라 시종일관 행위하는 것을 인간에게 가능하게 할 수 있는 바와 모순을 이루는 것이 아니라 그와 하나가 된 것처럼 드러난다. 그처럼 행위하기 위해서 인간이 꼭 하느님을 믿을 필요는 없다. 하지만, 하느님을 믿을 경우 자신의 이익을 넘어서서 정의를 위해, 자신의 동정심을 넘어서서 이웃을 위해, 자신의 지평을 넘어서서 세계를 위해 노력하는 것이 **더 이성적**이 된다. 폴커 게르하르트Volker Gerhardt(1944년~)가 이야기하는 바와 같이 그렇기 때문에 신앙은 "지식이 지식인에게 거부하는 바의 원칙적인 보상으로 이해되어야 한다."[183]

고통을 생각할 때도 유사한 것이 이야기될 수 있다. 자체적으로 관계 능력을 지니며 세계에 대한 관계를 나자렛 예수 안에서 역사적으로 구체적으로 시도했고 이러한 시도에서 끔찍하게 실패한 인격적 하느님에 대한 그리스도교 신앙은 희생자가 되고 폭력적 현실을 통해 행복한 삶의 가능성을 상실한 이의 편에 선 하느님을 보여 준다. 칸트가 묘사한 대로 희망은 세계의 미래에 "단호히 개방되어 있다."[184] 어떤 생명체도 포기되지 않고 어떤 선행이나 악행, 어떤 눈물이나 웃음도 망각되지 않는다. 인간이 세우거나 허문 것은 모든 이에게 공평한 정의와 자비가 기대되는 하느님의 눈에 가치를 지닌다. 이 하느님은 확증적으로 증명되지 않고 그저 신뢰할 만한 분으로 드러날 뿐이다. 이러한 신뢰성의 주요한, 아니 가장 주요한 장애물이 변신론 문제이다.

3. 하느님과 고통

법정에 선 하느님

니클라스 루만에 따르면 17세기와 18세기에 "도덕이 자기 자신 안으로 일종의 후퇴를 하여 신앙 자체도 결국 도덕적 판단에 예속되었다."[185] 비록 이러한 편입이 개략적인 스케치에 불과하고, 또 루만이 언급하는 문제가 이미 계몽주의 이전에 주제화되었음에도 불구하고, 이러한 진단은 신앙과 도덕 내지 하느님에 대한 신앙과 인간의 도덕 사이의 관계를 규정하는 두 가지 양식을 표현한다. 한편으로 의지주의적 흐름의 전통 안에서 하느님이 선하다고 정하는 것을 바로 선한 것으로 표시할 수 있을 것이다. 이에 따르면 본질에서 선한 하느님은 무엇이 '선함'을 의미하는가를 규정한다. 즉, 그가 행하는 모든 것은 선하다.

하지만 계몽주의 이래 주도적이고 오늘날까지 큰 영향을 끼치는 표상은 그와 다른 두 번째 길을 선택한다. 이 표상은 인간이 자신의 실천 이성에서 선하다고 인식하는 바에서 출발하며 하느님을 이러한 판단에 예속시킨다. 그에 따르면 "인간이 자신에 대해 표현할 수 있는 도덕 기준에 미치지 않는"[186] 하느님 신앙은 신뢰할 만하지 않다. 하느님의 선은 전제되지 않고 의문시된다. 즉 하느님의 선은 인간의 도덕이라는 재판관 앞에 서 있으며 그 앞에서 하느님은 무죄 판결(이것이 바로 변신론을 의미한다)을 받기 위해 싸워야 한다.

문제

이미 고대 철학자인 에피쿠로스Epicouros(기원전 341~270년경)가 소위 변신론의 근본 문제를 전능과 선이라는 하느님의 두 가지 특성 사이의 갈등으로 정확히 표현했다. 인간에게 고통을 일으키는 악이 존재한다. 만일 하느님이 선하다면 그리고 악을 원하지 않는다면 하느님은 전능하지 않다. 그렇지 않다면 그는 악을 방지할 수 있어야 할 것이다. 하느님이 전능하다면, 그리고 악을 방지할 수 있다면, 하느님은 선하지 않다. 그렇지 않다면 악을 방지할 것이다.[187] 자주 고통을 일으키는 것에 대한 더 정확한 묘사로 인간의 의지에 소급되는 이른바 '도덕적 악malum morale'과 지진과 같이 그 배경에 어떠한 인간의 결정이 자리하지 않는, 따라서 도덕적 의미에서 인간에게 책임을 지우는 의지가 자리하지 않는 '물리적 악malum physicum' 등 악이 두 종류로 구분된다. 변신론 문제를 해결하기 위한 몇 가지 계획이 통용되었지만[188] 그 모두가 실패한다.

악을 더 상위의 선에 포괄함

선의 박탈인 악

아우구스티누스는 다양한 종교와 철학을 통해서 '악이 어디로부터 오는가unde malum'라는 질문에 대한 답을 찾는 여정을 걸었다. 그는 소위 결핍 이론을 통해 문제를 해결했다. 그에 따르면 악은 실재적인 것이 아니라 다만 결핍 현상, '선의 결핍privatio boni', 선의 박탈이다.[189] 아우구스티누스는 존재하는 모든 것은 선하다는 신플라톤주의적 공리에서 출발한다. 모든 각 존재자는 선이라는 것이다. 왜냐하면 그렇지 않다면 그것이 존재하지 않을 것이기 때문이다. 선의 마이너스 결과를 지닌 존재자는 없다. 그런 것은 비존재자일 것이다. 이에 따라 악은 어떤 존재론적 고유한 지위를 지니지 않으며 단지 선의 결핍 현상으로 이해된다. 선한 것이 악으로 인식될 경우 그것은 그것이 그럴 수 있는 것만큼 선하지는 않다. 그렇기 때문에 악은 대상의 존재의 질을 저하시킬 수 있지만, 그리스도교 신자인 아우구스티누스에 따르면 그렇다고 해서 악이 선에 대항하는 이원론적 원리를 제시하지도 않는다. 만일 선성을 모든 존재자의 초월적 특성으로 사유한다면 선성에 어떤 마이너스 결과도 있을 수 없다.

하지만 이러한 존재론적 선은 도덕적인 선과 혼동되지 않는다. 아우구스티누스가 말하는 '선bonum'은 목적론적으로, 즉 목적에 따라 규정된 것이다. 이것은 선에 도달하려고 노력하지만 악은 그러한 노력을 방해한다. 인간들이 악을 체험하기에 고통을 느낀다는 문제, 그리고 이렇게 느끼는 고통이 하느님의 전능과 선에 대해 질문을 던진다는 사실은, 아우구스티누스가 다루지 않았기 때문에 해결되지 않은 채로 남는다.

상대화를 통한 악의 고유 가치 박탈

악을 상위의 선에 포괄하는 계획, 즉 악을 선으로 변화시키려는 시도는 실제로 고통의 체험에 관여하며 상대화를 통해 악에게서 고유한 가치를 박탈하고자 하는 출발점, 악을 결국 선으로 드러나게 하는 다른 대상에 대한 관계 안에 그 악을 위치시키고자 시도하는 출발점을 보여 준다. 고통스러운 체험을 통해서만 인간이 현명해진다고 말하는, 악을 교육적으로 바라보는 방법이나, 고통의 체험만이 인간에게 선을 체험하고 그것을 선으로 알아볼 수 있는 능력을 부여한다는 미학적 관점에서의 평가 등이 그 예이다. 또한 리처드 스윈번과 같은 이는 인간 자유의 효과는 부분적으로 이 자유가 지니는 극적인 결과에 직면해서만 명료하게 된다는, '알기 위해서 악이 필요하다는 논증need-for-knowledge-argument'을 통해, 또한 도덕적 덕은 고통 체험에 직면해서야 비로소 형성된다는 입장에서 출발하는, '악은 유용한 가치를 지닌다는 논증being-of-use-argument'를 통해 악을 기능화하는 시도를 보여 준다.[190]

그리스도교에서 자주 마주치는 고통의 영성화도 상대화를 통한 악의 고유한 가치를 박탈하는 무리에 분류할 수 있을 것이다. 바오로 사도의 이름을 사용하지만 바오로 사도가 친히 저술한 것이 아니라 후대에 익명의 저자가 기술한 서간을 제2바오로 사도 서간이라고 한다. 그 가운데 콜로새 신자들에게 보낸 서간의 문장은 그리스도교적 삶의 해석 역사에서 중요한 역할을 했다. "이제 나는 여러분을 위하여 고난을 겪으며 기뻐합니다. 그리스도의 환난에서 모자란 부분을 내가 이렇게 그분의 몸인 교회를 위하여 내 육신으로 채우고 있습니다."(콜로 1,24) 신심이 깊은 동시에 고통을 받는 그리스도인은 이에 따라 자신을 구원의 협력자로 해석할 수 있었다.

지금까지 언급된 시도들은 모두 높은 양가성을 통해 탁월하게 드러난다. 당사자들의 개인적인 자기 해석으로서 이러한 시도들은 가치를 지닐 수 있다. 예를 들어 중병을 앓은 뒤, 병을 앓지 않았더라면 자신의 삶을 그렇게 의식적으로 행복하게 영위할 수 없었을 것이라고 말하는 이는 자신의 병으로부터 어떤 선한 것을 얻어 낼 수 있고 그가 체험한 악의 고유한 가치를 상대화를 통해 박탈할 수 있다. 하지만 그로부터 모든 병이 선하다는 보편적인 결론을 내리는 것은 가당치 않을 것이다. 삶에 대한 현명한 해석으로 악의 고유한 가치를 박탈하는 것은 도움이 될 수도 있을 것이다. 하지만 그것이 변신론 문제 자체에 대한 답을 주지 않는다. 아이가 출산 도중에 죽던가('물리적 악') 음주 운전자에 의해 어린아이가 차에 치어 죽는다면('윤리적 악') 도대체 누가 그로부터 이익을 얻겠는가?

하느님 특성의 재해석

변신론 문제에 대한 답은 자주 하느님의 특성을 재해석한다. 에피쿠로스에 의해 묘사된 하느님의 전능과 선 사이의 갈등은 이러한 특성들 중 하나, 대부분의 경우 전능이 다른 특성들과 연결되고 수정되거나 완전히 포기되면서 완화된다.

아우슈비츠 이후의 하느님 개념

하느님의 전능에 대한 재해석의 탁월한 예를 유다교 철학자인 한스 요나스 Hans Jonas(1903~1993년)의 사유가 제공한다. 요나스에 따르면 "하느님 개념은 하느님 증명이 없다고 할지라도 연구된다. 그리고 이러한 연구는 개념의 엄밀성을 지킨다면, 이는 모든 개념의 맥락을 지킨다는 것도 의미하는데, 그럴 경우 이 연구는 철학적이다."[191] 요나스는 하느님을 형이상학적 신학의 몸통으로부터 분리하지만 마찬가지로 역사적으로 강력한, 당신 백성의 운명을 이끄는 하느님 상도 거부한다. "세계가 존재하도록, 세계가 스스로를 위해서 존재하도록 하느님은 자신의 고유한 존재를 포기한다. 하느님은 자신의 신성을 벗는다. 그것은 시간의 방황으로부터, 예견할 수 없는 시간적 체험의 우연의 수확물로 가득 찬, 그 수확물을 통해 변용되거나 왜곡되기도 했을 신성을 다시 얻기 위함이다. 신적 통합성의 무조건적 변화를 위한 이러한 자기 포기에서 우주적 존재가 자신의 고유한 조건을 통해 보증하는 가능성에 대한 사전 지식 이외의 어떠한 사전 지식도 용인될 수 없다. 바로 이러한 조건에 하느님은 당신의 것을 넘겨준다. 왜냐하면 그가 세계를 위해 자신을 포기했기 때문이다."[192] 요나스는 고통 받고, 변화하며, 염려하는, 전능하지 않으며 어떤 측면에서는 심지어 무능한 하느님 상을 그린다. 여기서 요나스는 하느님 특성의 문제 구도를 재편한다. 변신론 문제에 직면해서 전능과 선뿐만 아니라 유다교와 그리스도교 같은 계시 종교에게 핵심이 되는 하느님의 이해 가능성이라는 특성도 관계 안에 편입되어야 한다. 하지만 역사적 체험에 마주해서 하느님의 이 세 가지 특성이 동시에 하느님의 것으로 돌려질 수 없다. 그렇기 때문에 요나스는 선하고 이해될 수 있는, 하지만 그를 위해 자신의 전능을 벗김 당해야만 하는 하느님 사유를 시도한다.

이는 전능한 하느님이 아니다. 실제로 우리는 우리의 하느님 상 때문에 신적인 것에 대한 우리의 전체 관계 때문에 우리가 예로부터 전해진 절대적이고 무한한 하느님의 권능에 관한 중세적인 교리를 견지할 수 없다고 주장한다. …… 권능이라는 단순한 개념으로부터 전능全能은 자기 모순적이고, 자기를 무효화하는, 그야말로 의미 없는 개념이라는 사실이 도출된다. …… 절대적이고 전체적인 권능은 어떤 것을 통해서도 제한되지 않는, 자신이 아닌 어떤 것 내지 자신과 다른 어떤 다른 존재를 통해서도 도무지 제한되지 않는 권능을 의미한다. 왜냐하면 그러한 타자의 단순한 존재가 이미 제한을 제시할 것이며 유일한 권능은 자신의 절대성을 유지하기 위해 이러한 타자를 없애버려야 할 것이다. 그렇게 되면 절대 권능은 외로움 속에 자신이 영향을 끼칠 수 있는 어떤 대상도 지니지 않는다. 대상이 없는 권능은 자기 자신을 무효화하는 무력한 권능이다. 여기서 '전全'은 '무無'와 같다. ……

하느님의 전능은 하느님을 도무지 알 수 없음, 즉 하느님의 신비로움이라는 조건 아래 하느님의 선과 함께만 있을 수 있다. 세계 안에서 악 내지 불행의 존재에 직면해서 우리는 다른 두 가지 속성과의 연결을 위해 하느님에 대한 이해 가능성을 희생해야 한다. 오직 완전히 이해 불가능한 하느님에 대해서만 그가 동시에 절대적이고 선하고 전능하지만 있는 그대로의 세계를 견딘다고 말할 수 있다. 질문되는 절대적인 선, 절대적인 권능, 이해 가능성 등 세 가지 속성은 그 가운데 둘 사이의 연결이 항상 다른 세 번째 것을 제외하는 그러한 관계 안에 있다고 보편적으로 말할 수 있다. ……

아우슈비츠 이후 우리는 그 어느 때보다 더욱 단호히 전능한 신성이 언제나 유효하지는 않거나 (우리만이 이해할 수 있는 세계에 대한 그의 다스림 안에서) 그의 신성이 전혀 이해될 수 없다고 주장할 수 있다. 하지만 하느님이 어떤 식으로, 또 어느 정도 이해될 수 있어야 한다면(우리는 이를 견지해야 한다), 그의 선한 존재는 악의 존재와 조화될 수 있어야 하며, 이는 오직 그가 **전**-능하지 않을 때만 그러하다.[193]

한스 요나스, 《아우슈비츠 이후의 하느님 개념. 유다교적 견해》

물리적 개입에 대한 포기

요나스에 따르면 하느님이 세계에 대해서 자신의 권능을 내려놓을 때에만 세계는 하느님과 다른 것으로 사유될 수 있다. 하지만 요나스는 이러한 포기를 하느님이 원하면 언제든지 자신의 권능을 다시 보여 줄 수 있는, 그러한 임시적 유보로 생각하지 않는다. 그러한 하느님은 더 이상 선하다고 일컬어질 수 없을 것이다. 왜냐하면 하느님은 늦어도 아우슈비츠의 만행에 직면해서 개입했어야 했기 때문이다. "하지만 하느님은 침묵했다. 그래서 이제 나는, 그가 원하지 않아서가 아니라 할 수 없었기 때문에 개입하지 않았다고 말한다."[194] 하느님은 세계 안으로 자신의 권능을 완전히 비웠고, 자신을 포기했으며 이로써 '세상사의 물리적 흐름'에 개입할 수 없게 되었다. 그에게 남은 유일한 권능은 "영혼을 부르는 권능, 예언자들과 토라가 주는 영감의 권능"[195]이다. 도덕적인 관점에서 하느님은 인간을 불러 모으거나 그에게 호소하기 위해 인간에게 접근할 수 있다. 하지만 고통을 효과적으로 끝내기 위한 물리적 효력을 지닌 개입은 그에게 불가능하다. 이러한 논제를 통해 변신론 문제는 하느님 속성의 내적인 이원론으로부터 하느님의 무력함과 세계의 권능 사이의 외적인 이원론으로 옮겨졌다.

비판

여기에서도 앞서 언급된 바가 유효하다. 아우슈비츠에서 살해된 희생자의 아들인 철학자 요나스가 진술하는 '아우슈비츠 이후의 하느님 개념'에 대한 사유는 자신이 겪은 고통의 개인적 해석이며 감동과 깊은 인상을 남길 정도로 큰 힘을 지닌다. 하지만 이 해석이 변신론 문제의 보편적인 답이 될 수는 없다. 왜냐하면 이 해석이 하느님을 너무 쉽게 빠져나가게 하기 때문이다. 이성의 변신론 문제가 하느님을 피고석에 앉히지만 하느님은 이 피고석으로부터 동정받을 가치가 있는 희생자의 역할로 전위한다. 역사의 희생자들의 고통 때문에 하느님이 자신을 변호해야 함에도 불구하고, 감정 이입을 자극하는 신적인 낙차에서 역사의 희생자들에 대한 관점을 왜곡시키도록 위협한다.

이 사실을 이어지는 요나스의 논제가 보여 준다. 하느님이 "생성되는 세계 안으로 들어온 후 하느님은 더 이상 줄 것을 가지고 있지 않다. 이제는 인간이 하느님에게 줄 차례이다. 인간은 자신의 삶의 여정에서 자기 때문에 하느님이 세상을 생성하게 한 것을 후회만 하지 않도록, 아니 그렇게 자주 후회만 하지 않도록 주의하면서 하느님에게 주는 것을 행할 수 있다."[196] 이제 하느님은 어떤 이에게서 거의 동정을 살 수 있을 정도이다. 하지만 하느님은 동정을 받을 이가 아니라 질문을 받을 이다. 세계라는 실험이 이 실험이 야기한 이 모든 고통을 감수할 가치를 지녔던 것인가?

요나스가 완전히 다른 방향을 지향하는 학파 출신이고 '신화'를 연구한다고 밝히지만 요나스의 논증은 분석적 특징을 지닌 과정 신학의 시도와 놀라운 평행을 보여 준다. 데이비드 레이 그리핀David Ray Griffin(1939~2022년)과 같은 사상가도 하느님이 고통을 끝낼 수 있지만 그렇게 하지 않는다는 비난을 면하도록 하느님의 권능을 재해석한다. 이러한 출발점이 마주하는 문제는 요나스와 유사하다.

세계에 대한 하느님의 관계 숙고

자유 의지 변론

변신론적 감수성을 지닌 하느님과 세계의 관계 규정이, 악을 선에 포괄하는 것과 악의 고유 가치 박탈 내지 하느님 특성의 재해석을 넘어 변신론의 또 다른 하나의 가능성을 보여 준다. 소위 '자유 의지 변호'는 하느님 창조의 마지막 목적이 이성을 지닌 자유로운 존재의 실존이라는 사실에서 출발한다. 창조의 구조는 하느님과 같이 이성적이고 자유로운 존재의 현존 가능성이라는 목적에 도움을 준다는 것이다. 이 맥락에서 자유는 주로 자유 의지론적으로 이해된다. 즉 어떤 결정이 '자유로운' 것으로 표시될 수 있기 위해 어떠한 결정론적 특성도 지녀서도 안 되기 때문에, 자유로운 존재의 결정을 예견하는 것이 하느님에게도 불가능하다는 것이다. 그러므로 자유로운 존재가 나타나는 모든 가능한 세계는 악 역시 존재할 수 있는 세계이다. 왜냐하면 하느님에게조차 자유로운 존재가 어떻게 결정을 하게 될지가 예견될 수 없기 때문이다. 자유 의지론적으로 사유된 자유 개념에서 하느님이 확정했을 수도 있는 모든 인자를 넘어 인간이 홀로 자기 행동의 장본인이기 때문에 악을 유발시켰다거나 허용했다고 하느님을 비난할 수 없다. 인간이 악을 행하고 고통을 유발하는 장본인이라는 것이다.

그러므로 악과 고통의 부재는 오직 제한이라는 대가를 통해서만, 그리고 인간 자유의 부정이라는 제한을 통해서만 보장된다. 그렇다면 하느님에게는 기껏해야 하느님이 이성적이며 자유로운 존재와 더불어 세계를 창조했다는 비난만이 주어질 수 있다. 하지만 이러한 비난은 이성적이고 자유로운 존재에 의해서만 표현될 수 있다. 이 경우 이성적이고 자유로운 존재들은 자신들이 존재함에도 불구하고 차라리 자신들이 존재하지 않았더라면 더 좋았을 것이라고 말해야만 할 것이다.

자연법 변론

이 대답은 우선 '윤리적 악'만을 고려한다. 하지만 어떤 인간도 책임질 수 없지만, 그럼에도 불구하고 고통을 유발할 수 있는 지진과 같은 물리적 악은 변신론 문제에 여전히 대답되지 않는 채로 남는다. 유명한 철학자들이라고 할지라도 그들의 모든 점을 진지하게 받아들일 수 없다는 사실을 보여 주는 앨빈 플랜팅가는 물리적 악이 마귀에게서 연원한다는 주장을 옳다고 간주하는 것이 가능하다고 본다. 마귀의 자유도, 이러한 존재의 악한 행동을 예견할 수 없고 이들 자유의 제거라는 대가를 치르고서야만 그러한 행동을 끝낼 수 있는 하느님에 의해 존중된다는 것이다.[197] 그에 따르면 하느님은 그가 인간의 자유와 본인의 자유를 염려하는 것과 똑같이 마귀의 자유를 염려하는 것처럼 보인다. '자연법 변호natural law defense'는 마찬가지로 이성적이고 자유로운 존재가 창조의 목적이라는 입장에서 출발하지만 플랜팅가보다 더 진지하다. 도덕적으로 해명된 행위를 하기 위해서는 자연법이 드러내는 것과 같은 신뢰할 만한 구조가 반드시 필요하다는 것이다. 이로써 인간이 자기 행동의 다양한 가능성을 가늠하고 그 가운데서 그들이 도덕적 의미에서도 책임질 수 있는 하나를 선택할 수 있다는 것이다. 하지만 자연법과 인간의 자유 사이의 연결은 그저 가정적인 연결에 불과하다. 이 연결은 주장 이상의 것이 아니다. 인간이 자유롭게 행동할 수 있기 위해 지진을 필요로 하는 이유가 정말 무엇인가라는 질문에 대한 답은 여전히 주어지지 않는다.

더 나은 세상은 없다는 변론

우주론적 사유와 존재론적 사유의 결합으로부터 하느님 존재의 유효한 논증을 제시했다고 주장했던 프리드리히 헤르마니는 변신론적 출발점도 제시한다. 이러한 가운데 그는 자신이 동의하지 않는 자유 의지론적 자유 이해에 근거하는 '자유 의지 변론'을 비판한다. '자유 의지 변론'과 마찬가지로 그는 "악의 허용이 더 큰 선, 혹은 더 큰 악의 부재와 논리 필연적으로 연결되어 있기에 전능하고 완전히 선한 하느님에 의해 제지되지 않는다."는[198] 것이 가능하다는 입장에서 출발한다. 그는 온전히 선한 하느님은 그가 막고자 하는 모든 악을 막을 것이라는, 그리고 전능한 하느님은 그가 막고자 한다면 모든 악을 막을 수 있다는 에피쿠로스의 분석을 적절하지 않은 것으로 여긴다. 오히려 다음과 같은 입장을 취한다. "만일 세계가 전지전능하고 완전히 선한 하느님에 의해 창조되었다면 세계는 더할 나위 없이 선할 것이다. 이 경우 세계 내의 악은 더할 나위 없는 선함의 구성적인 부분이고 그렇기 때문에 하느님은 그것을 허용하는 윤리적으로 충분한 근거이다."[199]

헤르마니에게 다른 모든 것들은 자기 모순적으로 비친다. 왜냐하면 전능한 하느님은 어떤 세계든 창조할 수 있을 것이고, 선한 하느님은 가능한 한 선한 세계를 창조하기 원할 것이고, 전지한 하느님은 수많은 가능한 세계 가운데 어떤 세계가 더할 나위 없이 선한지 알 것이라는 것이다. 헤르마니는 라이프니츠가 제시했던 낙관론적 세계 해석의 전통 속으로 들어가지만 가능한 모든 세계 가운데 '최고'의 세계를 의식적으로 언급하지 않는다. 왜냐하면 그가 여러 가능한 세계에서 동시에 선의 최대치가 실현될 수 있다는 사실을 배제할 수 없기 때문이다.

변신론 문제의 이론적 답을 얻기 위해 선하고 전지전능한 하느님의 가정이 세계 안의 악에 대해 논리적으로 모순되지 않는다는 사실을 보여 주고자 시도하는 헤르마니의 제안을 따른다고 할지라도, 헤르마니 스스로가 대략적으로 설명하는 대로 경험의 문제는 그대로 남는다. 살해된 어린이의 운명 속에서 이러한 운명이 더할 나위 없이 선한 세계 안에서 전개된다는 사실이 도대체 어떤 식으로 표현되고 있는가?

4. 답에 대한 고집

이론적으로나 실천적으로 만족할 만한 대답과 고통의 경험과 악의 실존을 설명하는 대답이 여전히 주어지지 않은 변신론 문제는 하느님 현존의 가능성을 의미 있게 신앙할 수 있는 가능성으로 인식하는 것을 위협하는가? 칸트처럼 사유하는 인간은, 그가 사유함에도 불구하고가 아니라, 그가 사유하고 인식하고 행위하고자 하기에 자기의 희망을 하느님에게 둔다는 주장이 납득할 만한 것인가?

한 분이신 하느님의 답 내지 답 없음

바로 변신론 문제가 하느님 관념이 온갖 관점에서 "근거 제공의 완결점"을[200] 보여 준다는 사실을 잘 드러낸다. 왜냐하면 그리스도인들이 믿는, 관계 능력을 지니며 자신을 알리는 하느님이 존재한다면 사유하는 인간은 그로부터 답을 요구할 수 있기 때문이다. 이러한 하느님은 성경에서 탄원의 수취인이다. "당신께서 저를 깊은 구렁 속에, 어둡고 깊숙한 곳에 집어넣으셨습니다."(시편 88,7) 또한 신학적 의미에서 고발의 수령인이다. 삶의 역사를 꿰뚫는 이 모든 고통이 도대체 어떻게 정당화될 수 있는가? 이러한 상황에서 이러한 질문에 대해 답이 없다고, 그리고 블레즈 파스칼Blaise Pascal(1623~1662년)이 한탄한 것처럼 희생자들의 부르짖음이 무한한 공간의 영원한 침묵 안에서 점차 사라진다고 말할 수 있다. 하느님이 존재한다는 것이 명확하지 않기 때문에 그럴 수 있다. 하지만 이러한 문제를 문제로서 열어 두고 사유에서 패배를 인정하지 않고, 인간 도덕성의 기준에 따라 세계의 창조와 더불어 엄청난 죄를 지었다는 유력한 혐의를 받고 있는 하느님으로부터 답을 기대하는 것이 또한 이성적인 가능성이 아닐까?

변신론 문제에 답할 수 있는 하느님이 존재하지 않는다는 이유에서 변신론 질문을 포기하는 이는 무엇인지, 또 무엇이어야 하는가를 이성적으로 설명하는 사유가 결코 목표에 도달하지 않는다는 사실을 견뎌야 한다. 이러한 입장은 파편으로 남고 칸트에 의해 추구된, 인식의 최고 단일성을 보장하고 모든 사물이 관계를 밝히는 완결점에 결코 도달할 수 없게 될 것이다. 그와 반대로 고통이 세계에 가져온 모든 것에 타협하지 않고 여기서 이성적으로 계속 묻는다. 그렇기에 변신론 문제를 견지하는 이는, 물론 지식이 아니라 희망 안에서이겠지만, 적어도 답이 가능하다는 희망 안에서 산다.[201] 하느님을 가정하는 것은 고통에 대한 기억을 생생하게 하고 이성이 희망할 수 있는 것보다 적은 것에 만족하지 않게 한다.

그러므로 신학의 과제는 변신론 문제를 정지시키거나 제거하는 것이 아니라 이를 예리하게 만드는 것이다. 여기서 중요한 것은 "세계의 악과 고통과 불행에 직면하여 신학을 통해 이루어지는 뒤늦은, 어느 정도는 고집스러운 '하느님 정당화'의 시도가 아니다. 중요한 것은 오직 한 가지, 세계의, '그가 만든' 세계의 끝없는 고통의 역사에 직면해서 도대체 어떻게 하느님에 대해 이야기될 수 있는가 하는 질문이다. 이 질문이 필자의 눈에는 신학의 질문 중 질문이다. 이 질문이 신학에 의해 제거되어서도 안 되겠지만 그에 대한 과도한 답이 주어져서도 안 된다."[202]

파스칼의 내기

하느님에 대한 희망의 인식적 부가 가치가 그러한 희망을 근거 없는 것이라고 거부하는 입장과 어떠한 관계에 있는가에 대해서 철학자이자 수학자인 블레즈 파스칼은 널리 수용된 자신의 사유를 잘 표현했다. 그것은 "신앙을 계산"으로[203] 사유하는 소위 '파스칼의 내기'이다. 하느님이 존재하지 않을 가능성에 마주해서 하느님을 믿는 것이 왜 유용한가가 주도적인 질문이다. 간단히 말하자면, 그것은 인간이 그 대안을 마주친다고 할지라도 잃어버릴 것이 없기 때문이다. 하느님이 존재하지 않는다면, 하느님이 존재하리라는 희망은 헛될 것이다. 하지만 그러할 경우에도 이 희망은 인식적 관점에서 긍정적인 것을 가져온다. 즉 자신의 이성에 대한 신뢰와 세계의 최종적인 근거를 언젠가 이해할 수 있다는 확신이 바로 그것이다. 볼테르Voltaire(1694~1778년)의 문장으로 알려진 대로 하느님이 없다면 인간은 하느님을 만들어야 한다.

신앙의 자기 계몽

변함없는 양가성

종교적 신앙에서 표현되는 대로 희망은 사회적 관점에서도 이성적인 가능성일 수 있다. 왜냐하면 희망은 "세계적으로 상처 입은 연대성을 위한 의식, 부족한 것에 대한 의식, 하늘에 부르짖는 것에 대한 의식을 일깨우고 생생하게 유지할" 수 있기 때문이다.[204] 물론 이것이 종교적 확신의 사회적 약점을 기만해서는 안 된다. 왜냐하면 종교는 적을 친구로 만들 수도 있고 친구를 적으로 만들 수도 있기 때문이다. 하느님에 대한 신앙은 인간이 정신을 개방할 수 있고 계속해서 최종적인 것을 묻는 대신 차선책으로 만족하는 것으로부터 사유를 보호한다. 하느님에 대한 신앙은 교조주의적 확정을 통해 여러 질문을 질식시키고, 지평을 넓히는 대신 좁히고, 문제를 생생히 유지하는 대신 정지시킬 수 있다. 종교는 희생자들에게 발언권과 지속적인 회상을 부여하는 대신 인간을 희생자로 만들 수 있다. 희망은 가능한 것이지만 엄밀한 의미에서 필연적이지는 않다. 이 희망이 "지식의 일종이라고 주장될 때 종교에 모든 고통의 근거를 공급하는 교의화가 이루어진다. 종교는 오늘날까지 고통으로 세계 역사를 뒤덮고 있다."[205]

종교는 비판적인 자기 계몽의 의미에서 이러한 양가성과 마주해야 한다. 여기서 종교가 바로 이성의 요구 앞에서 게르하르트가 '교의화'로 표시한 과정 없이 자신을 유지할 수 없다는 사실이 드러난다. 왜냐하면 종교는 자신이 믿는 바, 자신이 어떠어떠한 근거에서 희망하는 바에 대한 정보를 주어야 하기 때문이다. 이러한 신앙의 객관적 내용이 그리스도교 전통 안에서 '교의'로 표시되었다. 신학의 과제는 교회의 교의를 비판적으로 동반하면서 교의가 "희망에 대한 대답"(1베드 3,15 참조)으로서만 인식론적으로 정당화된다는 것을 안내하는 것이다. 교의가 그 이상이고자 한다면, 즉 교의가 일종의 지식을, 더 이상 신앙의 양태에서가 아니라 더 확실한 지식으로서 동의를 요구하며 제시된다면 신학은 그에 대해 이의를 제기해야 한다. 왜냐하면 하느님의 존재가 이미 불확실하다면 그의 본성 내지 그의 의지에 관한 질문이 어떻게 확실할 수 있겠는가?

핵심 정리

이성에 기초한 신학은 하느님이 이론적인 이성을 통해서 인식될 수 있는 것이 아니라 실천 이성을 통해서 요청될 수 있다는 칸트의 논제를 넘어서지 않지만 이제 더 이상 그 뒤에 머무르지도 않는다. 신앙은 오직 희망으로만 사유될 수 있다. 변신론 문제는 이 희망에 마주 서 있는 것처럼 보인다. 사람들이 이 문제에 대한 성급한 해결책을 제공하려 하지 않는다면 변신론 문제는 세계의 의미 문제에 개방되어 있다. 세계는 하느님에 대해 침묵하거나, 아니면 희망된 하느님을 정의의 보장자로, 그리고 이성의 담보로서 희망된 하느님을 갑작스럽게 보여 준다.

전망

신앙의 확신은 인간의 사유가 야기한 지극히 복잡한 사안에 속하며 하느님 관념은 이러한 사유의 가장 매력적인 대상에 속한다. 실증적 차원에서 신앙의 확신과 사변적 차원에서 하느님, 이 두 가지를 신학이 다룬다.

논증의 기쁨

신학은 점점 세속화되는 세계에서 "이성이 하느님에 대한 관계에서 사변적인 가정법을 따를 경우", 즉 이성이 하느님을 세계 해석의 가능성으로 숙고할 경우, "더 둔해지지 않는다."는 사실을 확정적으로 보여 주어야 한다. 신학은 이 사실을 문화 비관주의적 쇠락 타령이나 과거 지향적 향수와 환상을 통해서가 아니라, 건강한 자의식과 동시에 기꺼이 대화에 임하는 자세를 지니고 오직 사실적 논증을 통해서만 안내할 수 있다. 그러한 가운데 신학자들이 '개방적' 사유를 유지하고 하느님을 계속해서 사유의 **가능한** 완성으로 가리켜 보이기 때문에 그들이 불편하다는 것은 당연하다. 교회 내부적 관심사를 다룰 때도 불편함에 대한 의지가 신학을 떠나서는 안 된다. 그리스도교 교회 역시 자신의 신앙과 행위에서 비판적인 동반과 자기 계몽을 필요로 한다. 신학은 바로 이것을 가차없이 수행해야 한다. 바로 그럴 때 신학은 본래 교회로부터 부여받은 과제를 이행한다.

신학을 공부하려고 하는 이는 여러 가지 측면에서 논쟁을 마다하지 않아야 한다. 그에 필요한 지식, 그에 필요한 논증, 그에 속하는 논쟁 문화를 중재하는 것이 신학 연구의 과제이다.

미주

1 Rahner, Karl, *Über den Versuch eines Aufrisses einer Dogmatik*, in: Ders., *Sämtliche Werke 4: Schriften zur Religionsphilosophie und zur Grundlegung der Theologie*, bearbeitet von Albert Raffelt, Solothurn u.a., 404-448, 405.

2 Dürnberger, Martin/Langenfeld, Aaron/Lerch, Magnus/ Wurst, Melanie (Hg.), *Stile der Theologie. Einheit und Vielfalt katholischer Systematik in der Gegenwart (Ratio fidei 60)*, Regensburg, 2017.

3 Graf, Friedrich Wilhelm, *Missbrauchte Götter. Zum in der Moderne (Reden über den 1)*, München, 2009, 68.

4 Augustinus Hipponensis, *De civita Dei*, VI, 5: Augustinus (1911), *Des Heiligen Kirchenvaters Aurelius Augustinus zweiundzwanzig Bücher über den Gottesstaat, Band 1 (Bücher 1-8)*. Aus dem Lateinischen übersetzt von Alfred Schröder (Bibliothek der Kirchenväter), Kempten u. a., 308-309.

5 참조. Aristoteles, *Metaphysik XII*, 1974 b.

6 Abaelardus, Petrus, *Historia Calamitatum*: Abaelard, *Die Leidensgeschichte und der Briefwechsel mit Heloisa*. Übertragen und herausgegeben von Eberhard Borst, Heidelberg, ⁴1979, 35.

7 Koch, Hans-Albrecht, *Die Universität. Geschichte einer europäischen Institution*, Darmstadt, 2008, 26.

8 참조. Wolgast, Eike, *Art. Universität*, in: *Theologische Realenzyklopädie 34*, Berlin u.a., 2002, 354-380, 355.

9 Lohse, Bernhard, *Luthers Theologie in ihrer historischen Entwicklung und in ihrem systematischen Zusammenhang*, Göttingen, 1995, 49-50.

10 참조. Wolf, Hubert, *Priesterausbildung zwischen Universität und Seminar. Zur Auslegungsgeschichte des Trienter*, in: Römische Quartalschrift 88(1993), 218-236.
11 Wissenschaftsrat, *Empfehlungen zur Weiterentwicklung von Theologien und religionsbezogenen Studien an deutschen Hochschulen* (Drucksache 9678-10), Köln, 2010, 66.
12 *Ibid.*, 61.
13 참조. Knöbl, Wolfgang, *Aufstieg und Fall der Modernisierungstheorie und des säkularen Bildes 'moderner Gesellschaften'. Versuch einer Historisierung*, in: Willems, Ulrich/Pollack, Detlef/Basu, Helene/Gutmann, Thomas/ Spohn, Ulrike (Hg.), *Moderne und Religion. Kontroversen um Modernität und Säkularisierung*, Bielefeld, 2013, 75-116.
14 Strohschneider, Peter, *Theologien und religionsbezogene Wissenschaften an der Universität. Die Empfehlungen des Wissenschaftsrates*, in: Krieger, Gerhard (Hg.), *Zur Zukunft der Theologie in Kirche, Universität und Gesellschaft* (Quaestiones disputatae 283), Freiburg im Breisgau, 2017, 109-117, 112.
15 Wissenschaftsrat, *Ibid.*, 61.
16 Mittelstraß, Jürgen, *Art. Wissenschaft/Wissenschaftsgeschichte/ Wissenschaftstheorie*, in: Theologische Realenzyklopädie 36, Berlin u.a., 2004, 184-200, 184.
17 Searle, John R., *Sprechakte. Ein sprachphilosophischer Essay*, Frankfurt am Main, 1983, 48.
18 Marconi, Diego, *Minimaler Realismus*, in: Gabriel, (Hg.), *Der Neue Realismus*, Berlin, 2014, 110-130, 116.
19 Boethius, *In Topica Ciceronis Commentariorum*, 1156D.
20 Schulthess, Peter, *'De interpretatione' in der Rezeption des 12. und 13. Jahrhunderts*, in: Perler, Dominik/ Rudolph, Ulrich (Hg.), *Logik und Theologie. Das Organon im arabischen und im lateinischen Mittelalter* (Studien und Texte zur Geistesgeschichte des Mittelalters 84), Leiden u.a., 2005, 331-373, 337.
21 Kant, Immanuel (1968), *Kritik der reinen Vernunft*. 1787² (Kants Werke. Akademie-Textausgabe 3), Berlin, 421.
22 Tetens, Holm, *Philosophisches Argumentieren. Eine Einführung*, München. 2010, 18.
23 참조. Schmidt, Josef, *Philosophie im Licht christlichen Glaubens*, in: Theologie und Philosophie 91(2016), 481-493.
24 Aquinas, Thomas, *Summa Theologiae I*, q.1, a.2, c.: Thomas von Aquin (1933), *Gottes Dasein und Wesen* (Deutsch Thomas-Ausgabe 1), Salzburg, 8.
25 Frank, Günter, *Topik als Methode der Dogmatik. Antike - Mittelalter - Frühe*

Neuzeit (Theologische Bibliothek Töpelmann 179), Berlin u.a., 2017, 135.
26 참조. Dreier, Horst, *Staat ohne Gott. Religion in der säkularen Moderne (Edition der Carl Friedrich von Siemens Stiftung)*, München 2018, 9-17.
27 참조. Feil, Ernst, *Religio. Die Geschichte eines neuzeitlichen Grundbegriffs vom Frühchristentum bis zur Reformation (Forschungen zur Kirchen- und Dogmengeschichte 36)*, Göttingen, 1986.
28 Weinrich, Michael, *Religion und Religionskritik. Ein Arbeitsbuch.* Zweite, durchgesehene Auflage, Göttingen, 2012, 21-22.
29 Stolz, Fritz, *Religionswissenschaft nach dem Verlust ihres Gegenstandes*, in: Feil, Ernst (Hg.), *Streitfall 'Religion'. Diskussionen zur Bestimmung und Abgrenzung des Religionsbegriffs (Studien zur systematischen Theologie und Ethik 21)*, Münster, 2000, 137-140.
30 Tugendhat, Ernst, *Anthropologie statt Metaphysik (Beck'sche Reihe)*, München, 2010, 195.
31 Pollack, Detlef, *Was ist Religion? Versuch einer Definition*, in: Ders., *Säkularisierung – ein moderner Mythos? Studien zum religiösen Wandel in Deutschland*, Tübingen, 2003, 28-55, 48.
32 Luhmann, Niklas, *Die Religion der Gesellschaft*, herausgegeben von André Kiesling, Frankfurt am Main, 2000, 20.
33 *Ibid.*, 84.
34 참조. Seewald, Michael, *Religion als Kontingenzbewältigung. Präzisierungen zu einem gängigen Topos in Auseinandersetzung mit Niklas Luhmann, Hermann Lübbe und Ernst Tugendhat*, in: *Jahrbuch für Religionsphilosophie 15(2016)*, 152-179, 161-165.
35 Schärtl, Thomas, *Glaubens-Überzeugung. Philosophische Bemerkungen zu einer Erkenntnistheorie des christlichen Glaubens*, Münster, 2007, 182.
36 Czada, Roland (2002), *Disziplinäre Identität als Voraussetzung interdisziplinärer Verständigung*, in: Bizer, Kilian/ Führ, Martin/Hüttig, Christoph (Hg.), *Responsive Regulierung. Beiträge zur interdisziplinären Institutionenanalyse und Gesetzesfolgenabschätzung*, Tübingen, 2002, 23-54, 23.
37 Gerhardt, Volker, *Immanuel Kant. Vernunft und Leben*, Stuttgart, 2002, 30.
38 참조. Hemminger, Hansjörg, *Die Geschichte des neuzeitlichen Kreationismus: Von 'creation science' zur Intelli- gent-Design-Bewegung*, in: Neukamm, Martin (Hg.), *Evolution im Fadenkreuz des Kreationismus. Darwins religiöse Gegner und ihre Argumentation (Religion, Theologie und Naturwissenschaft 19)*, Göttingen, 2009, 15-36.
39 Schwöbel, Christoph, *Art. Systematische Theologie*, in: *Religion in Geschichte und*

Gegenwart 7, ⁴2004, 2011-2018, 2011.

40 참조. Schmoeckel, Mathias, *Das Recht der Reformation. Die epistemologische Revolution der Wissenschaft und die Spaltung der Rechtsordnung in der Frühen Neuzeit*, Tübingen, 2014, 118.

41 Kant, Immanuel (1968), *Kritik der reinen Vernunft*. 1787² (Kants Werke. Akademie-Textausgabe 3), Berlin, 538-539.

42 참조. Seewald, Michael, *Dogma im Wandel. Wie Glaubenslehren sich entwickeln*, Freiburg im Breisgau, 2018, 24-51.

43 참조. Fiedrowicz, Michael, *Vinzenz von Lérins, Commonitorium. Mit einer Studie zu Werk und Rezeption* herausgegeben *und kommentiert von Michael Fiedrowicz*, übersetzt von Claudia Barthold, Mühlheim/Mosel, 2011, 192.

44 Kasper, Walter, *Dogma unter dem Wort Gottes*, in: Ders., *Gesammelte Schriften 7: Evangelium und Dogma. Grundlegung der Dogmatik*, Freiburg im Breisgau, 2015, 43-150, 66.

45 참조. Filser, Hubert, *Dogma, Dogmen, Dogmatik. Eine Untersuchung zur Begründung und zur Entstehungsgeschichte einer theologischen Disziplin von der Reformation bis zur Spätaufklärung (Studien zur systematischen Theologie und Ethik 28)*, Münster, 2001, 382.

46 제2차 바티칸 공의회, 사제 양성에 관한 교령 〈온 교회의 열망〉, 16항.

47 참조. Pottmeyer, Hermann Josef, *Normen, Kriterien und Strukturen der Überlieferung*, in: Kern, Walter/Pottmeyer, Hermann Josef/Seckler, Max (Hg.), *Handbuch der Fundamentaltheologie 4: Traktat Theologische Erkenntnislehre mit Schlußteil. Reflexion auf Fundamentaltheologie*, Tübingen u.a., ²2000, 85-108, 101.

48 Fiedrowicz, Michael, *Theologie der Kirchenväter. Grundlagen frühchristlicher Glaubensreflexion*, Freiburg im Breisgau, ²2010, 255.

49 참조. Seewald, Michael, *Theologie aus anthropologischer Ansicht. Der Entwurf Franz Oberthürs (1745-1831) als Beitrag zum dogmatischen Profil der Katholischen Aufklärung (Innsbrucker theologische Studien 93)*, Innsbruck, 2016, 253.

50 참조. Wolf, Hubert, *Krypta. Unterdrückte Traditionen der Kirchengeschichte*, München, 2016.

51 Fiedrowicz, Michael, *Apologie im frühen Christentum. Die Kontroverse um den christlichen Wahrheitsanspruch in den ersten Jahrhunderten*, Paderborn, 2000, 15.

52 *Ibid.*, 16.

53 참조. Niemann, Franz-Josef, *Zur Frühgeschichte des Begriffs 'Fundamentaltheologie'*, in: *Münchener Theologische Zeitschrift 46*(1995), 247-260, 247.

54 Krug, Wilhelm Traugott, *Fundamentalphilosophie oder urwissenschaftliche Grundlehre*. Zweite, verbesserte und vermehrte Auflage, Züllichau, 1891, 289.
55 참조. Knapp, Markus, *Die Vernunft des Glaubens. Einführung in die Fundamentaltheologie*, Freiburg im Breisgau, 2009, 47.
56 Verweyen, Hansjürgen, *Gottes letztes Wort. Grundriß der Fundamentaltheologie*, Regensburg, ³2000, 17.
57 교황청 성직자성, 《사제 성소의 선물》, 168항.
58 Ernst, Stephan, *Einführung in die Moraltheologie*, in: Ruhstorfer, Karlheinz (Hg.), *Systematische Theologie (Theologie studieren, Modul 3) (UTB 3582)*, Paderborn, 2012, 189-232, 189.
59 참조. Rohls, Jan, Geschichte der Ethik, Tübingen, ²1999, 299-300.
60 Ernst, Stephan, *Ibid.*, 190.
61 Vossenkuhl, Wilhelm, *Die Möglichkeit des Guten. Ethik im 21. Jahrhundert*, München, 2006, 41.
62 참조. Ernst, Stephan, *Ibid.*, 193-194.
63 Vossenkuhl, Wilhelm, *Ibid.*, 39.
64 Auer, Alfons, *Gibt es eine Ethik ohne Religiosität?*, in: *Fromm Forum 3(1999)*, 33-37, 37.
65 Auer, Alfons, *Von einem monologischen zu einem dialogischen Verständnis des kirchlichen Lehramtes*, in: Ders. (Hg.), *Die Autorität der Kirche in Fragen der Moral*, München u.a., 1984, 90-121, 105-106.
66 Bobbert, Monika, *Zum Proprium der christlichen Moral: systematische Überlegungen angesichts neuerer Ansätze theologischer Ethik*, in: Dies./Mieth, Dietmar, *Das Proprium der christlichen Ethik. Zur moralischen Perspektive der Religion*, Luzern, 2015, 15-106, 30.
67 레오 13세, 회칙 〈새로운 사태〉, 44항 (DH 3268-3270): 노이너/뒤피, 《그리스도교 신앙》, 안소근 외 역, 가톨릭출판사, 2017, 1121-1122.
68 Heimbach-Steins, Marianne, *Sozialethik als kontextuelle theologische Ethik – Eine programmatische Skizze*, in: *Jahrbuch für Christliche Sozialwissenschaften 43(2002)*, 46-64, 46.
69 Ostheimer, Jochen, *Die Welt im Wandel. Anthropologische Aspekte der Großen Transformation*, in: Stubenrauch, Bertram/Seewald, Michael (Hg.), *Das Menschenbild der Konfessionen – Achillesferse der Ökumene?*, Freiburg im Breisgau, 2015, 289-315, 290.
70 Wenz, Gunther, *Grundfragen ökumenischer Theologie. Gesammelte Aufsätze 2*, Göttingen, 2010, 9.

71 제2차 바티칸 공의회, 일치 운동에 관한 교령 〈일치의 재건〉, 10항.
72 Hünermann, Peter, *Dogmatische Prinzipienlehre. Glaube – Überlieferung – Theologie als Sprach– und Wahrheitsgeschehen*, Münster, 2003, 7.
73 Gast, Wolfgang, *Juristische Rhetorik*, Heidelberg, ⁵2015, 105.
74 참조. Oelze, Andreas, *Philipp Melanchthon: Loci Communes*, in: Klein, Rebekka A./Polke, Christian/Wendte, Martin (Hg.), *Hauptwerke der Systematischen Theologie. Ein Studienbuch (UTB 3291)*, Tübingen, 2009, 129-146, 136.
75 Hünermann, Peter, *Ibid.*, 208.
76 Luther, Martin, *Assertio omnium articulorum M. per bullam Leonis X. novissimam damnatorum*, in: *D. Martin Luthers Werke. Kritische Gesamtausgabe 7*, Weimar, 1897, 91-151, 97.
77 Bayer, Oswald, *Martin Luthers Theologie. Eine Vergegenwärtigung*, Tübingen, ³2007, 72.
78 참조. Fiedrowicz 2010, 76.
79 《교회법전》, 750조 ①, 427.
80 Troeltsch, Ernst, *Über historische und dogmatische Methode in der Theologie*, in: Ders., *Zur religiösen Lage, Religionsphilosophie und Ethik (Gesammelte Schriften 2)*, Tübingen, 1913, 729-753, 730.
81 *Ibid.*, 730-731.
82 참조. Rohls, Jan, *Philosophie und Theologie in Geschichte und Gegenwart*, Tübingen, 2002, 310-311.
83 참조. McCall, Thomas H., *An Invitation to Analytic Christian Theology*, Downers Grove, 2015, 16-24.
84 Stekeler-Weithofer, Primin, *Sinn (Grundthemen Philosophie)*, Berlin, 2011, 22.
85 Gabriel, Markus, *Sinn und Existenz. Eine realistische Ontologie*, Frankfurt am Main, 2016, 24.
86 참조. Tugendhat, Ernst/Wolf, Ursula, *Logisch-semantische Propädeutik*, Stuttgart, 1989, 23-24.
87 Striet, Magnus, *Ius divinum – Freiheitsrechte. Nominalistische Dekonstruktionen in konstruktivistischer Absicht*, in: Goertz, Stephan/Striet, Magnus (Hg.), *Nach dem Gesetz Gottes. Autonomie als christliches Prinzip (Katholizismus im Umbruch 2)*, Freiburg im Breisgau, 2014, 91-128, 105.
88 Pröpper, Thomas, *Theologische Anthropologie. Erster Teilband*, Freiburg im Breisgau, 2015, 77-78.

89 *Ibid.*, 89.
90 Milbank, John/ Ward, Graham/ Pickstock, Catherine, *Suspending the Material. The Turn of Radical Theology*, in: Dies.(Hg), *Radical Orthodoxy. A New Theology*, London, 1999 1-20, 1-2.
91 Ratzinger, Joseph, *Glaube – Wahrheit – Toleranz. Das Christentum und die Weltreligionen*, Freiburg im Breisgau, 2003, 67-68.
92 *Ibid.*, 75.
93 테르툴리아누스, 《이단자에 대한 항고 *De praescriptione haereticorum*》 7: *Tertullians apologetische, dogmatische und montanistische Schriften*, Heinlich Keller(*Bibliothenk der Kirchenväter*), Kempten 314.
94 Augustinus Hipponensis, *Confessiones*, VII, 9: Augustinus (1914), *Des Heiligen Kirchenvaters Aurelius Augustinus Bekenntnisse*. Aus dem Lateinischen übersetzt von Alfred Hoffmann (Bibliothek der Kirchenväter), München 143-144.
95 Brachtendorf, Johannes, Augustins '*Confessiones*', Darmstadt, 2005, 129-130.
96 Casula, Mario, *Die Theologia naturalis von Christian Wolff. Vernunft und Offenbarung*, in: Schneiders, Werner (Hg.), *Christian Wolff 1679-1754. Interpretationen zu seiner Philosophie und deren Wirkung. Mit einer Bibliographie der Wolff-Literatur (Studien zum 18. Jahrhundert)*, Hamburg, ²1986, 129-138, 131.
97 Adorno, Theodor W., *Philosophische Terminologie 2, herausgegeben von Rudolf zur Lippe*, Frankfurt am Main, 1974, 110-111.
98 Kant, Immanuel (1968), *Kritik der reinen Vernunft*. 1787² (Kants Werke. Akademie-Textausgabe 3), Berlin, 396.
99 Zielinski, Thaddäus, *Cicero im Wandel der Jahrhunderte*, Wiesbaden, ³1912, 211.
100 참조. Mackie, John Leslie, *Das Wunder des Theismus. Argumente für und gegen die Existenz Gottes*, Stuttgart, 2006, 86-87.
101 참조. Barnes, Jonathan, *The Ontological Argument*, London, 1972, 4-5.
102 Thomas Aquinas, *Summa Theologiae I*, q.2, a.1, ad2.
103 Kant, Immanuel (1968), *Kritik der reinen Vernunft*. 1787² (Kants Werke. Akademie-Textausgabe 3), Berlin, 401.
104 Kant, Immanuel, *Kritik der reinen Vernunft*, B 627 = AA 401.
105 Plantinga, Alvin, *The Nature of Necessity*, Oxford, 1974, 214.
106 참조. Harris, James F., *Analytic Philosophy of Religion (Handbook of Contemporary Philosophy of Religion)*, Wiltshire, 2002, 119-122.

107　Mackie, John Leslie, *Ibid.*, 96.
108　Moreland, J.P./Craig, William Lane, *Philosophical Foundations for a Christian Worldview*, Downers Grove, 2003, 465.
109　Aquinas, Thomas, *Summa Theologiae I*, q.2. a.3. c: Thomas von Aquin (1933), *Gottes Dasein und Wesen* (*Deutsch Thomas-Ausgabe 1*), Salzburg, 45.
110　Aquinas, Thomas, *Summa Theologiae I*, q.2. a.3. c.
111　Kant, Immanuel, *Kritik der reinen Vernunft*, B 632 = AA 404.
112　*Ibid.*, B 639 = AA 408.
113　참조. Swinburne, Richard, *Die Existenz Gottes*, Stuttgart, 1987, 16.
114　Mackie, John Leslie, *Ibid.*, 158.
115　참조. Beckermann, Ansgar, *Glaube* (*Grundthemen Philosophie*), Berlin, 2013, 87.
116　Thomas Aquinas, *Summa Theologiae I*, q.2. a.3. c.: Thomas von Aquin (1933), *Gottes Dasein und Wesen* (*Deutsch Thomas-Ausgabe 1*), Salzburg, 48.
117　Bekcermann, Ansgar, *Ibid.*, 97.
118　Kant, Immanuel, *Kritik der reinen Vernunft*, B 651=AA 415.
119　Kant, Immanuel (1968), *Kritik der reinen Vernunft*. 1787² (Kants Werke. Akademie-Textausgabe 3), Berlin, 417-419.
120　Spaemann, Robert, *Die Vernünftigkeit des Glaubens an Gott*, in: Ders., *Der letzte Gottesbeweis. Mit einer Einführung in die großen Gottesbeweise und einem Kommentar zum Gottesbeweis Robert Spaemanns von Rolf Schönberger*, München, 2007, 31.
121　Spaemann, Robert, *Ibid.*, 26-27.
122　Nietzsche, Friedrich, *Nachgelassene Schriften 1870-1873*, in: *Kritische Gesamtausgabe III.2, herausgegeben von Giorgio Colli und Mazzino Montinari*, Berlin, 1973, 374-375.
123　Nietzsche, Friedrich, *Götzen-Dämmerung*, in: *Kritische Gesamtausgabe VI.3, herausgegeben von Giorgio Colli und Mazzino Montinari*, Berlin, 1969, 72.
124　Spaemann, Robert, *Die Vernünftigkeit des Glaubens an Gott: Der letzte Gottesbeweis. Mit einer Einführung in die großen Gottesbeweise und einem Kommentar zum Gottesbeweis Robert Spaemanns von Rolf Schönberger*, München, 9-32. 인용 부분은 31-32.
125　Hermanni, Friedrich, *Metaphysik. Versuche über letzte Fragen* (*Collegium Metaphysicum 1*), Tübingen, 2017, 16.
126　Hermanni, Friedrich, *Ibid.*, 63-64.
127　*Ibid.*, 64.

128 *Ibid.*, 41.
129 *Ibid.*, 66.
130 Russel, Bertrand/Copleston, Frederick C., *The Existence of God. A debate between Bertrand Russel and Father F. C. Copleston*, in: Hick, John (Hg.), *Classical and Contemporary Readings in the Philosophy of Religion*, Englewood Cliffs, 1970, 282-301, 289.
131 Striet, Magnus, *Ernstfall Freiheit. Arbeiten an der Schleifung der Bastionen*, Freiburg im Breisgau, 2018, 71.
132 Rosenzweig, Franz, *Der Stern der Erlösung. Mit Einleitung von Reinhold Mayer und einer Gedenkrede von Gershom Scholem*, Frankfurt am Main, 1988, 203.
133 제2차 바티칸 공의회, 하느님의 계시에 관한 교의 헌장 〈하느님의 말씀〉, 2항.
134 Seckler, Max, *Der Begriff der Offenbarung*, in: Kern, Walter/Pottmeyer, Hermann Josef/Seckler, Max (Hg.), *Handbuch der Fundamentaltheologie 2: Traktat Offenbarung*, Tübingen u.a., ²2000, 41-61, 47-48.
135 제2차 바티칸 공의회, 하느님의 계시에 관한 교의 헌장 〈하느님의 말씀〉, 2항.
136 제2차 바티칸 공의회, 교회에 관한 교의 헌장 〈인류의 빛〉, 1항.
137 Schröter, Jens, *Jesus von Nazaret. Jude aus Galiläa - Retter der Welt (Biblische Gestalten 15)*, Leipzig, ⁵2013, 198.
138 Theißen, Gerd/Merz, Annette, *Der historische Jesus. Ein Lehrbuch*, Göttingen, ⁴2011, 447.
139 참조. Ernst, Josef, *Die Anfänge der Christologie (Stuttgarter Bibelstudien 57)*, Stuttgart, 1972, 61-62.
140 Ernst, Josef, *Die Briefe an die Philipper, an Philemon, an die Kolosser, an die Epheser (Regensburger Neues Testament)*, Regensburg, 1974, 66. 69-70.
141 Grillmeier, Alois, *Jesus der Christus im Glauben der Kirche 1: Von der Apostolischen Zeit bis zum Konzil von Chalcedon (431). Mit einem Nachtrag aktualisiert*, Freiburg im Breisgau, ³2004, 206-207.
142 *Ibid.*, 205.
143 Markschies, Christoph, *'Hellenisierung des Christentums'? Die ersten Konzilien*, in: Graf, Friedrich Wilhelm/ Klaus (Hg.), *Die Anfänge des Christentums*, Frankfurt am Main, 2009, 397-436, 398-399. 416.
144 Ricken, Friedo, *Das Homoousios von Nikaia als Krisis des altchristlichen Platonismus*, in: Welte, Bernhard (Hg.), *Zur Frühgeschichte der Christologie. Ihre biblischen Anfänge und die Lehrformel von Nikaia (Quaestiones disputatae 51)*, Freiburg im Breisgau, 1970, 74-99, 85.

145 참조. Kessler, Hans, *Christologie*, in: Schneider, Theodor (Hg.), *Handbuch der Dogmatik*, Düsseldorf, ³2006, 241-442, 337.
146 제1차 니케아 공의회, 신앙 고백 (DH 125): 노이너/뒤퍼, 《그리스도교 신앙》, 안소근 외 역, 가톨릭출판사, 2017, 53.
147 참조. Schatz, Klaus, *Allgemeine Konzilien – Brennpunkte der Kirchengeschichte*, Paderborn, ²2008, 36-44.
148 참조. Ulrich, Jörg, *Die Anfänge der abendländischen Rezeption des Nizänums (Patristische Texte und Studien 39)*, Berlin u.a., 1994.
149 Danz, Christian/Murrmann-Kahl, Michael (Hg.), *Zwischen Geistvergessenheit und Geistversessenheit. Perspektiven der Pneumatologie im 21. Jahrhundert (Dogmatik in der Moderne 7)*, Tübingen, 2014.
150 참조. Stubenrauch, Bertram, *Art. Heiliger Geist*, in: Beinert, Wolfgang/Stubenrauch, Bertram (Hg.), *Neues Lexikon der katholischen Dogmatik*, Freiburg im Breisgau, 2012, 315-318, 315.
151 참조. Frey, Jörg, *Die johanneische Eschatologie 3: Die eschatologische Verkündigung in den johanneischen Texten (Wissenschaftliche Untersuchungen zum Neuen Testament 117)*, Tübingen, 2000, 179-222.
152 Stubenrauch, Bertram, *Dreifaltigkeit*, Regensburg, 2002, 17.
153 제1차 콘스탄티노폴리스 공의회, 신앙 고백 (DH 150): 노이너/뒤퍼, 《그리스도교 신앙》, 안소근 외 역, 가톨릭출판사, 2017, 57-58.
154 *Conciliorum Oecumenicum Dekreta I, im Auftrag der Görres-Gesellschaft ins Deutsche übertragen und herausgegeben unter Mitarbeit von Gabriel Sunnus und Johannes Uphus von Jose-f Wohlmuth*, Paderborn, ³2002, 28.
155 칼케돈 공의회, 정의 (DH 301-302): 노이너/뒤퍼, 《그리스도교 신앙》, 안소근 외 역, 가톨릭출판사, 2017, 324.
156 Danz, Christian, *Grundprobleme der Christologie (UTB 3911)*, Tübingen, 2012, 1.
157 참조. Seewald, Michael, *Homo absconditus? Zu Problematik und Potenzial des Wesensbegriffs in der theologischen Anthropologie*, in: *Zeitschrift für Katholische Theologie 139(2017)*, 136-151, 145-147.
158 Schleiermacher, *Der christliche Glaube [1830/31]*, §96.
159 참조. Kehl, Medard, *Und Gott sah, dass es gut war. Eine Theologie der Schöpfung. Unter Mitwirkung von Hans Dieter Mutschler und Michael Sievernich*, Freiburg im Breisgau, 2006, 168.

160　Danz, Christian, *Grundprobleme der Christologie (UTB 3911)*, Tübingen, 2012, 9.
161　*Ibid.*, 203.
162　*Ibid.*, 220-221.
163　Schärtl, Thomas, *Trinitätslehre*, in: Marschler, Thomas/Schärtl, Thomas (Hg.), *Dogmatik heute. Bestandsaufnahmen und Perspektiven*, Regensburg, 2014, 59.
164　Rahner, Karl, *Probleme der Christologie von heute*, in: *Sämtliche Werke 12: Menschsein und Menschwerdung Gottes*, bearbeitet von Herbert Vorgrimler, Freiburg im Breisgau, 2005, 261-301.
165　Wenz, Gunther, *Geist. Zum pneumatologischen Prozess altkirchlicher Lehrentwicklung (Studium der Sys- Theologie 6)*, Göttingen, 2011, 28.
166　참조. Seewald, Michael, *Theologie aus anthropologischer Ansicht. Der Entwurf Franz Oberthürs (1745-1831) als Beitrag zum dogmatischen Profil der Katholischen Auf- klärung (Innsbrucker theologische Studien 93)*, Innsbruck, 2016, 213-223.
167　Kant, Immanuel, *Kritik der reinen Vernunft*, B 74 = AA 3,74.
168　참조. Meuffels, Otmar, *Gott erfahren. Theologisch-philosophische Bausteine zur Gotteslehre (Religion in Philosophy and Theology 19)*, Tübingen, 2006, 5.
169　Kant, Immanuel, *Ibid.*, B 664 = AA 3, 423.
170　*Ibid.*, B 629-630 = AA 3, 403.
171　*Ibid.*, B 629-630 = AA 3, 403.
172　Buchheim, Thomas, *Philosophie und die Frage nach Gott*, in: *Neue Zeitschrift für Systematische Theologie und Religionsphilosophie 55(2013)*, 121-135, 126.
173　*Ibid.*, 121.
174　Kant, Immanuel, *Kritik der reinen Vernunft*, B 835 = AA 3, 524.
175　*Ibid.*, B 836 = AA 3, 524-525.
176　*Ibid.*, B 836 = AA 3, 525.
177　Kant, Immanuel (1968), *Kritik der reinen Vernunft*. 1787^2 (Kants Werke. Akademie-Textausgabe 3), Berlin, 525-526.
178　Kant, Immanuel, *Kritik der reinen Vernunft*, B XXX = AA 3, 19.
179　*Ibid.*, B 856 = AA 3, 536.
180　Luhmann, Niklas, *Ibid.*, 20.
181　Buchheim, Thomas, *Ibid.*, 133.
182　*Ibid.*, 134.
183　Gerhardt, Volker, *Der Sinn des Sinns. Versuch über Göttliche*, München, 2014, 193.

184 Luhmann, Niklas, *Ibid.*, 95-96.
185 Striet, Magnus, *Gottes Schweigen. Auferweckungssehnsucht – und Skepsis*, Ostfildern, ²2017, 54.
186 참조. Feldmeier, Reinhard, *Der Höchste. Studien zur hellenistischen Religionsgeschichte und zum biblischen Gottesglauben* (Wissenschaftliche Untersuchungen zum Neuen Testament 330), Tübingen, 2014, 401.
187 참조. Stosch, Klaus von, *Theodizee (UTB 3867)*, Paderborn, ²2018.
188 참조. Brachtendorf, Johannes, *Augustins 'Confessiones'*, Darmstadt, 2005, 136-143.
189 참조. Stosch, Klaus von, *Einführung in die Systematische Theologie (UTB 2819)*, Paderborn, ³2014, 110-111.
190 Jonas, Hans, *Der Gottesbegriff nach Auschwitz. Eine jüdische Stimme*, Frankfurt am Main, 1987, 9
191 *Ibid.*, 16-17.
192 Jonas, Hans, *Der Gottesbegriff nach Auschwitz. Eine jüdische Stimme*, Frankfurt am Main, 1987, 33-35, 37. 39.
193 *Ibid.*, 41.
194 *Ibid.*, 42-43.
195 *Ibid.*, 47.
196 참조. Moreland, J. P./Craig, William Lane, *Philosophical Foundations for a Christian Worldview*, Downers Grove, 2003, 539.
197 Hermanni, Friedrich, *Ibid.*, 122.
198 *Ibid.*, 127.
199 Buchheim, Thomas, *Ibid.*, 131.
200 참조. Tetens, Holm, *Gott denken. Ein Versuch über rationale Theologie*, Stuttgart, ³2015, 77-79.
201 Metz, Johann Baptist, *Memoria Passionis. Ein provozierendes Gedächtnis in pluralistischer Gesellschaft*, Freiburg im Breisgau, 2006, 4-5.
202 Schmidt-Biggemann, Wilhelm, *Blaise Pascal*, München, 1999, 95.
203 Habermas, Jürgen, *Ein Bewußtsein von dem, was fehlt*, in: Reder, Michael/Schmidt, Josef (Hg.), *Ein Bewußtsein von dem, was fehlt. Eine Diskussion mit Jürgen Habermas*, Frankfurt am Main, 2008, 26-36, 30-31.
204 Gerhardt, Volker, *Der Sinn des Sinns. Versuch über Göttliche*, München, 2014. 196.
205 Buchheim, Thomas, *Ibid.*, 134.

참고 문헌

2장

1. Krieger, Gerhard (Hg.), *Zur Zukunft der Theologie in Kirche, Universität und Gesellschaft* (Quaestiones disputatae 283), Freiburg im Breisgau, 2017. 이 책은 신학 전반에 관한 학문 이론 및 학문 정치 문제에 관한 최근의 개관을 제공한다.

3장

1. Ceylan, Rauf/Sajak, Clauß Peter (Hg.), *Freiheit der Forschung und Lehre? Da wissenschaftsorganisatorische Verhältnis der Theologie zu den Religionsgemeinschaften*, Wiesbaden, 2017. 가톨릭, 개신교, 이슬람 신학자들이 저술한 이 책은 현대 신학의 학문적 자기 이해와 교회적, 학문적 실상에 대한 풍부한 전망을 제공한다.
2. Weinrich, Michael, *Religion und Religionskritik. Ein Arbeitsbuch. Zweite*, durchgesehene Auflage, Göttingen, 2012. 종교 개념에 대한 다양한 해석을 안내한다.
3. Werbick, Jürgen, *Einführung in die theologische Wissenschaftslehre*, Freiburg im Breisgau, 2010. 신학적 관점에서 저술된 학문 이론 문제에 대한 안내서. 쉽게 이해할 수 있는 이 책은 교육 방법론 견지에서도 뛰어나다.

4장

1. Böttigheimer, Christoph, *Lehrbuch der Fundamentaltheologie*, Freiburg im Breisgau, ³2016. 이 책은 방대한 분량의 기초 신학 입문서로 이 과목에 대한 든든한 토대를 전달한다.
2. Mühling, Markus, *Systematische Theologie. Ethik* (Basiswissen Theologie und Religionswissenschaft), Göttingen, 2012. 이 책은 신학적 윤리의 관점에서 조직 신학으로 안내한다.

3   Rahner, Johanna, *Einführung in die katholische Dogmatik*, Zweite aktualisierte Auflage, Darmstadt, ²2014. 이 책은 교의 신학의 핵심적인 질문과 답에 대한 간결하면서도 충실한 근거를 갖춘 전망을 제공한다.

5장

1   Hünermann, Peter, *Sprache des Glaubens – Sprache des Lehramts – Sprache der Theologie. Eine geschichtliche Orientierung* (*Quaestiones disputatae 274*), Freiburg im Breisgau, 2016. 이 책은 가톨릭의 시각에서 신앙 행위의 수행과 비판적 신학적 숙고와 교도권적 규범적 지침을 서로 관계 지으면서 다양한 언어 차원과 숙고 차원의 구분을 시도한다.
2   McCall, Thomas H., *An Invitation to Analytic Christian Theology*, Downers Grove, 2015. 이 책은 신학에 대한 분석적 이해의 안내서다. 분석적 이해는 이 방향을 따르지 않는 사상가들에게도 주의를 환기하는 교정책으로 이용될 수 있다.

6장

1   Hermanni, Friedrich, *Metaphysik. Versuche über letzte Fragen* (*Collegium Metaphysicum 1*), Tübingen, ²2017. 신 존재에 대한 이성적 증명 가능성을 지지하는 통찰력 있고 주관이 뚜렷한 논고.
2   Mackie, John Leslie, *Das Wunder des Theismus. Argumente für und gegen die Existenz Gottes*, Stuttgart, 2006. 이미 고전이 된 신 증명에 대한 비판적 분석. 이 책은 신 존재에 대한 설득력 있는 논증이 없다는 결론을 내린다.
3   Verweyen, Hansjürgen, *Philosophie und Theologie. Vom Mythos zum Logos zum Mythos*, Darmstadt, 2005. 신앙과 이성, 신학과 철학 사이의 관계 규정에 관한 상세한 개관.

7장

1   Danz, Christian, *Grundproblme der Christologie* (*UPB 3911*), Tübingen, 2012. 사변을 애호하는, 혁신적인, 그러한 이유로 논쟁의 여지를 지니는 그리스도론 구상.
2   Dünzl, Franz, *Kleine Geschichte des trinitarischen Dogmas in der Alten Kirche*, Freiburg im Breisgau, 2006. 성경의 시대로부터 시작하여 제1차 콘스탄티노폴리스 공의회까지 삼위일체론 발전에 대한 간략한 설명.
3   Herzer, Jens/Käfer, Anne/Frey, Jörg, *Die Rede von Jesus Christus als Glaubensau-*

    ssage, *Der zweite Artikel des Apostolischen Glaubensbekenntnisses im Gespräch zwischen Bibelwissenschaft und Dogmatik* (*UTB 4903*), Tübingen, 2018. 성서적이고 조직 신학적 내용을 포함하는, 다면적이고 상세한 예수 그리스도에 대한 교회의 신앙 고백을 다룬 글.

4   Menke, Karl Heinz, *Jesus ist Gott der Sohn, Denkformen und Brennpunkte der Christologie*, Regensburg, ³2012. 그리스도와 삼위일체론에 대한 고전적인 교리에 대한 제시와 옹호. 내용에 정통하고 논쟁을 마다하지 않는 이 글은 단츠의 저술에 대조된다.

8장

1   Gerhardt, Volker, *Der Sinn des Sinns. Versuch über das Göttliche*, München, 2014. 오늘날에도 하느님 내지 신적인 것을 생각하기 위한 칸트를 각별히 모범으로 삼는 에세이 형식의 글.

2   Stosch, Klaus von, *Theodizee* (*UTB 3867*), Paderborn, ²2018. '자유 의지 변호'에 공감하는 변신론 문제에 대한 정통하고도 매우 명료한 입문서.

3   Tetens, Holm, *Gott denken. Ein Versuch über rationale Theologie* (*Was bedeutet das alles?*), Stuttgart, ³2015. 주로 분석적 관점에서 저술된 이신론의 기초 전제에 대한 짧은 입문서.

인명 색인

[ㄱ]
가우닐로, 마르무티에의　175
게오르크 칼릭스트　86, 107
고트프리트 라이프니츠　76, 77, 283

[ㄴ]
네스토리우스　238
니클라스 루만　68, 79, 269

[ㄷ]
데틀레프 폴라크　67

[ㄹ]
락탄티우스　64
레오 13세 교황　93, 119, 120, 121, 122
로베르트 슈페만　190, 191, 192, 193, 194
르네 데카르트　76, 77, 175, 176, 195
리처드 스윈번　184, 185, 273

[ㅁ]
마르켈루스, 안키라의　224
마르쿠스 테렌티우스 바로　26, 27
멜키오르 카노　136

[ㅂ]
바르톨로메우스 케커만　80, 145
버트런드 러셀　198
베르나르두스, 클레르보의　29
보나벤투라　35
볼테르　287
블레즈 파스칼　285, 286
비오 12세 교황　78
빈켄티우스, 레렝의　85
빌헬름 트라우고트 크루크　102, 103
빌헬름 포센쿨　110

[ㅇ]
아리스토텔레스　27, 58, 134, 145, 196
아리우스　221, 222, 223, 224, 225, 227, 228, 229
아우구스티누스　25, 26, 27, 91, 154, 164, 165, 166, 167, 168, 171, 206, 271, 272
아타나시우스　91, 223, 227
안셀무스, 켄터베리의　174, 175, 176, 179, 197
안스가르 베커만　188

알렉산더, 알렉산드리아의 223, 224
알폰스 아우어 115, 116
앨빈 플랜팅가 179, 180, 181, 184, 281, 282
에른스트 투겐트하트 66
에른스트 트룈치 142, 143
에우세비우스, 카이사리아의 224
에피쿠로스 270, 274, 283
오리게네스 99, 164, 216, 224
오시우스, 코르도바의 224
요한네스 둔스 스코투스 59
요한 네포묵 에를리히 103, 104
요한 프리드리히 빌헬름 예루살렘 92
유스티누스 99, 164, 220, 235
이레네우스, 리옹의 140
이마누엘 칸트 51, 52, 76, 77, 81, 82, 93, 102, 172, 173, 176, 177, 178, 179, 182, 184, 188, 189, 190, 191, 194, 199, 255, 257, 258, 259, 260, 261, 262, 264, 265, 269, 284, 285, 288

[ㅈ]
장 르 롱 달랑베르 77
존 레슬리 매키 180
존 헨리 뉴먼 78

[ㅊ]
찰스 다윈 78

[ㅋ]
카를 라너 15, 16, 17, 19, 20, 249, 250
카를 바르트 207
카예타누스 93
콘스탄티누스 황제 223, 227, 228

퀸투스 무키우스 스캐볼라 26
크리스티안 단츠 245, 246, 247, 248, 249
크리스티안 볼프 168, 169
키릴루스, 알렉산드리아의 238
키케로 64, 172, 173

[ㅌ]
테르툴리아누스 99, 161, 162, 163, 164, 240
테오도르 아도르노 169
토마스 아퀴나스 57, 58, 59, 60, 80, 88, 92, 93, 94, 176, 182, 183, 187
토마스 프뢰퍼 152

[ㅍ]
페트루스 롬바르두스 80
페트루스 아벨라르두스 29, 30, 31, 32, 36
폴커 게르하르트 269, 288
폴 틸리히 245
프란츠 로젠츠바이크 205
프랑수아 베롱 86
프리드리히 니체 191, 192, 195
프리드리히 슐라이어마허 243
프리드리히 헤르마니 190, 194, 195, 196, 197, 198, 282, 283
피에르 아나트 101
필립 멜란히톤 80, 135, 136

[ㅎ]
한스 요나스 275, 276, 277, 278, 279
한스 우르스 폰 발타사르 16
후고 그로티우스 152
후안 카라무엘 이 로브코비츠 101

사진 출처

16p   akg-images/picture-alliance/dpa
31p   Heritage Images/Fine Art Images/akg-images
52p   akg-images/WHA/World History Archive
78p   akg-images/Archie Miles
93p   akg-images/Veintimilla
139p akg-images
143p akg-images
168p akg-images/Erich Lessing
176p akg-images/Bildarchiv Steffens
208p akg-images/picture-alliance/Gerhard Rauch
221p Yvan Travert/akg-images
228p Heritage Images/Fine Art Images/akg-images